영유아 생활지도 및 상담

영유아 생활지도 및 상담

Guidance and Counseling Young Children

안영진·고연경·장석경 공저

동 문 사

머리말

오랜 세월 대학에 있으면서 예비교사와 현장의 교사들을 위한 여러 권의 책을 집필하였고, 그중에 '생활지도와 상담' 관련 서적도 여러 권이 된다.

지금 나는 유아교육 전문가로, 내 아이들의 어머니로, 때로는 손주들의 재롱에 행복해 하는 나이로 접어들며 또다시 유아교육이라는 학문에 대해 내가 조금이라도 보탬이 될 수 있는 것이 무엇일까 생각해 보고 있다. 모든 가족 구성원이 각각 바쁜 생활을 하는 오늘날, 부모와 자녀가 있는 가족보다는 부부 중심의 생활로 가족의 가치와 내용이 바뀌며 아이를 한 명도 낳지 않겠다는 시대가 되었다. 그럼에도 불구하고 아이를 낳고, 그 아이를 잘 기르는 것은 얼마나 어렵고 힘든 일인가?

'미운 일곱 살'은 이제 옛말이란다. 요즘은 '미운 네 살'이라고 한다.

아이들은 또래와 함께 뛰어놀거나 엄마 아빠와 함께 놀이를 하기보다 유모차에서부터 다루기 시작한 스마트폰의 여러 가지 프로그램에 익숙해져 이제는 종이 그림책을 보고도 검지손가락을 치켜들고는 화면을 밀어내듯 하며, "왜, 개구리가 개굴거리지 않지? 왜, 개구리가 팔짝팔짝 뛰지 않지?" 하곤 한다. 저출산이 심각해지고 있다는 뉴스를 접하면서 마트나 약국에 가면 심심치 않게 바닥을 뒹굴며 우는 아이도, 엄마가 아이에게 지쳐 화를 내는 장면들도 일상처럼 보게 된다.

아이들이 행복하게 자라났으면 좋겠다.

아이들과 부모가 행복한 세상이었으면 좋겠다. 그래서 아이들 스스로가 자신을 사랑하는 사람이 되는 세상이 만들어졌으면 좋겠다. 아이들이 떼를 쓰는 것은 아이의 잘못이라기보다는 도움을 요청하는 몸짓이라고 이해하고, 스스로 하나씩 해결해 나갈 수 있도록 '안내'하는 교사, 부모이기 위해 조금이라도 도움이 되길 바라는 마음으로 한 장 한 장 집필하였다.

영유아를 위한 생활지도는 영유아의 일상생활에서 여러 가지 문제들을 스스로 해결하고 그들의 능력을 최대한 발휘할 수 있게 조력함으로써 많은 기

회와 경험을 갖게 할 수 있도록 도와주는 교육적 활동이어야 하므로, 이 점 역시 고려하여 이론과 실제를 종합적으로 분석, 정리하였다.

이 책은 교육대학원생, 현장의 영유아교사, 유아교육 및 보육 전공자에게 효과적인 유아 생활지도의 전반적인 내용 전달을 목적으로 기술하였으므로, 수업 지도에 실제적으로 활용될 수 있으리라 믿는다. 또한 좋은 부모가 되기를 원하는 분들에게도 길라잡이의 역할을 할 수 있으리라 생각한다.

이 책을 엮는 데 필자의 연구, 특히 2007, 2013년「생활지도 및 상담」외에 많은 저서와 논문들을 참고하였음을 미리 밝혀둔다.

이 책은 크게 5개의 PART와 7개의 장으로 구성된다.

PART 1은 영유아 생활지도의 개념, 필요성, 목표, 내용을 알아보고, 학습자인 영유아를 이해하기 위한 다양한 방법에 대해 살펴보았다.

PART 2는 유치원 및 어린이집에서 국가수준의 교육과정(보육과정)에 기초한 장단기 교육계획방법 및 교수방법에 대해 알아봄으로써 현장에서 실제 운영하는 데 도움이 되고자 하였다.

PART 3은 영유아 부적응 행동 유형과 지도방법에 대해 알아보았다. 5장과 6장은 영유아가 자신의 연령, 환경 등에 적응하면서 겪게 되는 부적응 행동의 유형에 대해 살펴보았고, 그에 대한 적절한 지도방법을 기술하였다. 특히 부적응 행동에 대하여 원인과 지도방법을 설명하면서 그에 대한 모든 방향은 영유아를 긍정적인 방향으로 안내하되, 영유아 스스로 자신의 행동을 조절할 수 있도록 하는 데 목표를 두었다.

PART 4는 생활지도를 위한 상담 부분으로, 특히 영유아 교육현장에서 활용할 수 있도록 가정연계 부모상담에 대해 초점을 맞추어 설명하였다. 7장은 영유아의 상태를 부모에게 '전달'하기 위한 상담이 아닌 영유아의 긍정적인 변화를 위하여 교사와 부모가 '함께 지도'할 수 있는 방향으로 접근하였다. '부모코칭', '가정통신문을 활용한 부모의 생활지도 지원'은 현장의 교사는 물론, 영유아를 양육하면서 어려움을 겪는 많은 부모들에게 도움이 될 수 있을 것이라 믿는다.

마지막 PART 5는 생활지도의 각 내용영역의 단위활동 계획안을 제시함으로써 예비교사의 생활지도에 대한 실제 운영 이해를 도울 수 있다.

막상 출판한다고 하니 부족한 점이 더 많이 눈에 들어와 부끄러운 마음이 크다. 이러한 부끄러운 마음을 발판으로 학문적 성장의 기회로 삼으려 한다. 동료 학자 및 후배들의 애정 어린 비판과 함께 격려를 보내준다면 더욱 큰 힘이 될 것이다. 책을 구성하고, 집필하면서 2018년 12월과 2019년 1월을 함께 고민해 준 국제대학교 장석경 교수님과 제자 고연경 선생님과의 시간은 서로의 성장을 위한 값진 경험이 될 것이라 믿는다.

이 책이 나오기까지 많은 분들의 도움을 받았다. 서울 성동구 구립 서울숲 더샵 어린이집의 임성신 원장님과 교사 여러분들, 구립 금옥 어린이집의 방진아 원장님, 성동구 직장 무지개 어린이집의 이재도 원장님, 우리 학교 이옥자 겸임교수님과 유치원 선생님들께 지면을 빌어 감사의 인사를 전하고 싶다. 박신우, 고은나, 고은서, 윤정 어린이의 사진을 책에 실을 수 있도록 허락해 주신 부모님들께도 감사를 드린다. 또한 동문사 사장님과 직원분들께도 감사를 전한다.

끝으로 오랜 시간 옆에서 말없이 격려와 응원을 보내준 가족들에게도 고마움과 사랑을 전하고 싶다.

2019년 설레는 마음으로 개강을 준비하며

대표 저자 안 영 진

차 례

PART 3 영유아 부적응 행동 유형과 지도

PART 4 영유아 생활지도를 위한 부모상담

PART 5 영유아 생활지도의 실제

PART I 영유아 생활지도의 이해

CHAPTER

01

영유아 생활지도의 개념

1. 영유아 생활지도의 정의

생활지도의 의미는 원래 영어의 가이던스(guidance)를 우리말로 번역한 것이다. 가이던스(guidance)는 '안내하다', '이끌다', '인도하다', '지도하다'의 의미를 지니고 개인이 자아실현을 하거나 사회적으로 유용한 존재가 될 수 있도록 돕고 지도하는 일이다(국립국어원).

가이던스(guidance)란 말은 1908년 미국 보스턴시 직업 국장이던 파슨사(Frank Parsonsa)가 직업 지도의 뜻으로 'vocational guidance'란 말을 쓴 데에서부터 출발하였다고 한다(Parsonsa, 1911). 이러한 가이던스(guidance)는 한국에서 1960년대 이후 생활지도로 번역되어(조봉환 · 임경희, 2013) 사용되고 있다.

생활지도의 사전적 정의는 학생들의 일상생활 및 활동을 지도하여 좋은 습관이나 태도를 기르는 일이다(국립국어원, 2019). 생활지도의 의미에 대해 학자마다 조금씩 다르게 정의하고 있는데, 조봉환과 임경희(2013)는 생활지도의 개념에 대해 학생으로 하여금 자신의 특성과 잠재력을 깨닫고, 환경을 현실적으로 이해할 수 있도록 도움으로써 교육, 진로, 개인 · 사회의 일원으로 성장하고 발달할 수 있도록 도와주는 과정이라고 정의한다. 또 생활지도란 모든 개인의 문제해결력과 성장을 위해 아동 스스로가 자신이 처해 있는 생활이나 사회를 이해하고 해결할 수 있도록 인지적 · 정의적 · 신체적 특성 등의 전인적 특성을 발달시키며, 더 나아가 아동들이 직면한 문제 즉 교육적 · 가정적 · 사회적 · 신체적 · 도덕적 · 정서적 등의 문제를 스스로의 힘으로 해결할 수 있는 능력을 함양하도록 도와주는 과정으로 정의한다(김영봉 외, 2014).

이러한 생활지도에 대하여 우리가 가지고 있는 잘못된 개념들에 대해 박성수 외(1996)는 다음과 같이 지적한다.

첫째, 생활지도라는 것은 단지 전문가만의 활동 영역이다. 한두 명의 생활지도 담당자, 상담자가 모든 아동의 교육적 문제를 다룰 수 있다고 보는 것은 어리석은 생각이다. 상담자뿐만 아니라 교사, 행정가, 교육 심리학자를 포함한 부모, 유아교사, 예비유아교사 등 여러 사람들에 의해서 이루어지는 것이다.

둘째, 생활지도는 단지 아동의 정서적인 문제뿐만 아니라 인지적인 문제도 다룬다. 일반적으로 아동의 인지적 발달과 정서적 발달에 관심을 가지는 교사는 각각 별개로 본다는 점이다. 교사는 아동의 인지적 발달에만 관심을 두며, 상담자나 학교심리학자는 아동의 정서 발달에만 관심을 둔다고 생각하는데, 인간의 발달은 인지적인 측면과 정서적인 측면으로 분명하게 나눌 수 없으며, 생활지도는 인지적인 측면보다는 정서적인 측면을 강조하는 것이 사실이나 정도의 차이가 있을 뿐이다. 상담자가 아동의 지적 능력을 배제하고 성격을 재구성한다는 것은 거의 불가능한 일이다.

셋째, 생활지도는 특정한 영역의 문제에 국한된다. 학업 영역만도 아니고 진로지도만도 아니며, 아동의 전인적 발달에 관심을 두므로 지적 발달이나 사회성발달 또는 정서적 문제에만 국한되지 않는다.

넷째, 생활지도는 따로 정해진 시간에만 이루어진다. 생활지도는 교실에서뿐만 아니라 아동과 상호작용이 이루어지는 장소, 예컨대 가정, 영유아 교육기관, 문화센터, 공원, 서점 등 그 어디에서든 이루어질 수 있다.

다섯째, 생활지도가 이루어지는 장소는 특정한 장소가 별도로 준비되어야 하는 것이 아니다. 때론 비밀보장이 필요할 때 별도의 공간이 필요하나 통상적으로 이루어지는 아동의 생활지도는 교육기관 어느 곳에서든(복도, 교실, 화장실 등) 가능하다.

여섯째, 생활지도는 학급 활동에 첨가된 활동이다. 주요 학습 활동에 생활지도가 부수적으로 첨가된 활동이 아니라, 교육기관에 등교, 등원하는 순간부터 하교, 하원할 때까지 교육기관에서 일어나는 전체로 봐야 한다.

종합해보자면, 생활지도는 아동의 건강한 신체발달을 위한 건강지도(health guidance), 민주 시민으로서 갖추어야 할 사회성 지도(social guidance), 인격적인 성숙을 도와주기 위한 인성지도(personality guidance)뿐만 아니라 인지적인 성숙을 도와주는 과정까지 포함한 학생들 생활 전반에 걸친 다양한 문제에 대해 좋은 습관이나 태도를 형성하도록 장소, 시간, 지도교사에 국한되지 않고 언제 어디에서든 가능하다.

최근 맞벌이 가정이 증가하면서 아주 어린 영아시기부터 유아교육기관에 입학하는 경향을 보이고 있어, 가정에서뿐만 아니라 일찍부터 유아교육기관에서 생활하게 된다. 가정에서만 지냈던 영유아는 유아교육현장에서 또래에게 물리적인 힘을 가하는 때, 식사시간에 음식을 입에 물고 있는 경우, 바른 말을 사용하지 않는 경우 등 생활지도를 요구하는 상황이 왕왕 발생한다. 하지만 영유아는 아직 신체적 · 지적으로 성장하고 발달하는 과정에 있기 때문에 교육기관에서 친구관계에서의 갈등, 생활 속 부적응 행동 또는 이상행동이 발생한다면 이러한 행동에 대해 문제라고 인식하지 못하는 경우가 있다. 따라서 부모나 교사는 영유아로 하여금 자기 스스로 그 위기와 문제를 올바르게 인식하고 해결해 나가며, 각자가 지닌 성장 및 발달의 가능성을 최대한으로 계발되고 실현될 수 있도록 지도해야 한다. 영유아를 생활지도하는 것은 남과 다르게 행동하는 영유아를 지도하는 과정, 의사결정을 할 수 있도록 돕는 과정, 어릴 때 인성적 경험으로서의 과정, 지식교육과 인성교육을 통한 습관 형성의 과정이라고 설명하였다(김현자 · 서화니 · 오지영, 2018).

따라서 영유아 생활지도란 영유아가 다른 사람과 건강한 관계를 형성하고 자신의 요구가 수용될 수 있는 방법으로 표현하며, 자율적인 의사결정을 통해 문제를 해결할 수 있는 기술을 사용하여 스스로 자신의 문제를 해결할 수 있도록 지도하는 과정, 지식교육과 인성교육을 통한 태도와 습관 형성의 과정을 의미한다.

2. 영유아 생활지도의 필요성 및 목표

영유아 시기는 발달특성상 일상생활습관이 가장 빠르게 형성될 수 있는 시기이며, 영유아가 경험하는 일상생활을 통해 성장하고 발달하기 때문에 어렸을 때부터 지속적인 생활지도가 필요하다. 특히 현대사회는 빠르게 산업화·도시화되어 가고 있으며, 4차 산업혁명 시대를 맞이하고 있다. 이러한 사회의 변화과정은 가족의 구조의 기능을 변화시키고 있으며, 더 나아가 우리 일상생활을 변화시키고 있다. 이에 영유아 생활지도의 필요성을 사회적인 측면과 개인적인 측면으로 나누어서 살펴보고자 한다.

1) 생활지도의 필요성

영유아 시기는 전인적 발달의 기초를 형성하는 시기이다. 영유아 시기에 경험하는 것이 생애발달에 중요한 영향을 미치고 있다는 것은 발달의 특성인 기초성, 적기성, 누적성 및 불가역성으로 설명할 수 있다. 인성함양이나 기본생활지도는 발달 초기에 그리고 가장 필요한 최적의 시기에 이루어져야 한다. 한 번 형성된 바람직한 습관이나 태도는 이후 다른 발달에도 계속적으로 영향을 미치기 때문이다.

김현자 외(2018)는 생활지도가 개인적인 측면에서 필요한 이유를 다음과 같이 설명하였다. 첫째, 어릴 적 교육이 이후의 삶에 긍정적인 경향을 주기 때문이고, 어린 시기의 생활지도는 민주시민의 자질을 갖추기 위한 시작이다. 또한 영유아기에 필요한 지식교육과 인성교육을 가장 효율적으로 발현시킬 수 있기 때문이다. 또한 영유아 시기의 생활지도는 전인적인 성격 형성의 기초, 기본생활습관의 중요성, 민주시민으로서의 자질함양이라고 설명하였다(문혁준 외, 2018).

이들의 설명을 종합해 보면, 영유아 생활지도의 개인적인 측면의 필요성은 다음과 같다.

첫째, 영유아 생활지도 영역은 어느 한 영역만 국한하여 이루어질 수 없다. 인지적 · 신체적 · 사회성발달 전 영역에 걸쳐 이루어질 때 전인적인 발달이 이루어져 전인적인 성격 형성이 가능하다.

둘째, "세 살 버릇 여든까지 간다"라는 속담은 어린 시절 형성되는 기본생활의 중요성을 다시 한 번 되새기게 한다. 이미 영유아는 또래 등 다른 사람과의 관계를 맺고 사회생활을 시작하기 때문에, 부모들도 기본생활습관 형성의 중요성을 인식하여 지도하고 있다(변형선 · 김송이, 2011). 영유아 시기에 일상생활에서 필요한 식사, 배설, 수면, 청결 등과 같은 기본생활습관, 예절, 질서, 절제, 양보와 같은 인성의 덕목까지 바람직한 행동들을 반복적으로 경험하여 습득할 수 있다. 어렸을 적부터 형성된 바람직한 행동들은 이후 타인과 더불어 살아가는 사회에 잘 적응할 수 있도록 이끌어 준다.

한편 사회적 측면에서 생활지도의 필요성이 대두되는데, 가족구조의 기능 및 역할의 변화, 결혼 및 출산에 대한 가치관의 변화, 부모역할에 대한 어려움 및 책임회피로 나누어 살펴보고자 한다.

(1) 가족구조와 기능 및 역할의 변화

오늘날 가족의 형태는 맞벌이 가족, 다문화 가족, 재혼 가족, 이혼 가정 등 다양한 형태로 변화되고 있다. 여성의 경제활동이 증가함에 따라 취업모는 직장과 가사일을 병행해야 하는 등 현실에 많은 부담을 가지고 있을 뿐만 아니라, 비취업모도 자녀를 양육하는 데 신체적인 어려움뿐만 아니라 양육이나 바른 교육방법을 잘 몰라 자녀를 지도하는 데 상당한 어려움을 갖는다. 또 다문화 가족은 언어적인 소통이 원활히 되지 않아, 소통에 어려움을 겪고 있어 자녀생활지도에 어려움이 있을 것이라 예상된다.

과거에는 영유아와 함께 지내는 부모, 할머니, 할아버지와 같은 성인이 보여주는 일상생활 속 행동과 말씨를 통해 인성에 대한 바람직한 본보기가 되어 자연스럽게 일상생활 속 지도가 가능하였고, 식사예절 및 청결습관 등과 같은 기본생활습관도 가정에서 자연스럽게 부모나 형제로부터 형성되었다. 하지만 가족구조가 다양해지고 핵가족화되면서 자녀양육과 생활습관지도에 있어 올바른 양육역할모델이 없거나 부족하다는 한계가 문제시 되고 있다.

최근 통계청 자료(2018)에 의하면, 가정에서 가사일 분담의 비율을 조사한 결과, '본인이 주도'해야 한다는 비율은 38.4%로, 2년 전(43.8%)에 비해 5.4%p 감소하였고, 배우자와 '공평하게 분담'해야 한다는 비율은 59.1%로 5.6%p 증가하였다. 오히려 가사일에 대한 역할분담에 있어 '부인이 주도'하는 비율은 감소하였고 '공평하게 분담'하거나 '남편이 분담'하는 비율은 증가한 결과이다. 이제는 과거와 달리, 아버지도 가사일에 있어 역할분담에 상당한 부분을 차지하고 있다는 결과는 자녀의 양육과 생활습관지도에 어머니뿐만 아니라 아버지도 참여해야 함을 말해주고 있는데, 가사일과 병행하다보면 절대적인 시간이 부족할 뿐만 아니라 바람직한 자녀양육 방법이나 생활지도 방법을 잘 몰라 어려움을 겪을 수 있다. 이러한 문제는 가정 내에서 이루어져야 할 자녀양육이나 생활습관 지도의 기능이 어느 정도 가정에서 이루어지고는 있지만, 상당한 시간을 보내는 영유아 교육기관에서도 같이 병행해서 담당해야 할 큰 몫이 되었다.

(2) 결혼 및 출산에 대한 가치관의 변화

결혼의 진정한 의미는 과연 무엇인지에 대한 의문이 생긴다. 통계청에서 2018년 11월에 발표한 자료에 의하면, 13세 이상 인구 중 결혼에 대한 생각을 물어보는 질문에 대한 응답결과는 '남녀가 결혼을 하지 않아도 함께 살 수 있다'고 응답한 결과는 56.4%로 2년 전(48.0%)보다 증가하였으며, 결혼에 대해서 '해야 한다'라고 응답한 결과는 38.1%로 집계되었다. 결혼이 갖는 의미는 경제적인 안정, 자녀 출산 등과 같은 의미에서 배우자 간의 애정이나 동반자 의식, 공감, 서로의 행복 추구와 같이 변화되고 있다. 이와 같은 가치관의 변화는 자연스럽게 자녀 출산을 기피하게 하거나 가구당 한 명의 자녀를 출산하게 할 수 있는 원인이 될 수 있다. 2018년 10월 출생 수는 2만 6천 5백 명에서 전년 동월보다 1천 4백 명(-5.0%)이 감소되었다(통계청, 2018). 이러한 현상은 기본생활습관을 자연스럽게 습득할 기회를 감소시킨다. 형제자매와 같이 성장하다 보면 양보, 배려와 같은 인성함양이나 예절 및 절제와 같은 기본생활습관 형성이 자연스럽게 이루어질 수 있다. 외동으로 성장한다면 인성함양이나 기본생활습관 형성을 자연스럽게 형성할 수 있는 기회가 줄어들 것이다. 이러한 현상을 반영해본다면 영유아 교육기관의 지속적이고 체계적인 생활지도의 필요성이 제기된다고 볼 수 있다.

(3) 부모역할에 대한 어려움 및 책임회피

과거와는 달리 SNS의 발달과 인터넷 정보검색을 통해 부모가 자녀양육에 필요한 정보를 획득하는 데 훨씬 수월해졌다. 그러나 많은 정보들 중에는 정확하지 않은 정보나, 내 자녀양육에 적합하지 않은 정보라면 오히려 자녀양육에 해를 끼치게 마련이다. 이 때문에 부모들이 자녀양육에 필요로 하는 정보들을 찾아내야 하는 어려움이 있고, 이는 자녀양육에 있어 가치관의 혼돈을 야기시키며 바람직한 부모 역할에 있어 어려움을 초래한다.

이와 같은 어려움으로 인해 일찍부터 자녀를 영유아 교육기관에 보내 가정에서부터 이루어져야 할 기본 인성함양이나 기본생활습관 지도까지 교육기관에서 이루어지길 바라고 있지만, 인성함양이나 기본생활습관 형성은 가정과 연계해서 지속적으로 지도가 이루어질 때 더 바람직할 것이다.

2) 생활지도의 목표

인간은 혼자 살 수 없고, 다른 사람과 더불어 살아야 한다. 영유아들이 자기조절능력을 갖추고 자신의 행동을 조절하고 통제하는 자기통제력을 기를 수 있도록 지도하여 더불어 사는 사회에 잘 적응할 수 있도록 하는 데 생활지도의 목표를 두어야 한다. 이를 위한 구체적인 생활지도의 목표를 정리해 보면 다음과 같다.

(1) 영유아들 자신에 대한 자기이해이다.

자기이해란 자신의 능력, 좋아하고 싫어하는 것, 성격, 신체적 조건 등에 대해 정확하게 아는 것이다. 자신의 능력, 성격 등을 바르게 이해하는 것은 자기를 조절할 수 있고, 행동통제에 도움이 된다. 따라서 영유아들이 자신의 지적 능력, 적성, 가치, 태도 등을 바르게 이해하도록 도와야 한다(안영진, 2014).

(2) 영유아들이 긍정적인 자아존중감을 갖도록 한다.

영유아가 자신을 인식하고 이해하기 시작하면 자신의 가치에 대해 평가하게 된다. 자아존중감은 자신에 대한 가치, 유능성, 통제의 세 가지 차원으로 구성된다(Curry & Johnson, 1990; Marison, 1991, 권정윤 외 2017 재인용). 자아존중감은 유아 자신을 포함한 다른 사람으로부터 가치를 인정 및 존중받고 자신이 상황을 조절할 수 있도록 허용될 때 길러진다. 무엇보다 중요한 것은 긍정적인 자아존중감을 형성할 수 있도록 해야 한다. 긍정적인 자아존중감은 영유아를 둘러싼 인적자원 즉, 부모, 교사, 형제자매, 주변 또래 친구들로부터 긍정적인 언어로 수용해주고 한 인격체로 존중해줄 때 형성될 수 있다.

(3) 영유아들이 자기통제력을 갖도록 한다.

영유아가 스스로 자신의 행동을 조절하는 능력은 쉽게 형성되지 않는다. 처음엔 영유아가 자기 자신이 하는 행동을 조절하고 통제하는 것은 영유아를 둘러싼 다른 사람들에게 의존하는 것부터 시작된다. 점차 영유아가 했던 행동에 대해 다른 사람들로부터 긍정적인 강화, 관찰, 지도 또는 처벌을 통해서 자기통제력이 발달된다. 따라서 부모나 교사는 영유아 스스로 통제할 수 있도록 자신이 했던 행동이 타인에게 어떠한 영향을 미치는지에 대한 구체적인 설명과 피드백을 제공해주어야 한다.

(4) 사회 구성원으로서 원만한 사회관계를 맺고 성장하도록 한다.

영유아가 자기통제력을 갖고 긍정적인 자아존중감을 갖도록 하는 것에 대한 궁극적인 목표는 더불어 살아가는 사회에 적응하여 원만한 사회관계를 맺도록 하는 것이다. 이를 위해 혼자 사는 사회가 아닌, 더불어 가는 사회에 소속감을 기르고 즐거움을 느낄 수 있도록 해야 한다.

3. 영유아 생활지도의 내용

영유아들은 가정에서는 기상과 더불어 취침할 때까지, 영유아 교육기관에서는 일상생활 속에서 생활지도는 광범위하게 이루어질 수 있기 때문에 지도해야 할 내용 또한 광범위하다. 영유아 생활지도는 기본생활습관에서의 예절, 청결, 식사, 수면, 안전 등과 같은 내용을 포함하며 사회성발달과 관련된 친구관계에서의 갈등, 친사회적인 행동, 공격성, 혼자 노는 아이, 훔치는 아이, 거짓말하는 경우 등을 포함할 수 있다. 여기서는 part 5에서 다룰 생활지도의 실제와 부합되는 생활지도의 내용을 크게 기본생활습관 내용과 사회성발달, 건강, 수면 및 배변, 안전 내용으로 나누어 설명하고. 그와 관련된 실제는 part 5에서 다루고자 한다.

1) 기본생활습관 지도

기본생활습관 지도란 영유아가 사회 구성원으로 생활해 나가는 데 기본적으로 요구되는 예절, 청결, 질서, 절제, 협동 등의 덕목을 실천하여 인성함양과 원만한 인관관계를 형성하는 것이다. 기본생활습관은 영유아 시기에 습득해야 할 가장 중요한 내용이다. 기본생활습관 지도는 영유아에게 일상생활에 필요한 기본적으로 지켜야 할 규범과 규칙을 알려 주고, 지속적이고 반복적으로 행동할 수 있도록 한 후 이를 자율적으로 실천하며 지키도록 하는 것이다(최혜순 외, 2016).

(1) 예절

영유아가 속한 영유아 교육기관에서 원만한 대인관계를 유지하려면 영유아의 개인의 욕구를 자제하고 질서유지를 위한 규범이 요구된다. 예절이란 예의범절(禮儀凡節)의 준말로, 예의는 "사람으로서의 예절과 도리를 지키는 일"이며 범절은 "평소의 예절"을 의미한다(이영의 · 박애경, 2012). 누리과정에서는 '사회관계' 영역의 사회적 가치를 알고 친구와 어른께 예의 바르게 행동하는 것을 포함한다. 그 외에 다룰 수 있는 예절교육의 내용은 다음과 같다.

① 가정에서의 예절

부모와 웃어른께 인사하기, 웃어른께 존댓말하기, 예쁜 공수 손 하는 법, 부모님의 일 즐겁게 도와드리기

② 행동예절

물건 가리키는 예절, 물건 주고받는 예절

③ 식사예절

젓가락 사용법, 식탁에서의 예절을 습득

④ 인간관계예절

주변 성인들, 또래들 간의 호칭을 바르게 부를 수 있도록 하고, 친구와 사이좋게 지내기, 다른 사람을 존중하기, 다른 친구 방해하지 않기

⑤ 국가예절

우리나라 국가를 알고 자랑스럽고 소중하게 여기는 마음가짐과 태도를

가질 수 있도록 지도하기

(2) 청결

영유아 시기에는 자신의 몸을 깨끗이 하고 주변을 깨끗이 할 수 있는 습관이 형성되어야 한다. 표준보육과정의 기본생활 영역에 포함된 내용에서도 몸이 깨끗해졌을 때 기분이 좋아짐을 알고, 음식을 섭취하기 전에 손을 깨끗이 씻고 주변을 깨끗이 할 수 있는 기본적인 청결습관을 기를 수 있도록 해야 한다. 표준보육과정과 누리과정의 내용에서 설명하고 있는 청결습관은 다음과 같다.

① 손씻기

영유아 교육기관이나 가정에서 음식을 먹기 전후, 화장실을 다녀온 후, 실외활동을 한 후에는 올바른 손씻기 방법대로 깨끗이 씻기

② 이닦기

영아의 경우는 성인의 도움을 받아 이를 닦고, 유아는 식사 후에 이를 바르게 닦고 사용한 양치컵과 칫솔을 정리하기

③ 주변 깨끗이 정리하기

영유아가 놀이하고 난 후 장난감이나 놀이도구들을 잘 정리할 수 있도

식사 전체 손을 씻는 사진

블록 정리정돈하기

록 하고, 주변에 쓰레기는 휴지통에 버리기, 우리 동네 깨끗이 하기, 벽에 낙서하지 않기

(3) 식사

영유아 시기는 성장이 급등하고 운동기능도 발달하기 때문에 성장과 발달에 필요한 영양소를 골고루 섭취해야 한다. 표준보육과정의 '기본생활영역'의 만 1세, 만 2세 건강하게 생활하기, 누리과정의 '신체운동 · 건강 영역에 바른 식생활하기'에서 제시한 내용은 다음과 같다.

① 다양한 음식을 골고루 섭취하기

편식하지 않고 5대 영양소를 골고루 섭취하도록 지도한다.

② 적당량의 음식을 골고루 섭취하기

과식이나 폭식을 하지 않고 아침, 점심, 저녁에 맞추어 식사하도록 지도한다.

③ 몸에 좋은 음식에 관심을 갖고 몸에 좋은 음식을 선택하도록 한다.

인스턴트 식품 섭취를 자제하도록 하고, 달고 짠 음식보다 싱거운 음식을 먹도록 지도한다.

(4) 절제

절제는 일상생활을 하면서 자신의 생각과 행동을 알맞게 조절하는 것이다. 영유아기 절제는 여러 가지 하고 싶은 것, 갖고 싶은 욕구를 참아내는 감정조절도 포함한다.

① 아껴쓰기

물, 전기, 음식, 놀잇감, 시간 아껴쓰기, 있는 물건 다시 사지 않기, 가진 물건 소중하게 다루기, 저축하기, 물건 구입 계획하기, 다시 쓸 수 있는 물건 찾아보기

나눠 쓰기 위한 바자회 행사

② 장소나 상황에 따라 감정 조절하기

우는 것, 화내는 것, 소리 지르는 것 조절하기, 갖고 싶은 것, 먹고 싶은 것 조절하기, 나에 대해 긍정적으로 생각하기, 양보하기, 인내하기

2) 사회성발달과 관련된 지도

"인간은 사회적 동물이다"라는 말처럼 영유아는 출생과 더불어 가정에서부터 점차 유아교육기관, 학교, 직장 등과 같이 하나의 사회에 소속되어 지속적으로 생활하게 된다. 사회에 더불어 살아가기 위한 바람직한 기술, 태도와 가치를 발달시킬 수 있는 가장 최적의 시기는 영유아기이므로, 이 시기에 사회성발달과 관련된 내용을 살펴보고자 한다.

(1) 친구관계에서 갈등상황

친구관계란 영유아가 또래와 서로 친밀한 관계를 유지하거나 관심, 호감을 가지고 서로 상호작용함으로써 또래와 흥미, 욕구, 애정을 같이 공유하고 유지하는 것이다. 발달 특성상 영아기는 주로 혼자놀이, 병행놀이 활동으로 그치는 경우가 대부분이고, 비로소 유아기가 되어서야 친구관계를 형성하게 된다. 특히 유아기 발달의 양상은 또래들과 거의 유사한 사고, 비슷한 욕구와 흥미를 보이므로 놀이에 더욱 집중하고 즐겁게 참여한다. 쌓기 영역에서 서너 명의 유아가 공동의 목표를 가지고 블록을 이용해 건축물 쌓기 놀이를 하는 모습을 상상해 보자. 서로 협력하여 아주 근사한 건축물을 완성할 수도 있지만, 한편으로는 놀이 과정에서 갈등이나 분쟁이 발생하기도 할 것이다. 아직 유아는 자기중심성이 강한 시기이므로, 친구관계에 있어 다른 사람의 마음을 충분히 읽어내어 배려하는 마음이 형성되지 않아 갈등이 종종 발생한다. 아직까지 이러한 갈등을 원만히 해결해 나가는 문제해결력도 미흡하기 때문에 유아기 바람직한 친구관계를 형성하기 위한 지도가 필요하다. 이러한 지도를 통해 다른 사람에 대한 이해도를 높일 수 있고, 친구 간 배려와 양보심을 길러내어 유아가 속한 사회의 일원으로 적응해 나갈 수 있도록 도울 수 있다.

친구들과 놀이 시 특정 장난감을 가지고 싶어서 둘이서 서로 사용하겠다고 하는 유아의 갈등상황을 경험해 본 적이 있을 것이다. 또는 조작 영역에서 게임 활동을 할 때에도 규칙에 대한 서로의 생각이 달라 갈등이 발생하기도 한다. 이러한 발생상황은 영유아는 아직 자기중심적인 성향을 가지고 타인의 감정이나 생각을 이해하는 능력이 부족하기 때문에 갈등상황이 발생한다. 규칙 알기를 포함한 갈등지도의 내용은 다음과 같다.

- 방해 행동에 대처하기
- 공격적인 행동에 대처하기
- 소유 갈등 해결하기
- 규칙위반에 따른 갈등 해결하기

또래 갈등은 두 명 또는 그 이상의 또래와도 발생하기 때문에 갈등의 대상에 따라 해결할 수 있는 방식 또한 다양하다. 또래끼리, 성별에 따라, 나이 많은 형과의 관계에 따라 각각의 해결방식은 다양한데, 하트업(Hartup)과 동료들(1988)과 Putallaz와 동료들(1995)의 관찰범주를 토대로 하여 김송이와 박경자(2001)가 갈등해결방식에 대해 다음과 같이 설명하였다.

- 자기 의견을 고수하기
- 공격적 행동하기
- 무시하기
- 주의 돌리기
- 제3자 도움 요청하기
- 이유 설명하기
- 대안제시 및 타협하기
- 양보하기
- 경청하기

(2) 친사회적 행동

우리가 살고 있는 사회에서 구성원으로서 긍정적인 유대관계에 영향을 미치는 요소는 각 개인이 가지고 있는 사회적 기술이다. 사회에서 기대하고 있는 사회적 행동은 바로 긍정적인 대인관계를 형성할 수 있는 행동이다. 이에 필요한 요소는 친사회적 행동(prosocial behavior)이다.

친사회적 행동이란 영유아가 또래들과 긍정적인 관계를 형성하기 위해 외적 보상 없이 자발적인 행동이다. 친사회적 행동의 지도내용은 다음과 같다.

- 협동하기
- 나누어주기
- 친구들 도와주기
- 위로하기
- 격려하기
- 배려하기
- 존중하기

그러나 영유아 시기의 유아는 아직 자기중심적 사고에서 완전히 벗어났다고 할 수 없으며, 다른 사람과 감정이입능력의 부족, 타인에 대한 배려심 또한 부족하여 성인이 기대하는 친사회적 행동의 양상은 아직 보이지 않을 수 있다. 따라서 현장에서 다양한 기회를 통해 블록들을 공유할 수 있는 방법, 다른 친구들의 감정을 이해할 수 있는 기회, 또래 친구에게 양보하는 등의 친사회적 행동에 대한 지도가 필요하다. 무엇보다 영유아 시기에 친사회적 행동에 대한 지도는 후에 집단생활을 잘할 수 있는 초석이 될 수 있다.

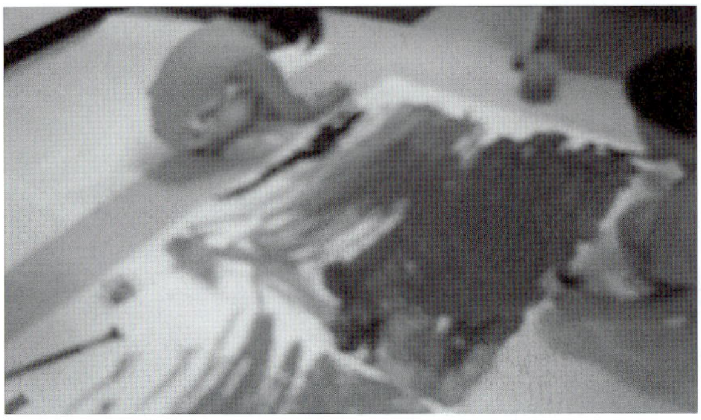

협동화를 통한 벽화 완성하기

(3) 혼자 노는 아이

영유아들은 유아교육기관에서, 놀이터에서 또래 친구들과 신나게 노는 것을 매우 좋아한다. 그러나 또래 친구들과 잘 어울리지 못하고 놀이 집단에서 혼자 빠져나와 혼자서 노는 유아도 종종 보인다. 이 경우는 놀이 시 친구에게 배척당하는 경우가 아니라, 오히려 유아 자신이 스스로 혼자 있고 싶어 혼자 노는 행동을 보이게 된다. 일반적으로 전조작시기인 유아는 자기중심성이 아주 강해 다른 친구들과 어울려 놀이하는 데 어려움이 있을 수 있다. 하지만 영유아 교육기관이라는 사회에서 다른 친구들과 관계를 맺으면서 친사회적 행동을 배우게 되면서, 또래와 놀이하는 방법들을 습득하게 된다. 그러나 영유아들이 친구와 놀이를 시작하거나 놀이에 개입할 때 사용하는 기술과 행동은 각각 다르게 나타난다.

만약 지속적으로 유아가 놀이할 때 혼자 스스로 고립되어 노는 경우가 반복된다면, 관심을 가지고 긍정적인 또래관계를 형성할 수 있도록 지도해야 한다. 혼자 놀이하는 데에는 다양한 원인이 있을 수 있다.

① 언어적인 문제

발달 특성상 언어적인 문제를 보여 다른 사람과 의사소통이 원활하지 못한 경우이거나, 어렸을 적에 오랜 시간 동안 다른 나라에서 살다 한국으로 다시 돌아와 유아교육기관에 입학한 경우에 한국어 사용능력에 어려움을 보일 수 있다. 이러한 경우 놀이 시 원활한 의사소통이 이루어지지 않으므로 유아 스스로 고립되어 노는 행동을 보인다.

② 유아 자신의 기질이나 성격

영유아 자신의 성격이 조용히 혼자 노는 것을 좋아하거나 친구와 같이 노는 것을 원하지 않을 경우이다.

③ 또래와 놀이 경험의 부족

또래와의 놀이 경험이 부족한 경우, 친구와 어떻게 놀아야 하는지, 다른 친구들이 놀고 있을 때 놀이에 자연스럽게 개입하여 같이 놀아야 하는지에 대한 방법에 대해 잘 모르는 경우이다.

④ 유아 체구 및 외모

다른 친구들에 비해 너무나 작은 체격이나 너무 큰 체격, 또는 외모가 매력적이지 못한 경우, 유아 스스로 다른 친구들에게 배척당할 우려를 염려해 잘 어울리지 못하는 경우이다. 또한 또래 친구들이 유아의 체구나 외모 때문에 배척할 수도 있다.

⑤ 자주 변하는 유아의 환경

혼자 노는 아이를 위한 지도는 역할놀이를 비롯한 또래와 같이 놀이할 수 있는 경험을 많이 형성해주고, 다른 친구들과 협력해서 할 수 있는 미술활동이나 동극활동, 게임활동 등을 마련해 준다.

(4) 사회 현상과 환경

주변 지역에 관심 가지기, 직업에 관심 가지기, 경제생활에 관심 가지기, 환경보전에 관심 가지기. 우리나라의 상징과 전통에 관심 가지기, 통일에 관심 가지기, 세계 여러 나라와 문화에 관심 가지기, 정보자료에 관심 가지기 등이다.

3) 건강지도

행복한 인간의 가장 우선적인 조건은 건강이다. 건강이란 병들지 않은 신체적 건강뿐만 아니라, 일상생활을 즐겁게 영위할 수 있는 정신적인 건강도 포함된다. 최근 사회 변화와 주거환경의 변화로 인해 영유아가 자연과 접하는 기회보다는 전자매체를 사용하여 활동성이 적은 생활패턴을 형성해나가는 경향이 있다. 뿐만 아니라 영유아가 즐겨먹는 패스트푸드와 퓨전음식도 손쉽게 구할 수 있기 때문에 비만아를 증가시키거나 더 나아가 영유아의 건강을 위협하기도 한다.

건강관리를 잘하기 위해 영양, 규칙적인 운동, 위생적인 생활습관, 휴식이 필요하다. 그러기 위해 영유아의 연령과 계절에 따라 적기에 시행하는 예방접종은 영유아의 몸이 특정 질병에 면역성을 갖도록 하여 건강을 유지하는데 도움을 준다. 적당한 운동과 휴식을 위해 가족과 여행하기, 실외놀이 즐겁게 참여하기 등산하기 등의 활동을 지속적으로 하는 것이 좋다.

(1) 운동

머리, 팔, 다리, 어깨, 가슴, 배, 엉덩이 몸통 등 신체의 각 부분을 움직여 보기, 신체 각 부분에 관심 가지기, 교사의 지시에 따라 움직여 보기, 걷기, 달리기 등 기본 동작해 보기, 벋기, 구부리기, 돌리기 등 비이동 운동하기, 다양한 실내외 놀이시설 이용하기, 리본이나 훌라후프, 리듬막대 움직여보기 등

건강을 위한 개구리 뜀뛰기 활동

(2) 영양

우리 몸에 필요한 다양한 종류의 영양분 알기, 다양한 영양분을 가진 음식물 알기, 몸에 필요한 영양분 섭취방법 알기, 우리 몸에 좋은 음식과 나쁜 음식 알기, 편식하지 않고 골고루 음식 섭취하기, 적당한 간식 먹기, 즐겁게 식사하기 등

4) 수면 및 배변지도

수면은 사고와 행동을 위해서 사용했던 우리의 뇌에 있는 신경세포를 다시 정리할 수 있게 해준다. 뿐만 아니라 섭취한 음식물을 소화흡수를 도와주기 때문에 육체와 정신적 피로를 회복하고 건강한 생활을 유지하게 위해 중요하다. 영아들은 12~14시간, 2~5세 유아들은 10~12시간, 5세 이상의 유아들은 10시간 정도의 수면이 필요하다. 영유아는 발달 특성상 일정한 시간에 수면을 하고 충분한 시간 동안 수면상태를 유지해야 하며, 영유아의 건강상태, 개인차를 반영하여 하루에 낮잠을 꼭 잘 수 있도록 해야 한다. 바른 수면습관을 형성하기 위한 내용은 다음과 같다.

- 늦게까지 놀지 않고 일찍 잠자기
- 충분한 숙면을 위해 잠자기 전에는 꼭 화장실에 다녀오기
- 가정에서는 정해진 시간에 규칙적으로 잠자리에 누울 수 있도록 하고, 아늑하고 따뜻한 분위기를 형성해 주기

만약 영유아 교육기관에서 낮잠시간이 배치되어 있다면, 정해진 시간에 규칙적으로 수면할 수 있도록 한다. 잠이 오지 않는 유아에게 억지로 수면을 취하라고 강요하는 것은 바람직하지 않으며, 잠자는 다른 친구들에게 방해되지 않게 휴식을 위해 잠시라도 누워 있도록 한다.

또한 영아기는 배변훈련을 해야 하는 중요한 시기이다. 18개월부터 시작한 대소변 가리기는 만 3~4세가 되어야 완성되므로 대소변 가리기 시작부터 배변습관을 잘 형성할 수 있도록 해야 한다. 표준보육과정의 '기본생활영역'의 만 1세, 만 2세 건강하게 생활하기, 누리과정의 '신체운동 · 건강 영역에서 제시한 내용은 다음과 같다.

(1) 바른 배변습관 형성하기

영아는 배변의사를 표현할 수 있도록, 정해진 곳에서 배변할 수 있도록 지도하고 유아는 스스로 화장실에서 배변할 수 있도록 지도한다. 규칙적으로 대소변을 보는 습관을 기를 수 있도록 한다.

(2) 화장실 사용법

화장실에 들어가기 전에 다른 사람이 있는지 확인하기 위해 노크를 하고, 화장실에 비치된 변기나 기기의 정확한 사용법을 숙지할 수 있도록 한다. 또한 화장실 내 휴지, 물, 비누 등을 아껴 쓰도록 한다.

세면대

여자 변기

남자 변기

5) 안전지도

안전지도란 사고나 재해로부터 자신을 보호하는 행동 또는 능력, 태도를 육성하는 것을 말한다. 특히 영유아는 각종 사고나 위험에 노출되어 있으므로, 부모와 교사는 영유아의 안전에 관심을 갖고 위험에 대한 인식이나 대처능력을 지도할 필요가 있다(안영진, 2014).

가정이나 영유아 교육기관에서 아무리 안전한 환경을 조성해 준다고 해도 안전사고는 순식간에 발생한다. 하지만 영유아에게 발생할 수 있는 안전에 대한 사고는 예측 가능한 범위 내에서 발생할 가능성이 있기 때문에, 안전사고에 대처할 수 있도록 안전습관을 습득할 수 있도록 지도하는 것이 필요하다. 영유아는 호기심이 많기 때문에 흔히 발생할 수 있는 작은 장난감을 신체에 흡입하거나 놀이기구에서 낙상하는 등의 사고가 발생할 수 있다. 이를 예방하기 위한 안전습관의 지도 내용은 다음과 같다.

안영진(2014)은 가정에서의 안전, 유아교육기관에서의 안전으로 나누어 안전지도, 자연재해 및 화재에 대한 안전, 교통안전, 유괴로부터 안전에 대한 내용을 설명하고 있다.

(1) 가정에서의 안전

- 베란다나 창문 곁 침대 위에서 놀지 않기
- 아무것이나 먹지 않기

- 약은 부모 등 보호자, 의사나 간호사가 주는 것만 복용하기
- 살충제, 표백제 등 청소용 약물은 만지거나 먹지 않기
- 전기나 가스를 함부로 켜거나 만지지 않기
- 가스레인지 위에 있는 것을 덥석 잡지 않기
- 성냥이나 라이터로 불장난치지 않기
- 비닐봉지 뒤집어 쓰지 않기
- 아무것이나 입에 넣지 않기
- 잘 알지 못하는 동물을 따라가거나 만지지 않기
- 엘리베이터 바르게 사용하기
- 놀러 나갈 때 반드시 부모에게 허락받고 돌아올 시간 약속하기

(2) 영유아 교육기관에서의 안전

- 바른 입구 사용하기
- 망가진 놀잇감이나 놀이기구 사용하지 않기
- 놀이규칙을 꼭 지키기
- 운동 시의 규칙과 기구의 바른 사용법 알기
- 다른 친구에게 피해 주지 않기
- 놀잇감을 안전하게 다루기
- 찻길로 나가지 않기
- 물놀이 시 절대 혼자 하지 않고 어른이 보는 앞에서 하기

그네 안전하게 타기 지도

(3) 자연재해 및 화재에 대한 안전

- 천재지변에 대해 알기
- 대피훈련에 적극적으로 참여하기
- 질서 지켜 훈련하기
- 비상구 표시, 비상기구, 대피장소 알기
- 불장난 하지 않기

(4) 교통안전

- 인도에서 안전하게 걷기
- 길을 건널 때는 꼭 건널목으로 건너기
- 교통신호 지키기
- 찻길에서 공놀이하거나 친구, 강아지 뒤를 쫓아 뛰지 않기
- 주차되어 있는 차 사이에서 놀지 않기
- 자전거 탈 때 주의하기
- 자동차에 타면 안전벨트 메기
- 차 안에서 지킬 일(차창으로 손 내밀지 않기, 조용히 앉아 있기, 돌아다니거나 물건 내 던지지 않기, 밀지 않기 등) 알기
- 대중교통 이용 시 지킬 일 알고 실천하기

교통신호 지키기

(5) 유괴로부터 안전

- 혼자서 돌아다니지 않기
- 낯선 사람이 함부로 몸을 만지지 않게 하기
- 낯선 사람 차에 타거나 따라가지 않기
- 놀러 나갈 때 부모에게 허락을 받고 돌아올 시간 알리기
- 혼자 있을 때 낯선 사람에게 문 열어 주지 않기
- 성인에게 도움을 요청하는 방법 알기
- 비상 전화번호 알고 사용하기

CHAPTER 02

영유아에 대한 이해

1. 영유아발달 이론

영유아발달 이론을 살펴보고 각 이론에서 말하고 있는 시사점을 찾아 영유아 생활지도에 적용할 수 있도록 정신분석 접근, 행동주의 접근, 구성주의 접근, 맥락주의 접근에 대한 주요 개념 및 시사점을 살펴보고자 한다.

1) 정신분석적 접근

정신분석학의 대표적인 학자는 프로이트(Freud)와 에릭슨(Erikson)이다. 프로이트는 인간의 성격발달에 심리성적 이론을 강조하여 심리사회적 이론이라 하고, 반면 에릭슨은 인간의 성격발달에 있어 사회문화적 영향력을 강조하여 심리사회적 이론이라 한다.

프로이트는 인간이란 본능적인 충동을 가지고 있으며, 인간의 행동은 의식에 의해서만 지배되는 것이 아니라, 오히려 무의식에 지배되는 경우가 많다고 생각한다. 따라서 인간의 행동은 무의식을 분석해야 완전히 이해될 수 있다고 본다. 인간의 무의식은 억압된 정신현상이며 그것의 근원은 욕구이다. 인생은 이 욕구를 충족시켜 나가는 노력의 과정이고, 의식의 세계는 이 근원적인 욕구를 현실적으로 만족시키는 역할을 한다. 그러나 현실적으로 무의식적 욕구는 항상 충족되는 것이 아니라, 여러 가지 조건들에 의하여 충족되지 못하는 경우가 많다. 이때 욕구 좌절을 경험하게 되고 이것은 억압에 의해 여러 가지 형태로 변형되어 나타난다. 따라서 인간의 행동을 이해하려면 억압된 욕구를 분석하여 그것을 밝혀내야 한다는 것이다(안영진, 2014).

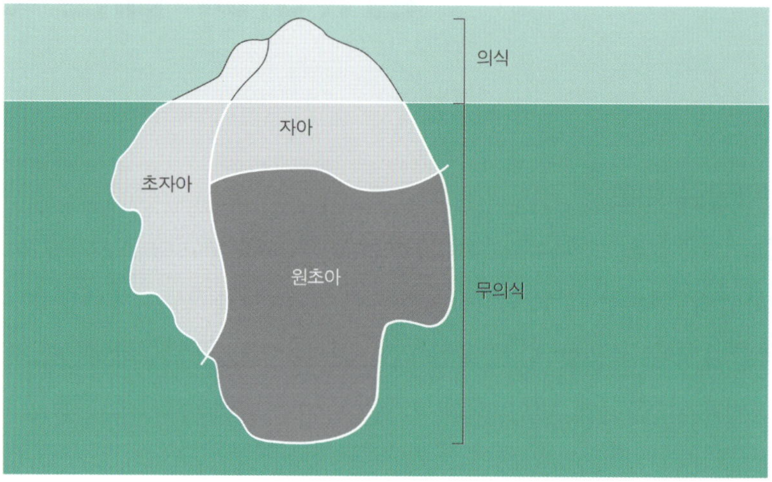

그림 2-1 프로이트(Freud)의 성격 구조 모델

프로이트는 성격의 3가지 요소가 다섯 가지 심리성적 발단단계를 거쳐 발달한다고 보았다. 출생에서부터 시작하여 12세까지 구강기, 항문기, 남근기, 잠복기, 생식기로 구분하였다. 각 단계에서 리비도라는 원천이 연령에 따라 신체부위로 이동하면서 성적 만족을 추구한다는 것이다. 만약 한 단계 시기에 욕구가 충족되지 않거나 지나치게 많이 충족된다면, 다음 단계로 발달이 이루어지지 못하고 해당 시기에 고착된다.

한편, 에릭슨은 인간의 발달을 전 생애에 걸쳐 발달한다고 보고 출생부터 사망에 이르는 노년기까지 8단계로 나누어 설명하였다. 1단계는 신뢰감 대 불신감, 2단계 자율성 대 수치심, 3단계 주도성 대 죄의식, 4단계 근면성 대 열등감, 5단계 정체감 대 역할혼미, 6단계 친밀감 대 고립감, 7단계 생산성 대 침체감, 8단계 자아통합 대 절망감이다. 인간은 전 생애에 있어 여덟 번의 위기에 직면한다고 보고, 각 단계의 위기가 성공적으로 해결된다면 그 다음 단계의 위기도 만족스러운 결과를 얻는다고 설명하고 있다. 인간은 위기가 다가왔을 때, 긍정적이든 부정적이든 경험을 하게 된다. 이때 인간에게 다가온 위기를 대처하면서 긍정적인 경험이 더 많다면 건강한 자아로 성장하게 된다. 건강한 자아발달은 이후 자아정체감 형성에 중요하다. 에릭슨은 자아정체감이란 용어를 처음으로 소개한 학자이다.

정신분석학 이론이 영유아 생활지도에 주는 시사점은 다음과 같다.

▪ 프로이트는 생물학적이고 심리성적 욕구가 바람직하게 충족될 수 있도록 지도해야 하며, 본능과 초자아 사이에 갈등이 생긴다면 부모와 교사는 건전한 자아가 형성될 수 있도록 지도해야 한다. 초자아 시기는 동성부모를 동일시하는 과정으로 동성부모나 교사의 행동이나 습관, 가치관을 내면화하면서 발달한다. 이 때문에 초자아가 발달하는 시기에 부모나 교사는 도덕적인 행동이나 태도를 보여줄 수 있도록 해야 한다.

▪ 에릭슨의 두 번째 단계는 1~3세로 자율성 대 수치심의 시기인데, 이 시기 영유아가 자조기술을 사용해 다양한 자율적인 생동을 시도하여 만족할 만한 결과를 얻게 되면 건전한 자아가 형성된다. 따라서 영유아가 건전한 자아형성을 위해 자조기술을 습득할 수 있도록 지도해야 한다.

2) 행동주의적 접근

행동주의 이론은 객관적으로 관찰이 가능하고 측정할 수 있는 행동을 중요시하며 인간행동은 학습되거나 학습에 의하여 수정될 수 있기 때문에 '학습이론'이라고도 한다.

행동주의 이론에서의 인간은 보상과 처벌에 의해 유지되는 존재이고 인간행동은 환경의 자극에 의해 동기화되며 강화에 의해 결정된다고 보았다. 즉, 인간의 행동은 '자극-반응'의 연합에 대한 관계이고, 적절한 강화를 통해 변화되고 발달된다. 대표적 학자 중 스키너(Skinner)와 반듀라(Bandura)를 통해 행동주의 이론에 대해 살펴보자.

(1) Skinner의 조작적 조건형성

파블로브의 고전적 조건화가 행동을 일으키기 전 행동조건에 관심을 갖는 것과는 다르게 스키너의 조작적 조건화는 자극보다는 유발된 행동의 결과를 강조한다는 차이점이 있다. 즉, 행동결과가 긍정적이면 행동이 증가하고, 부정적이면 행동이 감소한다는 것이다. 스키너는 행동결과를 '강화'라는 행동에 대한 보상을 제공하여 긍정적 행동을 증대시키고, '벌'을 통하여 부정적 행동빈도를 줄이면서 행동수정을 해 나간다고 하였다.

① 강화(reinforcement): 행동의 발생빈도 혹은 강도를 증가시키는 절차 혹은 결과를 의미한다.

- 정적 강화: 어떤 행동 후에 만족스러운 강화물을 제공함으로써 의도한 행동의 빈도와 강도를 증가, 유지시키는 것
- 부적강화: 어떤 행동 후에 싫어하는 자극을 제거함으로써 의도한 행동의 빈도와 강도를 증가시키는 것
- 일차적 강화물: 강화물 그 자체로 강화능력을 가지고 있는 것으로 음식물이나 물 등이 예
- 이차적 강화물: 강화물 그 자체로는 강화능력을 가지고 있지 않은 중립 자극이 일차적 자극과 결합되어 강화의 속성을 갖게 되는 것으로 돈, 스티커, 칭찬 카드 등이 예

② 벌(punishment): 바람직하지 않은 행동의 빈도를 감소시키고자 할 때 사용되는 것을 의미한다.

- 수여성 벌: 바람직하지 않은 행동의 빈도를 감소시키고자 제공되는 꾸중이나 벌
- 제거성 벌: 바람직하지 않은 행동을 감소시키기 위해 좋아하는 자극을 제거하는 것

'강화', '벌'내용의 출처: 최영희 · 홍종원 · 배경란(2018). p.49-50.

(2) Bandura의 사회학습이론

사회학습(social learning)이란 인간은 어떤 모델의 행동을 관찰·모방함으로써 학습하게 된다는 이론으로 Bandura가 대표적인 이론가이다. Bandura(1981)가 제시한 학습 요인에 대해 살펴보도록 하자(안영진·장희선, 2018. p. 162-164).

① **관찰학습 효과**: 타인의 행동을 관찰함으로써 학습이 이루어진다는 것이다. 여기에서는 모델의 지위, 능력, 권력 등이 중요한 요인으로 작용한다.

② **대리적 강화와 억제 효과**: 모델의 행동 결과에 수반되는 보상과 벌을 관찰한 결과로서 학습이 이루어진다.

③ **자기 통제의 과정**: 모델의 행동이 관찰자의 행동을 통제하는 것이 아니라 관찰자 자신의 내적인 인지적 통제, 즉 자기 규제에 의해 학습이 이루어진다. 사회학습은 모델의 모방뿐만 아니라 관찰자의 과거 경험, 욕구, 의도 등의 요인에 의해 영향을 받을 수 있다는 것이다.

Bandura는 관찰학습 과정을 주의집중단계, 파지단계, 재생단계, 동기화 단계로 구분하여 설명한다(안영진외, 2018; 최영희 외, 2018).

① **주의집중단계**: 모델에게 주의를 기울이는 것이다. 일반적으로 영유아는 매력적이고, 성공적이고, 재미있고, 인기 있는 역할 모델에 주의를 기울인다.

② **파지단계**: 영유아가 모델을 관찰함으로써 얻은 정보를 사용하기 위해서 언어적 방법이나 심상을 사용하여 머릿속에 기억하는 단계이다.

③ **재생단계**: 모델에 대한 상징적 표상을 행동으로 전환함으로써 능숙하게 수행할 수 있도록 연습하는 단계이다. 실제 행동을 통한 재생으로 정확한 관찰학습이 이루어진다.

④ **동기화단계:** 영유아는 자신도 모델처럼 행동하면 강화를 받을 수 있는 기회가 증가한다고 믿기 때문에 모델을 모방한다. 교실에서 관찰 학습의 동기화 단계는 보통 교사의 것과 같은 것에 주어진 칭찬이나 성적들을 수반한다.

반두라와 스키너 둘 다 바람직한 생활습관 형성을 위해 환경적인 요인을 강조했으나, 스키너는 강화를 강조하였다면 반두라는 모델이 되는 바람직한 행동의 관찰과 모방의 중요성을 강조한 점에 차이가 있다. 영유아의 바람직한 생활습관 형성을 위해서 부모나 교사 및 또래는 올바른 생활습관을 보여주어야 하며, 영유아의 좋은 생활태도가 형성될 때 긍정적인 강화를 아끼지 말고 해주어야 한다.

3) 구성주의적 접근

구성주의는 영유아의 긍정적인 행동발달에 있어서 인간의 타고난 선천적인 능력과 바람직한 생활습관을 형성할 수 있는 많은 경험의 상호작용을 중시하는 입장을 취한다. 인간과 환경과의 능동적인 상호작용을 통해 발달한다는 전제에 피아제(Piaget) 이론과 비고츠키(Vygotsky) 이론으로 나누어 살펴보고자 한다.

(1) 피아제 이론

피아제(Piaget)는 인간의 발달은 타고나는 요소뿐만 아니라, 환경과의 상호작용 속에서 능동적으로 환경을 재구성해 가며 지식을 구성한다고 본다. 인지발달이 환경에 대한 적응의 한 과정으로 보았고, 이미 머릿속에 가지고 있는 지식의 틀인 도식을 활용해 새로운 정보를 받아들이거나(동화), 새로운 정보가 기존의 도식과 갈등을 일으켜 기존의 도식이 새로운 환경과 경험에 맞게 수정되는 과정(조절)을 통해 인지적 평형상태(평형화)에 이르게 됨으로써 인지발달이 이루어진다고 보았다(이경화 외, 2009).

표 2-1 Piaget의 지식 구성 기제

	Piaget 개념	정의	예시
출발 ⬇ 종결	평형	개인의 도식과 경험 간의 조화	새 외에 날아다니는 것을 본 것이 없는 걸음마기 유아는 나는 모든 대상을 '새'라고 생각한다.
	동화	현존하는 도식에 근거하여 새로운 경험에 적응하려는 시도	하늘에서 비행기를 본 아동은 그것을 새라고 부른다.
	조절	새로운 경험을 더 분명히 설명하기 위해 현존하는 도식의 변경	새로운 새가 털도 없고 날개를 펄럭이지도 않는다는 것에 주목하여 갈등 혹은 불균형을 경험한다. 그것은 새가 아니라고 결론짓고 그것에 대해 새로운 이름을 만들어낸다. 잠시동안 성공적인 조절은 평형을 이루게 한다.
	조직	현존하는 도식을 새롭고 더욱 복잡한 구조로 재정리	한 개의 상위 범주(날아다니는 대상)와 두 개의 하위범주(새와 비행기)를 구성하는 위계적 도식 종결을 형성한다.

출처: 강란해(2008). p.93; 안영진외 (2018) p. 69 재인용

유아의 인지능력을 감각운동기, 전조작기, 구체적 조작기, 형식적 조작기의 4단계로 나누어 설명하고, 이전 단계의 인지능력이 바탕이 되어 더욱 복잡한 다음의 관계의 사고능력을 발달시킨다고 보았다. 피아제의 인지발달이론이 영유아 생활지도에 주는 시사점은 다음과 같다.

- 인지발달 단계에 맞는 생활지도가 이루어져야 한다. 영아기는 감각운동시기이므로 감각을 사용하여 사물을 탐색한 교육이 이루어질 수 있도록 해야 하며, 유아기는 전조작 시기이므로 상징놀이나 가상놀이를 활용하여 생활지도가 이루어질 수 있다.

- 교사는 지식을 스스로 구성할 수 있는 능동적인 학습이 될 수 있도록

지도해야 한다. 유아가 능동적이고 자발적으로 학습 및 생활에 임하도록 유아의 자율성을 존중하고 전통적인 교사 중심의 주입식 교육 및 생활지도보다는 유아의 의견을 충분히 반영하고 유아가 자기주도적으로 활동할 수 있도록 안내한다.

(2) 비고츠키 이론

비고츠키(Vygotsky)는 사회적 구성주의의 대표적인 학자이다. 사회적 구성주의에 의하면 개인의 경험보다는 사회적 상호작용을 통해 지식을 구성한다고 본다. 인간은 사회적 동물이기 때문에 개인의 발달도 그 개인이 속한 사회문화적 맥락 속에서 이해해야 한다. 영유아는 그 사회에 공유되고 있는 문화, 관습, 사고방식, 가치 등 담고 있는 그 사회 속에서 바람직한 생활습관을 형성할 수 있는데, 그 과정에서 언어의 역할을 강조하였다. 비고츠키는 영유아발달에 있어서 영유아를 둘러싼 인적자원, 즉 부모, 교사, 유능한 또래의 역할이 중요하다고 강조였는데, 이는 근접발달영역이 있기 때문이다. 근접발달지대(ZPD: Zone of Proximal Development)란 현재 영유아의 발달 수준에서 사회적 경험을 통해 발달할 수 있는 잠재적 수준 간의 차이이다. 즉, 생활지도 측면에서 본다면 생활습관 형성과 관련한 특정 과제를 수행하는데 있어 영유아 스스로 완성할 수 없는 경우, 영유아 주변의 부모나 교사가 바람직한 지도를 해 준다면 어려웠던 과제를 완성할 수 있게 된다는 것이다. 이 때 영유아에게 제공되는 주변 부모나 교사의 도움을 '비계(scaffolding)'라고 한다.

- 근접발달지대(Zone of Proximal Development): 영유아 혼자서 독립적으로 수행할 수 있는 실제적 발달수준과 성인이나 보다 유능한 또래의 도움을 받으면 수행이 가능한 좀 더 높은 수준의 잠재적 발달 수준 간의 거리(간격)를 말한다.

- 비계설정(scaffolding): 근접발달영역에서 성인이나 보다 유능한 또래 유아들로부터 얻는 도움을 말한다. 비계설정은 초기 단계에는 많은 도움을 제공하다가 점점 지원을 줄여서 스스로 할 수 있는 단계까지 이끌고 가야한다. 예로 단서제공하기, 주의집중시키기, 설명하기 등이 있다.

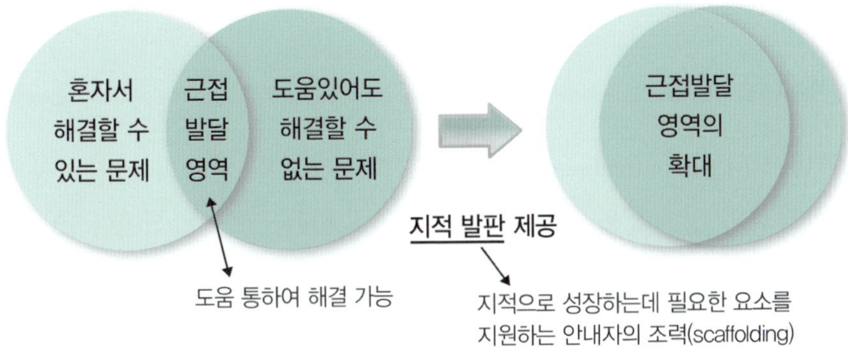

그림 2-2 비고츠키의 근접발달지대, 스케폴딩

비고츠키의 사회적 구성주의 이론이 영유아 생활지도에 주는 시사점은 다음과 같다.

- 촉진자로서의 부모 및 교사의 역할의 중요성

비고츠키가 설명한 비계의 개념은 영유아발달에 있어 부모 및 교사를 비롯한 사회 속 인적자원(부모, 교사, 또래 등)에 대한 역할의 중요성에 대해 말해 준다. 부모 및 교사는 영유아가 바른 생활습관을 수행할 수 있는 현재의 수준을 파악하고 난 후, 촉진자로서의 역할을 위한 구체적인 지도 방법을 모색하여 영유아의 바람직한 생활습관을 형성할 수 있도록 해야 할 것이다. 또한 서로 다른 수준의 능력을 가진 또래간의 협동적 학습 해결 역시 좋은 교수방법이 될 수 있다. 좀 더 유능한 또래에 의한 학습은 복잡한 과업들에 대한 상호작용을 통해 근접 발달 영역으로의 성장을 촉진하는 데 효과적일 수 있다(Roth & Lee, 2007; 안영진 외 2018).

■ 영유아가 속한 사회문화적 맥락의 중요성

영유아가 속한 사회문화적 맥락, 즉 신념, 가치관, 규범, 분위기 등에 따라 생활습관지도를 위한 내용 및 방법이 달라질 수 있다. 따라서 영유아가 속한 사회문화적 맥락의 중요성을 생각하여 구체적인 생활습관지도를 위한 방법을 계획해야 한다.

4) 맥락주의적 접근

브론펜브루너(Bronfrenbrenner)의 생태학적 접근은 인간의 발달과정을 개인과 환경과의 상호작용 속에서 이해하고자 하는 접근 방식이다. 영유아의 행동을 이해하려면 영유아 개인뿐만 아니라, 그 개인이 속한 환경도 함께 고려해야 한다는 것을 강조한다. 영유아가 일상생활 속에서 상호작용하고 있는 환경체계를 이해해야 하고, 직접적인 상호작용을 하지 않는다 하더라도 간접적으로 영향을 미칠 수 있기 때문에 영유아를 둘러싼 다양한 환경에 관심을 두어야 한다.

이에 브론펜브루너는 영유아에게 상호작용적 영향을 미칠 수 있는 다섯 가지 맥락적 체계를 소개하였다.

표 2-2 브론펜브루너의 5가지 맥락적 체계

미시체계	• 영유아 개인과 직접적으로 상호작용하는 환경체계 • 인적자원: 부모를 포함한 가족, 또래집단, 교사 • 물적자원: 장난감, 놀이터 등
중간체계	• 미시체계들 간의 상호작용 (예: 부모와 교사 간의 영유아에 대한 상담)
외체계	• 영유아가 직접적인 상호작용을 하지 않지만 영유아발달에 영향을 주는 체계 (예: 부모의 직장, 지역사회의 다양한 서비스들)
거시체계	• 그 사회의 가치나 관습, 법
시간체계	• 시간의 흐름에 따른 영유아의 성장, 가족 구성원의 변화와 같은 환경적 변화

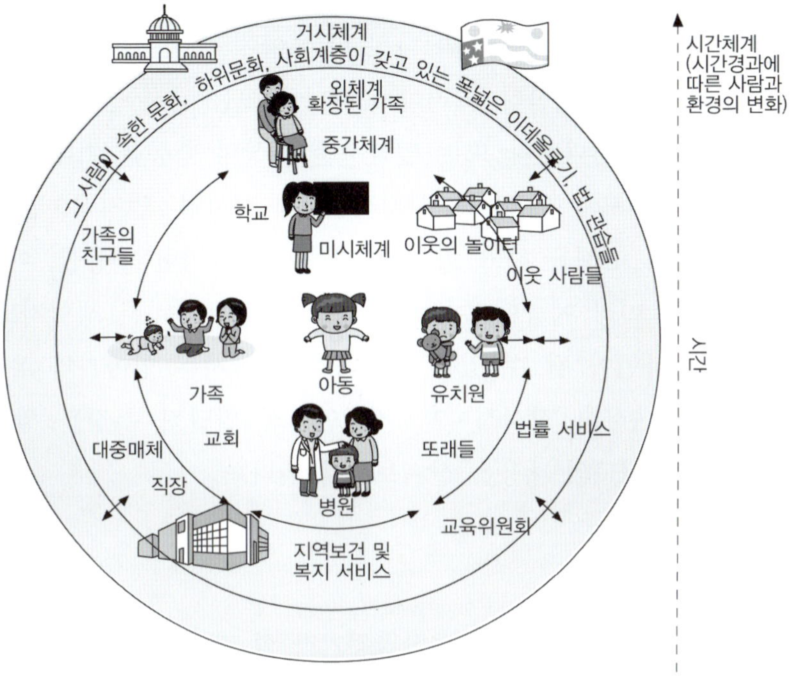

그림 2-3 브론펜브루너의 5가지 맥락적 체계

브론펜브루너의 생태학적 접근이 영유아 생활지도에 주는 시사점은 다음과 같다.

(1) 영유아를 둘러싼 인적자원 · 물적자원의 중요성

영유아의 바람직한 생활습관 형성을 위해 부모와 가족, 친구, 이웃 등 여러 관계와 따로 떼어 생각할 수 없기 때문에 가정이나 교육기관 교사 간의 생활지도를 해야 한다.

2. 발달적 행동 특성 및 그에 따른 생활지도

영유아에게 나타나는 다양한 행동양상에 따른 생활지도를 하려면 먼저 교사와 부모는 영유아 발달단계에 따른 행동 특성을 알고 이해해야 한다. 두 살 영아의 행동에 대한 생활지도와 다섯 살 유아에 대한 생활지도의 목표와 내용은 당연히 달라져야 한다. 그러나 교사나 부모는 간혹 영유아의 행동에 대해 지나치게 허용한다거나 또는 발달수준 이상의 행동을 기대하기도 한다. 만약 교사와 부모가 영유아의 신체적 · 사회 정서적 · 인지적 · 언어적 발달에 대해 충분한 이해를 하고 있다면, 영유아의 다양한 행동들, 야기하는 행동의 문제들을 미리 예방할 수 있으며, 그에 따른 올바른 생활지도를 할 수 있는 가이드라인이 될 수 있을 것이다. 여기에서는 영아기와 유아기를 구분하여 신체적 · 사회 정서적 · 인지적 · 언어적 발달적 특징을 알아보고, 그에 근거한 생활지도의 내용을 살펴보고자 한다.

1) 영아기(0~2세)

출생 이후 신생아를 거치면서 성장급등기라 할 만큼 성장의 속도가 매우 빠르고, 12~24개월의 가장 특징적인 변화는 드디어 걸음마를 시작하고 말을 하기 시작하는 시기이다. 2세 유아는 신체적으로 대근육 · 소근육 발달이 매우 활발히 일어나며, 자기주장과 고집이 강해진다. 뿐만 아니라 왕성한 호기심으로 주변을 탐색하는 시기이다. 지금부터 각 발달특징을 구분하여 살펴보도록 한다.

(1) 발달특징

① 신체발달

영아가 4~6개월이 되면 비로소 몸을 스스로 뒤집으면서 팔과 다리, 머리와 목의 조절 능력이 강화되면서 고개도 자유롭게 움직이기 시작한다. 동시에 물체에 대한 관심이 많아지면서, 손을 움직이고 팔을 뻗어 주변의 물체를 탐색하고 물건을 쥐거나 잡으려는 시도하기도 한다. 이 시기에 영아의 치아가 나기 시작한다.

12개월에서 24개월이 되면 주변의 지지대를 붙잡고 서거나 혼자서 걷기 시작하며, 개인에 따라 걸음마를 시작하면서 이동성이 증가하는 시기이다. 주변의 성인이 도움을 주게 되면 계단을 오르기도 하고, 제자리에서 두 발로 뛰어 오를 수 있다. 소근육이 더욱 발달되면서 물건을 잡을 수 있는 힘이 생기기 시작하여 물건을 당기거나 밀 수 있어 끌고 다니는 장난감, 가볍고 큰 우레탄으로 된 블록들을 쌓는 놀이를 즐긴다. 배변훈련에 필요한 괄약근 통제가 부분적으로 시작된다.

2세경이 되면 스스로 무엇이든지 할 수 있는 시기가 되면서 기본적인 자조능력을 갖기 시작한다. 교사나 부모가 도와주면 옷을 스스로 입고 벗을 수 있고, 벗기 편리한 신발도 스스로 신고 벗으려는 시도를 한다. 가벼운 재질로 된 컵을 두 손으로 들고 스스로 물이나 음료수를 마실 수 있으며, 숟가락을 사용하여 음식을 스스로 먹을 수 있다. 소근육이 더욱 발달되면서 긁적거리와 같은 그림그리기, 간단한 조각의 퍼즐 맞추기, 블록 쌓기 활동들이 증가한다. 대소변의 의사표현이 정확해지면서 대소변 훈련이 요구되는 시기이며, 서서히 좋아하는 음식이 생기기 시작된다.

② 사회 · 정서발달

신생아 시기에는 미소, 웃음, 울음과 같은 방법으로 다른 사람과의 관심을 끌고 유지하는 방법을 발달시킨다. 1차적인 기본정서가 나타나며 생리적인 만족감이 영아들의 기분을 나타낸다. 이 시기에는 양육자와 신뢰와 애착을 형성하는 관계를 맺기 시작한다.

7~12개월이 되면 친숙한 사람과 낯선 사람을 구분하기 시작하여, 낯선 사람에 대해서는 낯가림이 나타나고 격리불안이 생기기 시작한다. 주 양육자와 애착을 형성하는 시기이다. 다른 또래 영아에 관심을 갖기 시작하면서 자신과 다른 사람의 차이점이 있어 다르다는 것을 인식하며, 다른 사람의 표정을 보고 그 사람의 정서를 알게 된다. 까꿍 놀이를 좋아하고 칭찬에 반응하기도 하지만 어리광을 부리고 고집을 부리기도 한다.

1세가 되면 사회적 상호작용을 즐기고 거울 속의 자신을 인식하기 시작한다. 낯선 또래에 관심을 보이고 교사나 부모가 요청하는 것에 적절히 반응을 보이고 어려움이 있을 경우에도 도움을 요청할 수 있다. 주변의 또래나 성인에게 반갑다는 표시로 손을 흔들 수도 있고, 머리를 숙여 인사를 하기도 한다. 기본이 되는 정서발달이 거의 완성되면서 자신의 행동에 반영하기 시작한다. 긍정적인 행동과 부정적인 행동이 지속되고 공격적인 행동이 보이기 시작한다.

2세가 되면 거울에 비친 자신의 모습을 확실하게 인식한다. 이 때문에 이 시기는 자아개념 및 자아존중감이 발달되는 중요한 시기이다. 무엇이든지 스스로 하려는 의지가 강하게 나타나면서, "내가 ~ 내가 (할 거야)", "싫어", "(그거) 내 거야"와 같은 말을 사용한다. 그러면서 소유개념이 발달된다. 동시에 또래와 놀이 활동을 하면서 다툼이 일어나기도 한다. 분노, 공포, 애정, 기쁨, 질투와 같은 정서가 나타나고 자신의 정서를 언어로 표현하기 시작한다.

③ 인지발달

감각을 초보적으로 시작하고 손에 닿는 사물을 입에 가져가기 시작하는 시기이다. 7~12개월이 되면 대상영속성이 발달하고, 사물 간의 관련성을 파악하기 시작한다. 모방행동이 증가하고 관심이 있는 것을 탐색하려는 시도를 한다.

1세가 되면 다양한 탐색을 통해 원인과 결과와의 관계성을 알기 시작한다. 자신이 어떠한 행동을 했더니 그에 따른 결과를 알게 되면서 의도적으로 자신의 행동을 변화시켜 보는 행동이 나타나기 시작한다. 단순한 행동을 모방하기도 하고 반복하기도 한다.

2세가 되면 인지기능이 정교화되면서 간단한 수학적 개념이 생겨나 부분과 전체의 개념, 단순 분류도 가능하다. 주변 동식물, 사람, 사물에 대한 호기심이 증가하면서 "왜?"라는 질문을 많이 하게 된다. 영아 눈에 보이지는 않지만 그것들을 떠올릴 수 있는 정신적 표상능력이 생긴다. 어떠한 행동을 했을 때 그 행동이 의도된 행동인지, 의도하지 않은 행동인지를 구별할 수 있다.

④ 언어발달

신생아는 의사표현을 울음으로 시작한다. 소리의 변화에 반응하기 시작하고 쿠잉의 단계를 거쳐 옹알이를 시작한다.

7~12개월이 되면 옹알이가 더욱 확장되어 성인과의 의사표현의 수단이 되기도 한다. 주위에서 들려오는 소리를 모방하기도 하고 성인이 들려주는 이야기나 노래에 반응한다. 주로 성인이 쓰는 언어의 억양이나 표정으로 기분을 알아낸다.

1세가 되면 의사소통의 수단으로 "물"과 같이 한 단어로 말하게 된다. "물"이라는 한 단어에는 "물 주세요", "물 그만 먹을래요" 와 같은 내용을 내포하기 때문에 의사소통이 가능하다. 18개월이 되면 한 단어에서 두 단어가 출현되기 시작한다. "(강아지 사진을 가리키며) 멍멍"과 같이 주변에 있는 사물들을 보고 그 사물의 명칭을 말하기를 좋아한다. 이야기 듣기를 좋아하고 그림책을 즐겨보기 시작한다. 이 시기에는 이야기를 듣거나 엄마가 들려주는 그림책의 내용을 들으면서 등장하는 단어를 더 쉽게 이해하는 수용어휘가 표현어휘보다 먼저 발달한다.

2세가 되면 단어의 습득이 증가하면서 언어발달이 급속도로 이루어지는 시기이다. 영아가 알고 있는 단어 2~3개를 나열식으로 문장을 만들어 전달한다. 단어를 사용할 때 과잉축소, 과잉확대하여 사용하기도 하고, 반복되는 운율과 리듬을 즐기고 좋아한다. 주변 교사, 부모, 또래의 말이나 억양을 모방하여 사용하기도 한다.

(2) 영아기 발달특징에 근거한 생활지도

① 자율성에 근거한 생활지도 - 배변훈련, 스스로 하려는 상황

에릭슨(Erikson)은 인간의 출생부터 사망에 이르기까지의 발달단계를 8단계로 구분하여 각 단계마다 이루어야 할 중요한 발달과업을 설명하였다. 첫 단계인 1세부터 3세까지의 시기에는 자율성 대 수치심 및 회의감 시기로 구분하여 이 시기에 바람직한 자율성 형성을 강조하였다. 이 시기에는 대소변을 가리는 중요한 시기이며, 무엇이든지 스스로 하려는 자조능력이 발달하는 중요한 시기이다. 이 시기에 교사나 부모가 자율성을 조장해주는 양육방식을 취한다면, 영아들은 자율성을 획득하게 되고 그렇지 못한 양육방식이라면 수치심이 형성된다고 하면서 바람직한 자율성 획득을 강조하였다. 그렇다면 바람직한 자율성을 획득하기 위한 생활지도는 어떻게 해야 하는가? 아래의 예시를 보고 자율성 획득을 위한 생활지도 방법에 대해 이야기하도록 한다.

② 안정된 애착형성을 위한 생활지도

애착은 생후 1년간 주 양육자와 친밀한 유대관계, 즉 강한 정서적 유대감을 형성하는 시기이다. 주 양육자는 부모가 될 수도 있고, 교사가 될 수도 있다. 생후 1년 동안 가장 중요한 사회적 발달은 주 양육자와 안정된 애착형성과 그에 따른 신뢰감 형성이다. 애착의 유형은 다양한데, 그중 주 양육자와의 안정된 애착형성이 된 아기들은 후에 인지, 정서, 사회성발달에 매우 중요하게 영향을 미친다(Thompson, 1998 재인용). 즉, 안정 애착형성이 유아의 긍정적인 자존감 형성뿐만 아니라, 바람직한 인성함양을 이해 필수라고 해도 과언이 아니다. 이 때문에 아기들의 안정된 애착형성을 위한 바람직한 지도가 중요하다. 아기들은 의사소통의 수단으로 울음이라는 방법을 사용한다.

③ 긍정적인 자아존중감 형성할 수 있는 생활지도

자아존중감이 형성되기 전에 자아감이 형성되어야 한다. 자아감은 일생의 초기인 영유아기에 형성되기 시작하여 유아가 그를 둘러싸고 있는 환경과 상호작용하면서 겪게 되는 다양한 경험에 의해서 변화되고 다시 형성된다(Seefeldt, 1997, 조순옥 외 재인용). 자아감 역시 영아기에 시작하여 점진적으로 발달하므로 긍정적인 자아감이 형성되도록 하는 것이 중요하며, 긍정적인 자아감 형성으로 인해 긍정적인 자아존중감이 형성된다. 자아존중감이란 영유아가 자기 자신을 스스로 가치 있고 능력 있는 존재라고 인식하는 것이다. 긍정적인 자아존중감 형성을 위한 부모나 교사의 역할이 중요하다.

④ 안전을 고려한 생활지도

이 시기의 영아들은 모든 환경, 사물들은 호기심의 대상이다. 이 시기의 아기들의 모습을 상상해보자. 거실 여기저기 돌아다니면서 화장대를 비롯한 다양한 문, 뚜껑, 서랍장, 상자들은 모두 열어보고 그 속의 물건들을 확인하면서 모두 바깥으로 꺼내보고, 다시 넣기도 하고 때론 그냥 두기도 한다. 혹시 그 과정에 마음에 드는 장난감이라도 발견한다면, 그 장난감을 꺼내 굴려보고, 던져보고, 입에 넣어보고, 호기심이 사라질 때까지 놀이를 반복한다. 거실의 환경 탐색이 끝나면 또 다른 장소로 이동하면서 위에 설명된 내용을 반복적으로 실행한다. 이 때문에 안전한 환경을 조성하는 것은 매우 중요하다.이러한 상황들에 바람직한 생활지도는 다음과 같다.

또한 감각운동기이므로 아기들이 이와 같은 행동을 보이는 것은 당연하다. 부모와 교사는 자연스러운 발달과정임을 인식하고 호기심을 해결하도록 도와주어야 한다. 주변의 위험한 물건, 아기들에게 해가 되는 장난감 등은 미리 다른 장소로 옮겨 놓아야 한다.

어질러진 상황들을 부모나 교사가 모두 치우려고 하지 말고, 영아들과 같이 하나씩 정리하는 습관을 가질 수 있도록 해보는 것도 중요하다. 영아 스스로 가지고 논 장난감을 스스로 정리할 수 있는 습관을 기르는 좋은 기회가 될 수 있다. 이때에도 역시 부모나 교사의 지시가 아니라, 같이 참여하여 정리하는 모델을 보여주는 것이 중요하다. 탐색을 마친 모든 장난감들을 던지지 않도록 한다. 물론 굴려보고, 눌러보는 행동들은 무리가 없으나 간혹 던지는 행동으로 인해 너무 위험한 상황이 벌어질 수도 있다. 부모나 교사가 판단하여 위험한 상황이 되지 않도록 지도하는 것이 필요하다.

2) 유아기(3~5세)

유아기는 영아기에 비해 활발한 신체활동, 언어능력 등이 향상되는 시기이다. 이 때문에 집단생활에서 지켜야 할 규칙, 자신의 감정을 조절하는 능력, 상황에 적절한 행동뿐만 아니라 올바른 언어의 사용이 요구된다. 이 시기에는 유아기의 생활지도의 범위는 영아기에 비해 굉장히 확대되어 나타나고, 각각에 대한 유형별 지도방법 또한 다양하다. 무엇보다도 생활지도에 앞서 문제의 소지가 될만한 행동이 나타나지 않도록 예방하는 것 또한 중요할 것이다.

(1) 발달특징

① 신체발달

점프하기, 자전거 타기, 계단 오르기 등과 같은 대근육 활동이 활발해지고 더 나아가 균형 잡기, 오르기, 뛰어내리기, 몸을 움직이는 데 과감해지면서 대근육 활동이 더욱 정교해지는 시기이다. 소근육발달도 섬세하고 정교해지기 시작하면서 가위를 사용하여 자르고 붙이는 활동, 작은 블록을 사용해서 정교하게 쌓기 놀이에도 참여한다. 유아 스스로 할 수 있는 일들이 확장되어 나타나기 시작한다. 예를 들어, 숟가락, 젓가락 사용을 스스로 하지만 아직까지 서툴러 흘리는 경우, 옷도 스스로 입고 신발도 스스로 신을 수 있는 경우 등이다.

② 사회 · 정서발달

상징놀이나 역할놀이를 통해 유아들은 다양한 친사회적 행동, 타인의 감정에 대한 이해 등을 습득할 수 있다. 상징놀이나 역할놀이를 하면서 유아들은 놀잇감을 나누어 같이 사용하기, 양보하기, 차례 기다리기, 협동하기, 관용과 같은 친사회적 행동을 습득하게 된다. 반면에 공격성, 난폭한 행동, 말다툼과 같은 비사회적 행동이 나타나기도 한다.

때론 또래와 놀이를 할 때 문제상황이나 갈등이 발생하기도 한다. 이때 유아 자신의 감정을 울음으로 표현하기보다는 언어로 표현하는 사회적 기술을 배우기 시작하여 더욱 발달해가는 시기이다. 타인의 유구에 대해 알게 되고 규칙을 만들 수 있어 상대방을 배려하는 방법도 알게 된다.

유아 초기에는 자신의 정서 및 행동을 조절하는 데 어려움이 다소 있다. 두렵다거나, 주 양육자와 강한 애착표현과 같은 강한 감정을 표현하게 된다. 점차 자신의 정서 및 행동을 어느 정도 통제가 가능해지기 시작하나 아직까지 인내심이 부족하여 때론 난폭한 행동을 보이기도 한다. 부모나 교사의 도움으로 인해 자신의 정서를 조절하는 능력을 배우게 됨으로써 유아 스스로 정서표현능력이 발달된다. 자신의 행동에 대한 책임감이 발달되고, 타인에 대한 감정이입능력이 발달된다.

③ 인지발달

영아기에 비해 사물에 대한 호기심이 증가하여 지속적으로 탐색이 가능해지고, 이 과정을 거쳐 사물에 대한 인과관계를 추론할 수 있으며 간단한 이유도 설명이 가능해진다. 자신의 하는 행동의 결과를 예측하는 능력이 생기기 때문에 계획하는 능력도 발달되고, 때론 계획하여 행동하는 모습도 나타난다. 분류능력이 점차 발달되기 시작하고 과학과 자연현상에 관심을 갖게 된다.

④ 언어발달

유아들은 점차 성장하고 발달하면서 다양한 어휘습득이 많아지고 점차 문법에 맞는 긴 문장을 사용하게 된다. 그러면서 또래와 교사, 부모와 주제에 대한 확장된 대화가 가능하다.

단어인식을 통해 주변의 인쇄물에 관심가지고 인쇄된 글자를 읽고 쓸 수 있게 된다. 점진적으로 다소 긴 문장을 쓰기도 하며 자신이 쓴 글을 읽고 말할 수 있다. 간단한 단어의 유사어와 반대어를 알게 되며, 같은 어휘라도 다른 의미를 가진 어휘에 대해서도 습득이 가능하다.

(2) 유아기 발달특징에 근거한 생활지도

에릭슨은 3세 이후 3세부터 5세까지의 시기에는 주도성을 기르는 시기임을 강조하였다. 또래관계에서 배려심을 기르면서 주도성을 기를 수 있는 방법들을 습득해야 한다. 하지만 나타날 수 있는 유형이 굉장히 광범위하기 때문에 유형에 대한 정의 및 지도방법은 후술하도록 하고, 여기에서는 유아기에 대체로 지도할 수 있는 내용을 중심으로 살펴보도록 한다. 유아기는 단체생활이 영아기에 비해 많고 또래관계의 폭도 넓어지는 시기이다. 원만한 또래생활을 위해서는 책임감, 규칙준수에 대해 알아야 하고 다른 사람의 생각과 느낌을 존중하고 받아들이는 태도가 요구되며, 비사회적 행동을 감소하고 친사회적 행동을 증진시키기 위한 방법을 지도하는 것이 요구된다.

① 원만한 또래관계를 유지하기 위한 지도

유아들은 상징놀이나 역할놀이, 실외놀이 활동 시간에 다양한 놀이를 할 때 종종문제 상황이나 갈등이 발생하기도 한다. 대체로 이러한 경우는 우리 반 친구들하고 지켜야 할 규칙을 지키지 않아 발생한다.

② 올바른 언어사용능력을 증진시키기 위한 지도

유아기는 어휘의 습득량이 많아지고 습득한 어휘를 사용하여 문장으로 말할 수 있는 언어능력이 향상된다. 하지만 날마다 노출된 환경, 즉 미디어, 놀이터에서의 놀이상황 등과 같은 상황에서 좋지 않은 단어를 사용하는 것을 경험하게 된다. 유아들은 아직까지 사용하지 않으면 안 되는 단어를 선별하는 능력이 부족하다.

3. 영유아 행동에 대한 영향요인

영유아 행동에 영향을 주는 주요 요인은 영유아 자신, 부모나 형제자매를 포함한 가족, 또래관계, 미디어를 포함한 사회적 요인을 들 수 있다. 여기서는 각각의 영향요인을 살펴보고 그에 따른 지도방법을 제안하고자 한다.

1) 영유아

(1) 기질

기질이란 영아 개인의 특성이며 영아마다 다르다. 어떤 영아는 잘 웃는 반면 어떤 영아는 울고 자주 보챈다. 또 행동에 있어 반응과 행동이 느린 영아가 있는 반면, 행동이 빠르고 활기 넘치는 영아도 있다. 기질을 활동수준, 리듬성, 접근-회피성, 적응성, 반응역, 반응의 강도, 기분, 산만성, 지속성의 차원으로 설정하고(Thomas & Chess, 1977), 조합도의 여부에 따라 영아의 기질을 순한 기질, 까다로운 기질, 느린 기질로 구분하였다. 각 기질에 따른 특징을 간단히 소개하면 다음과 같다.

- 순한 기질: 대부분 40% 정도가 이 유형에 속하며, 일상생활에서 잘 적응하고 순하며 명랑하다.
  잠도 규칙적으로 잘 자고 식사시간과 양도 비교적 규칙적이다.
- 까다로운 기질: 영아의 10%가 속하고, 수면과 식사시간이 불규칙하고 낯선 환경에 적응하기가 어렵다.
- 느린 기질: 영아의 15%가 속하고, 활동성이 떨어져 낯선 환경에 적응하는 데 시간이 오래 걸린다.

영아의 까다로운 기질과 영아의 부적응 행동과 관련성을 밝힌 연구(김미영, 2018; 박은영, 2000; 유혜선, 2013)에서 영아의 기질이 긍정적일수록 교사와 영아와의 친밀관계가 높을수록 적응력이 좋으며, 문제행동이 감소되고 반면에 까다로운 기질일 경우 영유아 교육기관에서 부적응 행동을 보인다. 따라서 부모나 교사는 자녀의 기질을 제대로 파악하여 그에 맞게 대처하여 지도할 수 있다. 영유아의 기질을 고려하여 부모나 교사는 다음 표 2-2와 같이 지도할 수 있다.

표 2-3 아동의 기질을 고려한 양육행동

융통성 있는 아동	• 규칙적으로 아이의 생리적 현상 점검하기 • 가끔씩 아이에게 다가가 특별한 관심을 보여주기
까다로운 아동	• 다른 아이가 갖고 노는 장난감을 뺏으려 하면 관심을 다른 곳으로 전환시키기 • 아이의 변덕스러운 기분이나 예측하기 어려운 행동에 성인이 융통성을 가지기 • 아이기 예측하고 마음의 준비를 할 수 있도록 앞으로 일어날 일을 미리 알려주기 • 활발하게 움직이고 싶어 하는 것을 발산할 기회 주기
겁 많은 아동	• 강요하지 않기 • 혼자서도 할 수 있다는 것을 천천히 격려하기 • 자기만의 특별한 공간을 주어 안정감을 느끼게 하기

출처: 문혁준 외(2018). 아동생활지도.

(2) 애착

애착이란 한 개인이 주 양육자에게 느끼는 강한 정서적 유대감을 말한다. 영아는 애착을 형성한 주 양육자에게 애착행동을 하게 되는데, 이는 영아의 일방적인 행동이 아니라 주 양육자와 상호작용할 때 기쁨과 편안함을 느끼게 해 주고, 영아가 무언가 불편하고 스트레스가 있게 되면 주 양육자 존재로 편안함을 느끼게 되는 것이다. 이때 주 양육자는 아기를 껴안고, 귀여워해주고 사랑해주는 애정표시를 해주면 아기는 더욱 주 양육자에게 신뢰감을 형성하고 안정감을 가지게 된다.

Ainsworth(1983)는 애착의 유형을 검증하기 위해 '낯선 상황 실험'을 개발하여 연구한 결과, 안정애착, 회피애착, 저항애착, 혼란애착으로 구분하여 각 특징을 설명하였다.

① 안정애착: 주 양육자와 격리 시 힘들어 하지만, 주변의 놀잇감을 가지고 양육자가 돌아올 때까지 편안하게 놀이한다. 양육자와 다시 만나면 양육자를 반기고 신체적 접촉을 시도한다.

② 회피애착: 양육자와 분리되어도 분리불안이 없고, 양육자와 떨어져 있다가 양육

자를 만나도 접촉하기를 피하거나 무시한다. 양육자와 친밀감을 표시하시도 않고 낯선 사람에게도 양육자에게 한 행동과 비슷하게 한다.

③ 저항애착: 양육자와 함께 있을 때부터 이미 불안해하여서 양육자와 분리되었을 때 매우 불안감을 보이며, 양육자가 다시 나타나도 처음에는 다가가 안겼다가 금방 밀어내 버리고 쉽게 진정되지 않는다.

④ 혼돈애착: 양육자에게 가까이 가서 접촉해야 할지, 아니면 회피해야 할지에 대해 혼란을 보이는 현상을 보인다.

영아의 안정애착 형성을 위해 주 양육자는 아기가 보내는 신호에 아주 민감하고 빠르게 반응을 보여야 한다. 그래야 아기는 내가 필요할 때 보내는 메시지를 인정하고 나를 편안하게 해주는 행동과 미소에 신뢰감을 쌓아가면서 안정된 애착을 형성하게 되는 것이다.

따라서 영유아 교육기관의 교사는 영아와 애정적이고 신뢰적인 관계를 형성해야 하고 이것이 곧 영아의 생활지도를 원활하게 할 수 있도록 할 것이다.

2) 가족

가족은 부모를 비롯한 형제자매가 포함된다. 부모는 자녀의 바람직한 생활습관 형성은 중요하다고 인식하고 있지만, 실제로 부모의 취업으로 인한 양육의 절대적인 시간의 부족으로 인해 가정에서 자녀의 생활습관 형성에 한계가 있다. 하지만 부모가 자녀의 생활습관 형성을 위해서나 자녀양육에 전혀 시간을 보내지 않는 것은 아니다. 부모가 자녀의 행동에 어떻게 행동하거나 대처하였느냐에 따라 생활습관 형성에 영향을 미친다. 바움린드(Baumrind)는 자녀의 양육에 있어 부모의 양육태도를 애정과 통제라는 차원에서 권위가 있는 부모, 권위적 부모, 허용적 부모, 무관심한 부모로 나누어 설명한다.

(1) 권위가 있는 부모

자녀에게 따뜻하게 대해줄 뿐만 아니라, 자녀의 요구에 민감하게 반응 하고 수용해준다. 필요하다면 적당한 통제를 해 주는 가장 바람직한 양육 방식이다. 이러한 양육 태도에서 자란 자녀는 자아존중감이 높으며, 또래로부터 인기가 많고 책임감 있는 아이로 성장하기 쉽다.

(2) 권위적 부모

자녀가 요구한 것에 대해 권위가 있는 부모보다 덜 수용적이고 자녀의 자율성은 거의 인정하지 않는다. 주로 명령의 방식을 취하고 만약 자녀가 부모의 바람대로 행동하지 않는다면, 처벌이나 강압적인 태도를 보이면서 무조건 순종하고 복종하도록 양육한다. 이러한 양육 태도에서 자란 자녀는 자율성을 상실하게 되어 다른 사람에게 많이 의존하고, 때론 공격적인 성향을 보이고 불안해하기도 한다. 이 때문에 낮은 자아존중감이 형성되기 쉽다.

(3) 허용적 부모

자녀의 요구에 너무 지나치게 관대하여 무조건 허용해주는 양육 태도이다. 자녀의 발달수준을 무시하고, 자녀가 원하면 모든 결정을 자녀가 하도록 하여 통제가 거의 없는 형태이다. 이런 경우, 아동 자신이 했던 행동에 대한 결과에 책임을 다하는 것에 어려움을 겪게 된다. 이러한 양육 태도에서 자란 자녀는 인내심이 없고, 제멋대로 하고 싶은 대로 행동하며 책임감이 부족한 아이로 자라기 쉽다.

(4) 무관심한 부모

자녀양육에 대한 참여도 거의 없고 정서적으로 자녀와 분리되는 경우이다. 따라서 자녀의 발달이 지체될 수 있으며, 바람직한 생활습관 형성이 어려울 수도 있다. 이러한 양육 태도에서 자란 자녀는 또래관계, 애착관계, 인지발달 등 대부분 발달 영역에 부정적인 영향을 줄 수 있으며, 불안정한 정서를 보이기 쉽고 자기중심적인 성향으로 발달하게 된다.

자녀의 바람직한 생활습관 형성을 위해서 권위가 있는 부모로 자녀를 양육해야 할 것이다. 만약 자녀의 생활습관이 바람직하지 못한 상황이 발생해도, 그 상황에서 자녀가 그렇게 행동했던 이유를 들어보고 해서는 안 되는 행동에 대한 이유설명 등을 통해 자녀가 스스로 바람직한 생활습관을 형성할 수 있는 기회를 제공해 줄 것이다.

3) 사회 속 미디어

미디어란 정보를 시간, 공간적으로 전달해 주는 매체이다. 최근 미디어의 종류는 신문과 잡지를 포함한 TV, 컴퓨터, 스마트폰, 비디오영상물과 같이 다양하다. 이와 같은 미디어가 없는 우리의 생활은 상상조차 하기 힘들다. 이미 영유아들이 태어날 때부터 TV속의 광고에서 들리는 다양한 소리와 영상을 경험하면서 아주 빠른 속도로 이들을 모방하여 실행에 옮긴다. 그만큼 미디어가 가지고 있는 빠른 정보의 전달력은 현대 정보사회에 없어서는 안 될 만큼 효과적인 전달매체인 것은 분명하다. 영유아들이 매일의 일과 속에 자주 접하는 TV, 컴퓨터, 스마트폰, 비디오영상물 등은 영유아의 학습과 발달에 긍정적인 영향을 미치는 점도 있지만, 영유아의 발달에 부정적인 영향을 미치는 측면도 있기 때문에 바람직한 미디어 교육은 반드시 필요하다. 여기에서는 영유아와 밀접한 관련성이 있는 TV, 컴퓨터, 스마트폰, 비디오영상물과 같은 미디어가 영유아의 발달에 미치는 영향성에 대해 살펴보고, 이를 위한 바람직한 생활지도를 안내하고자 한다.

(1) TV와 비디오

TV는 영유아에게 매우 매력적인 매체이다. 접촉도 쉬울 뿐만 아니라 접촉시간도 길어질 수 있다. 영유아의 TV시청시간은 주중에 TV를 시청한 시간이 많은 유아의 경우, 주말에도 시청시간이 길게 조사되었으며 맞벌이 가족의 경우에 TV시청이 길며(신유정, 2012) 생후 11개월 미만부터 시청시작 시기는 무려 38%나 된다(이경숙 외, 2014).

사회학습이론가 반두라에 의하면, 유아기는 실제 본 행동을 모방하여 똑같이 행동하다고 하였다. TV에서 전달되는 바람직하지 못한 언어, 유행어, 바람직하지 못한 행동들을 재미있게 느끼고 빠르게 모방하는 것이 심각한 문제로 대두된다. 만약 유아가 또래 집단에서 TV를 통해 모방한 바람직하지 못한 언어사용과 다양한 행동을 보인다면, 또래 친구들과 같이 어울리기 어려울 수도 있다. 또한 유아는 TV에서 묘사된 내용에 대해 올바른 가치관과 태도를 형성하기에는 아직 능력이 부족하다.

종종 주변에서 영유아가 TV나 영상물을 시청하고 있는 것을 본 적이 있을 것이다. 영유아에게 TV나 영상물을 보여주는 동기는 아마도 다양할 것이다. 영유아가 영상물을 시청하는 동안 부모는 가사일, 휴식을 취하기도 하고, 비디오영상물을 보고 싶다고 떼쓰는 경우일 수도 있고 혹은 영유아의 주의집중을 다른 곳으로 이동시키고 싶을 때가 될 것이다.

그러나 영유아가 TV시청, 영상물시청이 반드시 영유아의 발달에 부정적인 영향만 미친다고 볼 수 없다. 비디오영상물에서 흘러나오는 다양한 노래를 통해 정서를 발달시킬 수 있으며, 또 영상물 속 주인공의 좋은 내용과 활동들을 모방하여 마치 영유아가 주인공이 되어 보는 상상놀이도 가능하다. 뿐만 아니라, 교육방송 프로그램을 통해 다양한 발달과 학습을 촉진시킬 수 있으며 간혹 스트레스 해소의 한 방편으로 이용되기도 한다. 하지만 잘못 선택된 TV프로그램이나 영상물, 장시간 시청을 통해 영유아는 바람직하지 못한 생활습관들을 모방할 수 있기 때문에 관리 및 감독, 지도가 필요하다.

유아교육현장에서 올바른 TV, 영상물 시청을 위한 생활지도의 한 방안으로 교육과정 속 생활지도가 이루어지도록 계획할 필요가 있으며, 아울러 가정과 연계할 수 있도록 부모교육이 동시에 병행될 수 있도록 할 수 있다. 송미선과 박현주(2002)는 영유아의 올바른 TV시청에 대한 구체적인 교육활동에 대해 TV시청 일기쓰기, TV시청 규칙 만들기, 프로그램 내용에 대한 집단

토의하기, 광고 문해 교육하기, 가족 신문 만들기, 내가 직접 TV동화 만들기, 방송국 역할놀이하기 등을 제시하였다.

(2) 컴퓨터와 인터넷

21세기 정보화시대에 살면서 우리 생활과 교육환경에 컴퓨터의 보급과 인터넷의 영향력은 대단하다. 정보통신부(2007) 자료에 의하면, 만 3~5세 유아의 인터넷 이용률은 51.4%, 취학 전 아동의 평균 인터넷 사용시간은 주 당 4.7시간을 사용하고 있다고 보고되었다. 이와 같은 보고에 비추어볼 때, 인터넷의 사용연령은 점차 어려지고, 이용시간도 점점 길어지고 있음을 알 수 있다. 급속도로 확산되는 컴퓨터 인터넷 사용은 영유아에게 다양한 측면에서 발달을 촉진할 수 있는 좋은 환경이 될 수 있지만, 제약 없이 노출된다면 컴퓨터 인터넷 사용에 있어 부정적인 측면이 오히려 부각될 우려가 있다.

이러한 영유아의 컴퓨터 사용에 대한 부정적 입장과 긍정적 입장이 공존한다. 먼저 부정적 입장으로는 영유아기 발달특성에 적합하지 않다는 것인데, 영유아는 간접 경험보다는 구체적, 직접 경험이 의미 있는 학습이 되기 때문이다. 또한 일대일로 컴퓨터와만 대화하기 때문에 폭넓은 또래관계를 저해할 수 있다는 것이다. 이 외에도 소아비만, 시력저하, 자세 흐트러짐과 같은 신체발달을 저해할 수 있다. 이와 반대로 영유아의 사회, 정서, 언어, 수학 및 문제해결력에 긍정적인 영향을 미칠 수 있다는 보고(Clements, 1999; 유구종 · 조윤영, 2004)도 제시되었다. 영유아기 컴퓨터 사용에 대한 부정적인 측면과 긍정적인 측면을 논하기보다는 긍정적인 측면을 부각시키고 부정적인 측면을 보완할 수 있는 방안이 필요하다. 영유아기 올바른 컴퓨터 활용에 대한 교육 활동은 유아교육현장에서만 이루어져서는 어렵다. 반드시 가정과 연계해서 지도할 때 더욱 효과가 있다.

(3) 스마트폰 사용

오늘날 스마트폰은 개인과 개인 간의 의사소통의 한 수단인 통신매체가 더 이상 아니다. '스마트폰' 단어에 내포하고 있는 것처럼 우리에게 스마트한 시대를 열어준다. 문자정보뿐만 아니라 전자북, 노래감상, TV시청, 다양한 게임도 할 수 있는 다양한 기능을 내포하고 있다. 남녀노소 불문하고 심지어 유아, 아동들도 이미 많이 소유하고 있을 만큼 필수품이 되어 가고 있다. 우리에게 스마트한 세상을 열어준다는 장점만 있는 것은 아니다. TV시청과 비교해보았을 때, 스마트폰은 늘 우리 몸에 휴대하고 있기 때문에 유아에게 미치는 영향을 더없이 크다. 대중교통을 타고 지나갈 때면 항상 볼 수 있는 광경 중 하나는 손에 스마트폰을 들고 고개를 숙인 채 모두들 시청에 과몰입하고 있는 모습을 항상 볼 수 있다. 이로 인해 거북목 현상, 시력저하, 기억력 감퇴, 전자파의 노출과 같이 우리 건강을 위협할 수 있다. 임영자(2012)는 스마트폰 사용과 유아의 뇌 발달과의 관련성을 제기하면서, 1회 30분 이상 사용하게 되면 과도한 자극에 의해 좌뇌와 우뇌의 불균형 현상을 초래해 발달에 장애가 되며, 스마트폰 게임기 사용이 유아의 자기조절력에 부정적인 영향을 끼친다(이수기 외, 2014).

유아가 매일 또는 일주일에 1~6회 스마트폰을 사용하는 비율은 74%이며, 그중 40.5%는 1회 사용시간이 무려 30분 이상이나 되며(임선영, 2013), 3세 미만 유아가 주 5일 이상 1시만 미만 사용한다(이수기 외, 2014). 이와 같이 유아의 스마트폰 사용이 증가하면서 스마트폰 과몰입 현상도 나타나고 있다. 유아의 스마트폰 과몰입 정도에 대해 일반사용자가 95.1%, 잠재적 위험사용자 2.9%, 고위험 사용자 2.0%의 경향성을 보인다(임경심 외, 2014).

놀랍게도 어린 영아에게도 스마트기기가 사용되고 있음이 확인되었다. 권연정(2014)은 12개월 전후 영아의 스마트기기 사용은 단순히 놀잇감의 대상이며, 24개월 이후에는 스스로 조작이 가능하고 사용방법을 빠르게 습득한다고 하였다. 주로 부모가 이 시기에 스마트기기 사용에 대한 동기는 베이비시터, 행동에 대한 보상, 소란을 잠재우는 방편으로 사용하였다.

아직까지 청소년이나 아동에 비해 사용률이 낮다 할지라도, '세 살 버릇 여든까지 간다'라는 속담처럼 유아들이 스마트폰의 역기능에 빠져 들지 않도록 미리 예방하는 것은 중요하다. 부모와 교사의 관심과 지도로 인해 영유아기 올바른 초기이용 습관을 들일 수 있도록 하는 것이 중요하다.

4. 영유아 행동의 이해방법

영유아 행동을 이해하는 목적은 영유아 생활습관 수준과 지도내용을 파악하여 바람직한 영유아 생활습관을 형성하는 데 있다. 이를 위해 영유아 교육기관에서 유아의 행동을 대상으로 평가를 하게 되는데, 현장에서 이루어지는 다양한 평가방법에 대한 이해가 우선시되어야 한다. 다양한 평가방법에는 검사법, 일화기록, 평정척도법, 포트폴리오 등이 있다. 경기도 유아교육진흥원(2013)은 영유아 교육현장에서 누리과정의 목표와 내용을 준거로 영역별로 유아의 발달수준과 특성, 변화 정도를 상, 중, 하 수준으로 제시하여 현장에서 준거 삼아 활용하기 쉽도록 하였다.

누리과정 5개 영역 중 영유아 생활지도와 관련한 내용을 포함하고 있는 신체 · 운동건강영역, 사회관계영역의 종합평가예시문을 일부 제시하면 다음과 같다(2020년 개정 누리과정 및 4차 표준보육과정의 시행이 이루어지고 있으나, 여기에서는 3~5세 누리과정 및 3차 표준보육과정 내용에 대한 평가 예시문을 기록하였다).

■ 3세 신체 · 운동건강영역 종합평가 예시문

수준	종합평가 예시문
상	• 시각, 촉각 등 여러 가지 감각기관을 활용하여 감각적 차이를 느껴보는 활동에 참여하고 그 느낌을 표현하며, 자신이 좋아하는 활동을 알고 즐겁게 참여합니다. • 주변 환경을 파악하기 위해서 여러 가지 감각기관을 활용하며 자신의 신체를 긍정적으로 인식하고 있고 스스로 자신의 소지품과 생활공간을 깨끗이 정리할 줄 압니다.
	• 신체의 부분 명칭에 관심을 가지고 각 부분을 움직여 보는 활동과 기차놀이, 대문놀이 등 친구들과 함께 하는 신체활동에 즐겁게 참여합니다. • 놀이기구나 놀잇감, 도구를 안전하게 사용하며 음식을 남기지 않고 골고루 먹는 습관을 가지고 있습니다.
	• 걷거나 서 있을 때 신체 균형을 잘 유지하고 신호에 따라 움직임을 멈추거나 방향을 바꿀 수 있으며 손을 바르게 씻는 방법을 알고 있습니다. • 선을 따라 걷고 달리기 등 이동운동을 할 수 있으며, 수저를 바르게 사용하여 흘리지 않고 먹을 수 있습니다.
	• 제자리에서 구부리기, 뻗기, 꼬기 등의 운동을 따라할 수 있으며, 재난 및 사고 등 비상 시 적절하게 대처하는 방법을 알고 따를 수 있습니다. • 친구들과 함께 바깥놀이 활동에 즐겁게 참여하고 기구를 사용하는 신체활동을 좋아하며 기구의 바른 사용법을 알고 안전하게 이용합니다.
	• 공간, 힘, 시간 등 움직임의 요소를 경험하는 활동에 적극적으로 참여하며, 속도를 조절하여 다른 친구들과 부딪치지 않고 걸을 수 있습니다. • 규칙적으로 생활하고 적당한 휴식을 취할 수 있으며, TV, 인터넷, 통신기기 등의 바른 사용법을 알고 적절하게 사용합니다.
	• 간단한 퍼즐맞추기 등 눈과 손을 협응하여 소근육을 조절할 수 있으며, 유치원에서의 하루 일과에 관심을 가지고 즐겁게 참여합니다. • 배변욕구를 느낄 때 스스로 화장실에서 배변할 수 있으며 안전보행이나 도로횡단 등 교통안전 규칙을 알고 지킬 수 있습니다.
	• 점점 빨리 걷기, 신호나 상황에 따라 멈추기 등 신체 각 부분의 움직임을 조절할 수 있으며, 날씨나 기온에 맞게 적절하게 옷을 입을 수 있습니다. • TV, 인터넷, 통신기기 등의 바른 사용법을 알고 적절하게 사용하며, 학대, 성폭력, 실종, 유괴상황 시 도움을 요청하는 방법을 압니다.

수준	종합평가 예시문
중	• 주변의 대상이나 사물, 환경에서 나타나는 감각적 차이에 관심을 가지며 다양한 신체활동에 참여하려고 노력합니다. • 신체 각 부분의 움직임에 관심을 보이며 교사의 도움을 받아 주변을 정리하고 음식을 골고루 먹으려고 노력합니다.
	• 몸을 정지해 있거나 움직일 때 신체의 균형을 유지하려고 노력하며 친구들과 함께 바깥놀이에 참여합니다. • 질병의 위험을 알고 있으며 능숙하지는 않으나 눈과 손을 협응하여 소근육을 조절하려고 노력합니다.
	• 공, 훌라후프, 줄넘기 등 여러 가지 기구에 관심을 가지고 신체활동에 참여하며 교통안전 규칙을 알고 안전하게 이용하려고 노력합니다. • 두발 모아 낮은 장애물을 넘을 수 있으며 바른 자세로 앉아 음식을 먹을 수 있으나 자기가 좋아하는 음식만 먹습니다.
	• 신호에 따라 멈추거나 방향을 바꾸는 등 움직임을 조절할 수 있으며 안전한 장소와 위험한 장소를 구별하여 안전한 장소에서 놀이하려고 노력합니다. • 친구들과 함께 기차놀이, 대문놀이 등 신체활동 하는 것을 좋아하며 화장실 사용 시 교사에게 도움을 요청할 수 있습니다.
	• 다양한 소리를 경험하고 그 소리를 구분할 수 있으며 수저를 바르게 사용하여 흘리지 않으려고 노력합니다. • 간단한 규칙이 있는 신체활동에 즐겁게 참여하며 유치원의 하루 일과에 관심을 가지고 규칙적으로 생활하려고 노력합니다.
	• 감각기관을 활용하여 사물의 특성을 탐색하고자 하며 제자리에서 구부리기, 뻗기, 흔들기 등의 운동을 하려고 노력합니다. • 놀이기구나 도구의 사용법을 알고 안전하게 사용하려고 노력하며, 비상 대피훈련 시 교사의 지시를 잘 따릅니다.
	• 자신의 신체적 능력을 긍정적으로 인식하며 여러 가지 감각적 차이를 경험하는 활동에 즐겁게 참여합니다. • TV, 인터넷, 통신기기 등의 적절한 사용법에 관심을 보이며, 안전보행이나 도로횡단 등 교통안전 규칙을 지키려고 노력합니다.

수준	종합평가 예시문
하	• 오감을 활용한 감각활동에 참여하고 안전하게 놀이하려고 노력하나 다양한 신체활동의 경험이 필요합니다. • 놀이기구나 도구의 사용법을 잘 이해하지 못하고 안전한 사용에 어려움이 있으며, TV, 인터넷, 통신기기 등의 적절한 사용법에 대한 지도가 요구됩니다.
	• 사물을 만져보고 느낌의 차이를 구분할 수 있으며 낮은 평균대에서 신체 균형을 잡으려고 노력합니다. • 교사가 제시하는 신체활동에 참여하나 신체의 명칭을 알아보고 움직이는 활동에 적극적인 참여가 요구됩니다.
	• 자신의 신체를 긍정적으로 인식하나 신체활동에 소극적으로 참여하며, 신호에 따라 멈추거나 방향을 바꾸는 등 움직임 조절을 어려워합니다. • 배변욕구를 느낄 때 화장실 사용은 할 수 있으나 교사에게 도움을 요청하기 어려워하며, 날씨나 기온에 맞게 옷을 입는 습관이 요구됩니다.
	• 교사의 지시에 의해 자기 몸과 주변을 깨끗이 하려고 노력하나 위험한 상황과 해서는 안 될 행동을 구별하기 어려워 보입니다. • 바깥놀이 활동에 규칙적으로 참여하기를 힘들어 하며 기구를 사용한 신체활동과 기구의 바른 사용법에 관심이 있으나 간혹 위험할 때가 있습니다.
	• 사물을 탐색할 때 감각기관을 활용할 수 있으나 신체 각 부분의 움직임을 조절하는 데 어려움을 느끼며 공간, 힘, 시간 등 움직임의 요소를 경험하는 활동이 필요합니다. • 자신이 놀이한 놀잇감과 사물함의 물건 정리정돈을 어려워하며 안전보행이나 도로 횡단 등 교통안전 규칙 지도가 요구됩니다.
	• 공, 줄넘기 등 신체활동에 필요한 여러 가지 기구에 관심을 보이나 적극적으로 참여하는 태도가 요구되며, 선을 따라 걷고 달리기 등 이동운동을 어려워합니다. • 편식하지 않고 골고루 먹는 습관 지도와 학대, 성폭력, 실종, 유괴상황 시 도움을 요청하는 방법에 대한 지도가 요구됩니다.
	• 제자리에서 구부리기, 뻗기, 흔들기 등의 운동을 어려워하나 간단한 퍼즐맞추기 등 눈과 손을 협응하려고 노력합니다. • 수저를 바르게 사용하려 하나 흘리지 않고 먹기를 어려워하며, 교통수단을 안전하게 이용하는 습관 지도가 요구됩니다.

출처: 경기도 유아교육진흥원(2013). 3~5세 연령별 누리과정 유아평가예시문.

■ 3세 사회관계영역 종합평가 예시문

수준	종합평가 예시문
상	• 나의 몸에 무엇이 있는지 말 할 수 있으며, 상황에 따라 감정이 다르게 나타남을 알고, 자신의 감정을 조절할 수 있습니다. • 자신이 한 일이나 활동 결과물을 다른 사람에게 자신감을 가지고 소개하며, 주변 사람들과 친근감을 갖고 잘 어울립니다.
	• 일상생활에서 스스로 할 수 있는 일들을 실천하며, 가족 구성원의 의미와 소중함을 알고, 친구와 함께 사이좋게 놀이합니다. • 가족을 위해 내가 할 수 있는 일에 대해 말할 수 있고, 자신이 하고 싶은 활동을 자유롭게 선택해서 놀이에 참여합니다.
	• 일상생활 속에서 다른 사람의 모습, 성별, 성격, 생각의 차이에 관심을 보이며, 내가 사는 동네의 이름을 말 할 수 있습니다. • 친구들에게 적극적으로 친밀감을 표현하며, 다른 사람도 자신처럼 다양한 감정이 있다 는 것에 관심을 갖습니다.
	• 상황에 따라 여러 가지 감정이 있음을 알고, 친구들과 협력하여 함께 놀이하고 기쁨을 느낍니다. • 나와 친구의 가족 구성원에 차이가 있음을 알며, 주변 사람들과 친근감을 갖고 어울리며 화목하게 지냅니다.
	• 가족의 구성원을 알고, 친척에 대해 관심을 보이며, 예절 바르게 행동하고 웃는 얼굴로 인사합니다. • 나와 친구의 생각이 서로 다름을 알며, 친구의 생각도 인정해 줍니다.
	• 친구들과 사이좋게 지내며, 자신의 물건과 다른 사람의 물건을 구분하고, 일상생활에서 다양한 약속의 의미를 알고 지키려고 노력합니다. • 다른 사람의 물건을 소중하게 다루며 내가 사는 동네와 주변 사람들의 하는 일에 관심을 갖습니다.
	• 다른 사람의 감정에도 관심을 갖으며, 공공장소의 의미를 이해하고 공공장소에서 지켜야 할 규칙을 알고 지키려 노력합니다. • 우리나라를 상징하는 것에 대해 부분적으로 말 할 수 있으며, 일상생활과 놀이를 통해 옛날 사람들의 생활과 전통놀이에 흥미를 갖고 놀이합니다.

수준	종합평가 예시문
중	• 나의 몸에 무엇이 있는지 인식하고, 상황에 따라 감정이 다르게 나타남을 알고 있으나, 자신의 감정 조절은 어려워합니다. • 자신의 이름과 성별, 하루 일과와 가족 등에 대해 관심을 보이며 일상생활에서 스스로 할 수 있는 일들을 실천해 보려고 합니다.
	• 교사의 도움을 받아 다른 사람에게도 다양한 감정이 있음에 관심을 갖으며, 자신이 한 일이나 활동 결과물을 다른 사람에게 소개해 보려고 시도합니다. • 자신이 하고 싶은 활동을 교사의 도움을 받아 선택하고 놀이에 참여합니다.
	• 일상생활 속에서 다른 사람의 모습, 성별, 성격, 생각의 차이에 흥미를 보이며 나와 다름에 관심을 갖습니다. • 가족을 위해 내가 할 수 있는 일에 대해 관심을 보이며, 주변 사람들과 친근감을 갖고 어울리려고 합니다.
	• 서투르지만 친구들에게 다가가서 친밀감을 표현하려고 하며, 주변 사람들의 도움으로 친구의 생각도 받아들이려고 합니다. • 나와 친구의 가족 구성원에 관심이 있으며, 친척에 대해서 관심을 보입니다.
	• 나와 친구의 생각이 서로 다름에 관심을 보이며, 주변 사람의 도움을 받아 자신의 물건과 다른 사람의 물건을 구분합니다.
	• 일상생활 속에서 나와 다른 사람의 차이에 관심을 보이며, 친구들과 함께 놀이합니다. • 다른 사람의 물건을 함부로 만지지 않으며 주변 사람들의 도움으로 일상생활에서 약속이나 규칙을 지키려고 노력합니다.
	• 내가 사는 동네와 주변 사람들에 대해 관심을 보이며, 일상생활과 놀이를 통해 옛날 사람들의 생활과 전통놀이에 관심을 표현합니다.
하	• 나의 몸에 무엇이 있는지 알고 있으나 관심이 부족하며, 알고 있는 것을 표현하기 어려워합니다. • 일상생활 속에서 다른 사람의 모습, 성별, 성격, 생각의 차이에 관심을 갖는 것이 필요합니다.
	• 일상생활에서 할 수 있는 일들에 관심을 보이나, 자신이 한 일이나 활동 결과물을 다른 사람에게 소개하기 어려워합니다. • 자신이 하고 싶은 활동을 스스로 선택하기 어려워하며 즐겁게 놀이에 참여하는 태도가 필요합니다.
	• 상황에 따라 감정이 다르다는 것을 알고 있으나, 자신의 감정을 조절하기 어렵습니다. • 주변 사람의 도움을 받아 다른 사람에게도 다양한 감정이 있음을 압니다.
	• 가족을 위해 내가 할 수 있는 일에 관심을 갖도록 도움이 필요합니다. • 나와 친구의 가족 구성원에 관심이 있습니다.
	• 자기 의견만 표현하며 친구들과 어울릴 때 어려움이 있습니다.

	• 나와 친구의 생각이 다름에 관심을 보이나, 친구의 생각을 수용하기 어려워합니다.
	• 주변사람들과 친구들에게 쉽게 다가가지 못하므로 친밀감을 표현하는 태도가 필요합니다. • 우리 동네와 주변 사람들에게 관심을 가질 수 있는 경험이 필요합니다.
	• 친구들과 지켜야 할 약속을 정했으나 관심이 없으며 지키려는 노력이 필요합니다. • 자신의 물건과 다른 사람의 물건을 종종 구분하지 못하며 다른 사람의 물건을 소중히 하는 태도가 필요합니다.
	• 우리나라를 상징하는 것에 관심을 갖기 시작했습니다. • 일상생활과 놀이를 통해 옛날사람들의 생활에 호기심을 보입니다.

출처: 경기도 유아교육진흥원(2013). 3~5세 연령별 누리과정 유아평가예시문.

교사는 누리과정에 준거한 평가기준을 활용하여 다양한 평가방법을 이용해 평가한 결과를 토대로 생활지도를 위한 계획 및 교수자료 선정, 교수학습방법을 모색할 수 있다. 다양한 평가방법으로 관찰법, 포트폴리오, 면접법, 검사법에 대해 소개하고자 한다.

1) 관찰법

자연스러운 상황과 환경에서 영유아 행동을 자세히 관찰하여 기록한 후 분석하는 방법이다. 관찰 시에는 있는 그대로 사실대로 기록할 수 있는 객관적인 기록이 중요하다. 관찰법의 종류에는 일화기록, 체크리스트, 평정척도가 있다.

(1) 일화기록

일화기록이란 일어난 사건을 관찰하여 있는 그대로 기록하는 방법으로, 사건이 일어난 즉시 또는 바로 후에 기록할 수 있다. 자유선택놀이 시간이나 하루 일과 중 생활지도가 필요한 순간에 의미 있는 사건들을 기록할 수 있다. 구체적인 일화기록방법은 다음과 같다.

첫째, 관찰한 영유아의 이름, 연령, 날짜, 시간, 상황을 기록한다.

둘째, 사건이 일어난 순서대로 기록한다.

셋째, 영유아가 했던 행동이나 말을 있는 그대로 객관적으로 기록한다.

일화기록의 장점은 관찰의 대상과 초점이 분명하게 있어 명확하게 보고 들은 것을 기록으로 남길 수 있어 시간이 많이 필요하지 않다. 반면, 시간이 지난 후에 기록에 임한다면 관찰자의 편견이 들어가거나 사실적인 기술에서 다소 벗어날 우려가 있어 객관적인 관찰기록에 어려움이 있다.

■ 일화기록 관찰양식

일화기록 관찰양식	
관찰 유아:	생년월일: (남 · 여)
관 찰 일: 년 월 일	관 찰 자:
장면:	
기록:	
관찰의 초점:	

■ 일화기록의 예

관찰 유아: ○○○ 관 찰 자: ○○○ 교사 관찰 장면: 자유선택활동 시간(미술영역)	생년월일: 2009년○월○일 (여) 관 찰 일: 2013년○월○일 관찰 시간: 오전 9시 20분~9시 30분(10분)
기 록: 자유선택활동 시간에 역할놀이 영역에 있던 자유가 자기의 이름표를 떼어서 미술영역으로 가져가 붙인다. 그림을 그리고 있는 혜정이와 다연이는 팔짱을 낀 채 서서 쳐다본다. 지나가던 선생님이 혜정이의 그림을 오른손으로 가리키며 "와 정말 잘 그렸네. 꽃을 참 예쁘게 그렸구나, 우리 혜정이가"라고 말한다. 지유는 선생님을 한 번 올려다보고 혜정이의 그림을 쳐다본다. 선생님은 쌓기놀이 영역으로 이동하고, 지유는 혜정이의	

맞은편에 앉는다.
잠시 후, 지유는 "엄혜정, 너 그림 안 예뻐" 라고 이야기한다. 옆에 있던 다연이가 "야! 한지유, 친구에게 그렇게 하면 안 돼. 그건 나쁜 거야" 라고 이야기한다. 지유가 다연이를 훌겨 보고 "네 거도 하나도 안 예뻐. 엄혜정도 이상해. 바보 같아"라고 말한 후에 지유는 자기 이름표를 역할놀이 영역에서 떼고 "쌓기놀이 영역"으로 걸어간다.

발달영역: 사회성발달 – 공격성(사회관계 영역)

요약
- 고의적으로 친구에게 상처를 주는 언어적 공격성이 나타났다.
- 자유선택활동 시간에 한 영역에 들어가서 놀이를 하는 것이 아니라, 영역을 돌아다니면서 친구의 활동을 지켜보기만 한다.
- 교사의 행동과 말에 관심이 있으며, 자유선택활동 시간에 교사를 따라다닌다.

교수전략
- 친구에게 상처를 주는 말을 하면 왜 안 되며, 자신의 말로 인해 친구가 어떤 감정을 갖는지 이해할 수 있는 기회를 지유에게 제공하며, 이러한 행동을 고쳐나갈 수 있도록 지도할 필요가 있다.
- 적절한 지도방향을 정하기 위해서 지유가 왜 그런 행동을 하게 되었는지 원인을 알아볼 필요가 있다. 즉, 지유가 친구들과 어울리고 싶지만 적절한 상호작용 방법을 모르는 것인지, 아니면 선생님에게 관심을 받고 싶어 하는 마음에서 그런 행동을 한 것인지 관찰해야 한다. 또한 지유 부모님의 양육태도는 어떠한지, 가정에서도 언어적 공격성이 나타나는지에 대해서도 살펴볼 필요가 있다.

(2) 체크리스트(행동목록표)

영유아에게 생활습관이 필요한 내용을 관찰하여 체크리스트에 표시하는 기록방법이다. 단순하게 '예', '아니오'의 형태로 기록하기 때문에 다양한 행동의 지속성의 여부를 파악하기에 무리가 있다.

■ 체크리스트(행동목록표) 예

기본생활습관 발달 체크리스트	
관찰 유아:	생년월일: (남 · 여)
관 찰 자:	

내용	1회(월일)	2회(월일)	3회(월일)
1. 대소변을 가린다.			
2. 잠을 자는 동안 오줌을 싸지 않는다.			
3. 복도에서 천천히 걷는다.			
4. 잠을 잘 잔다.			
5. 교사에게 존댓말을 쓴다.			
6. 양치질을 혼자 잘한다.			
7. 음식을 골고루 잘 먹는다.			
8. 계절이나 상황에 어울리는 옷을 입는다.			
9. 옷이나 신발을 혼자서 잘 입고 신는다.			
10. 손을 잘 씻는다.			
11. 자기 물건을 잘 관리한다.			
12. 고마워, 미안해, 괜찮아 등의 말을 적절하게 사용한다.			

(3) 평정척도법

영유아의 생활습관 내용에서 양이나 질적인 특성이 구분될 수 있는 단계 즉, 3단계, 4단계 혹은 5단계로 구성할 수 있다. 연속성이 있는 단계로 수량화된 점수기 기재된 기록지에 평정하는 방식이다.

■ 평정척도법의 예

만 3세반 기본생활습관 평정척도

유 아 명	(남, 여)	생년월일	년 월 일

※ **평정기준:** 1 (매우 그렇지 않다) — 2 — 3 (보통) — 4 — 5 (매우 그렇다)

문항		1학기		2학기	
		3월	6월	9월	12월
	1. 인사를 바르게 한다.				
	2. 친구 간에 서로 양보한다.				

예절	3. 음식을 먹을 때 바르게 앉아 먹는다.				
	4. 화장실 이용 시 지켜야 할 일을 알고 지킨다.				
	5. 고마워, 미안해라는 인사말을 사용한다.				
	6. 고운 말씨를 쓴다.				
질서	1. 스스로 줄서기를 하며 차례를 지킨다.				
	2. 복도, 계단, 교실에서 조용히 다닌다.				
	3. 규칙을 지켜 놀이한다.				
	4. 스스로 놀이를 선택하여 수행한다.				
	5. 놀이기구를 안전하게 사용한다.				
청결	1. 식사나 간식 먹기 전에 손을 씻는다.				
	2. 옷을 혼자서 단정하게 입는다.				
	3. 쓰레기는 정해진 곳에 버린다.				
	4. 식사나 간식 후 도시락이나 간식 그릇을 정리한다.				
	5. 자신이 흘린 음식을 치운다.				
	6. 스스로 놀잇감을 제자리에 정리한다.				
절제	1. 좋아하는 음식을 적절히 먹는다.				
	2. 화가 났을 때 감정을 적절히 표현한다.				
	3. 정리시간이 되면 놀이하던 것을 멈춘다.				
	4. 친구의 놀잇감을 마음대로 가져가지 않는다.				
	5. 여럿이 함께 쓰는 물건 아껴 쓴다.				
	6. 유치원의 규칙을 잘 지킨다.				

2) 포트폴리오

포트폴리오는 일정기간 동안 영유아를 둘러싼 모든 광범위한 맥락에서 수집된 영유아의 생활지도 내용을 보여주고 기록할 수 있다. 수집된 자료와 정보는 요약 정리하여 분석하고 종합적인 평가를 내리는 데 사용된다. 포트폴리오 평가의 목적은 유아의 작품, 일화기록, 체크리스트, 관찰기록지, 활동사진, 유아의 공식적·비공식적 면담자료, 건강기록부, 개인조사서 등을 수집한 포트폴리오를 통해 유아의 현재 발달단계 이해, 유아에게 일어난 변화나 진보한 영역을 알아보고 학급 전체의 현재 상태를 이해하기 위해 평가한다. 영유아 생활지도를 위한 포트폴리오의 내용은 생활지도의 내용인 기본 생활습관, 사회성발달과 관련된 내용 및 부적응 행동과 관련된 내용이 될 수 있다. 프로폴리오를 위한 자료수집은 영유아 교육기관의 등원부터 하원까지 하루일과에 걸쳐 이루어진다. 포트폴리오를 하는 절차는 포트폴리오를 위한 자료수집, 포트폴리오의 조직, 포트폴리오의 해석이다.

(1) 포트폴리오를 위한 자료수집

영유아 평가를 위한 자료수집은 1년을 세 번 정도 나누어 유아의 성취도를 확인할 수 있는 핵심항목을 중심으로 가능하다. 포트폴리오를 위한 누리과정 영역에 따른 핵심항목 선정의 예는 다음과 같다(김희진 외, 2018). 그리고 생활지도 내용과 관련성이 있는 신체·운동건강영역, 사회관계영역만 살펴보고자 한다.

표 2-4 포트폴리오를 위한 자료수집의 예

영역	핵심항목의 예	수집 활동의 예
신체·운동건강	① 운동기능 발달에 대한 기록 ② 신체적 안녕에 대한 기록 ② 기본적인 생활습관에 대한 기록	· 운동기능 발달에 대한 일화 기록 · 대·소근육의 통제와 협응에 대한 일화 기록 · 건강한 생활을 위한(건강, 영양, 안전) 체크리스트 작성 및 기록
사회관계	① 타인과 관계 형성, 친사회적 행동, 자신이 속한 집단에서의 역할 수행과 규범 준수 ② 자신과 타인의 정서 인식, 자신이 가진 정서의 적절한 표현과 조절, 타인의 감정에 대한 관심과 공감	· 다양한 관계에서 일어나는 친사회적 행동 등에 대한 일화 기록 · 또래 유아와의 관계 관찰지 · 자신과 타인의 정서 인식, 조절, 공감 등에 대한 일화기록, 사진

출처: 김희진 외(2018). 영유아 교육기관에서의 관찰.

(2) 포트폴리오의 조직

영유아 생활지도를 위해 신체·운동 건강영역, 사회관계영역에 준거가 되는 내용들을 수집했다 하더라도, 이를 체계적으로 조직하는 것은 쉽지만은 않다. 우선 포트폴리오에 있는 모든 자료에 날짜를 기록하고 작품 속에 나타난 사회적 맥락이나, 진행과정 등을 간략하게 기록한다.

(3) 포트폴리오의 해석

영유아의 경우 바람직한 생활습관 형성, 부적응 행동이 감소되었는지 또는 도움을 필요로 하는 부분이 있는지 등에 대해 분석하고 기록한다.

■ 포트폴리오의 예: 4세 포트폴리오 평가를 위한 자료수집 틀

신체운동 · 건강		
기본생활습관 체크리스트 1. 전혀 그렇지 않다 2. 약간 그렇지 않다 3. 약간 그렇다 4. 아주 그렇다 *관찰 장면에 V표 해주세요		
문항	1회 월 일	2회 월 일
1. 정리정돈을 할 수 있다. (장난감, 작업, 급식 책상)		
2. 손을 잘 씻는다.		
3. 규칙(차례, 약속)을 잘 지킨다		
4. 어른에게 존댓말을 사용한다.		
5. 음식을 골고루 먹는다.		
6. 교사의 지시를 잘 이해하고 따른다.		
7. 물건을 소중히 다루고 아껴 쓴다.		
8. 고마워, 괜찮아, 미안해 등의 말을 적절하게 사용한다.		
9. 혼자서 옷을 입을 수 있다.		
10. 약속한 시간에 유치원에 온다.		

<table>
<tr><th colspan="5">대근육 운동능력</th></tr>
<tr><td>날짜:</td><td colspan="4">활동명: 앵금질하기</td></tr>
<tr><td rowspan="2">새로운 행동(　)
익숙한 행동(　)</td><td>〈대근육발달〉</td><td>그렇지 않다</td><td>보통</td><td>그렇다</td></tr>
<tr><td>들고 있는 다리에 힘을 주어 몸의 흔들림이 없다.</td><td></td><td></td><td></td></tr>
<tr><td rowspan="3">교사 개입 정도
├────┼────┤
적다　보통　많다</td><td>자리의 움직임이 없다.</td><td></td><td></td><td></td></tr>
<tr><td>지탱하고 서있는 발에 반대 발의 무릎을 굽혀 옆에 대지 않는다.</td><td></td><td></td><td></td></tr>
<tr><td>정지상태 없이 자연스럽게 발을 바꾸어 앵금질한다.</td><td></td><td></td><td></td></tr>
<tr><td colspan="5">〈관찰사진 및 해석〉</td></tr>
</table>

3) 면접법*

질문지법이 종이 위에 연필로 간접적인 답을 구하는 데 비해, 면접법은 1:1의 관계에서 면담하는 형식을 취하고 있다. 즉, 유아와의 대화나 부모와의 대화를 통해 유아를 이해하는 방법이 면접법이다. 유아와의 대화나 부모와의 대화를 통해 이해하는 방법으로, 면접법에서는 앞서 여러 방법과는 달리 유아에 대한 각종 정보는 물론 유아나 부모의 감정이나 의지와 같은 내면적인 세계의 흐름까지도 알아낼 수 있다는 장점이 있다. 이러한 면접법을 효과적으로 운용한다면, 교사는 비교적 자연스러운 상황에서 유아 자신과 유아가 처한 환경적 상황을 동시에 이해할 수 있게 된다. 경우에 따라서는 비교적 심층적인 가정 내의 갈등이나 문제점을 파악하게 됨으로써, 교사가

*안영진(2014). 누리과정에 따른 생활지도 및 상담.

유아의 행동을 이해하는 데 큰 도움이 될 수 있다(장선철, 1995).

그러나 교사가 부모와의 면접을 통해 유아를 이해하려고 할 때, 정도에서 벗어날 정도로 가정의 사적인 문제에까지 깊이 관여하지 않게 되도록 주의해야 할 필요가 있다. 또한 면접법에는 상당한 기술이 필요한데, 자칫 잘못하면 오히려 면담 전에 알고 있던 사실까지도 왜곡되게 지각하는 경우가 생기기 때문이다.

면접법으로 교사가 유아나 부모와 대화를 나눌 때에는 다음과 같은 사실에 유의해야 한다.

첫째, 교사와 유아나 부모와의 사이에는 어떤 내용이든지 다 털어놓고 이야기 할 수 있도록 심리적인 거리가 최소한도로 줄어든 신뢰로운 인간관계, 즉 라포가 형성되어야 한다.

둘째, 유아나 부모가 많은 표현을 할 수 있게 하여야 한다. 그러기 위해서는 교사는 피면담자로 하여금 교사가 열심히 듣고 있다는 느낌을 가질 수 있도록 수용적인 태도로 피면담자와 이야기를 경청하여야 한다.

셋째, 면담을 할 때 교사가 사용할 말의 내용은 대상이 되는 유아나 부모가 이해할 수 있는 것이 되어야 한다.

넷째, 유아나 부모가 이야기하는 말의 내용 자체보다는 그들의 감정과 의도 그리고 감추어진 동기를 중시하여야 한다.

다섯째, 이야기의 주도권을 교사가 가져서는 안 되며, 피면담자의 질문에 대하여 성급한 조언을 하지 않고 이야기 속에 담긴 감정을 수용하고 공감하고 있음을 표현하여야 한다.

여섯째, 폐쇄적인 질문보다는 개방적인 질문, 직접적인 질문보다는 간접적인 질문을 한다. 또한 이중 질문이나 폭주하는 질문은 피하도록 한다.

일곱째, 한두 번의 짧은 면담을 통해 모든 문제를 알아내려고 하지 말고 하나의 과정으로서 면담을 계속적으로 진행하여야 한다. 또한 면담의 결과는 반드시 기록해 둔다.

4) 심리 검사*

(1) 투사적 성격 검사

1 로르샤흐 잉크 반점 검사

① 검사의 발달 배경

로르샤흐(Rorschach) 검사는 개인의 지각 과정을 통하여 행동을 예측한다는 기본 가정 아래 1921년, 스위스의 정신과 의사 로르샤흐가 10개의 표준화된 잉크 블롯(ink blot) 카드를 제작한 뒤 임상 심리학에서 지대한 관심과 광범한 사용과 수많은 연구를 자극하여 온 중요한 심리진단 도구였다. 따라서 투사법 검사 중 가장 대표적인 검사였으며, 1940~50년대는 이 검사가 임상 심리학과 동의어가 될 만큼 중요하였다. 1950~60년에는 로르샤흐에 관한 주요한 저서들이 출판되었고, 1955년까지 3,000편 이상의 논문들이 발표되었다. 1957년에는 주요한 다섯 가지 로르샤흐 체계가 확립되었다. 이와 같은 경향은 1971년에 보고된 루빈(Lubin), 왈리스(Wallis), 페인(Paine)의 논문에 의하면 점차 사용과 교육이 감소되는 추세로 바뀌고 있는데, 조사된 임상가의 91%가 아직 이 검사를 주요한 진단 도구로 사용하고 있으나 검사가 실시되는 환자 비율은 1962년 80%에서 60%로 감소하고 있음이 밝혀졌다. 이와 같이 로르샤흐 사용의 감소 경향은 임상 심리학자의 역할이 평가(assessment)에서 치료로 전환되고 있고, 이 검사가 교육의 복잡성과 장기적 수련을 필요로 한다는 점 때문에 일어나고 있다.

② 검사 재료

로르샤흐 검사 재료는 10개의 대칭으로 된 잉크블롯 카드이며, 카드에 새겨진 순서와 위치에 따라 제시된다. 카드 Ⅰ, Ⅳ, Ⅴ, Ⅵ, Ⅶ은 무채색으로 되어 있으며, 나머지 카드 Ⅱ, Ⅲ은 검정색과 붉은 색채가 혼합되어 있고, 카드 Ⅷ, Ⅸ, Ⅹ은 여러 가지 색채가 혼합되어 있다.

* 안영진(2014). 누리과정에 따른 생활지도 및 상담. 창지사.

이 카드들의 특징은 체계화되어 있지 않고 불분명하며, 뚜렷한 의미가 없다는 점이다. 이와 같이 카드 자체는 명백한 어떤 대상이나 사물을 지칭하고 있지는 않으나 다양한 함축적인 의미가 있는 것으로 보여진다. 래빈(Rabin, 1959)은 각 카드의 차이를 연구하였는데, 대립적인 언어의 내용에 따라 각 카드에 어떤 의미가 내포된 것으로 투사되는가를 검토한 결과, 뚜렷한 차이는 Ⅵ Ⅶ에서 보고되었다. 카드 Ⅶ은 '나쁜, 추한, 더러운, 혐오스러운, 가치 없는, 잔인한, 불쾌한, 슬픈, 부정직한, 강한, 큰, 사나운, 무거운, 두꺼운, 거칠은, 닳아진' 등의 부정적은 용어로 기술되어졌고, 반면, 카드 Ⅷ은 '좋은, 아름다운, 깨끗한, 친절한, 유쾌한, 행복한, 정직한, 평화로운, 밝은, 가냘픈, 부드러운, 섬세한' 등의 긍정적인 용어로 기술되어졌다. 따라서 이와 같이 불분명한 다양한 함축적 의미가 암시되는 자극 카드에 각 피험자가 다양한 반응을 투사할 수 있게 된다.

③ 검사 실시

검사를 실시할 때 좌석 배치, 지시, 반응의 기록, 반응시간, 질문 모두가 반응 결과에 영향을 미칠 수 있는 요인들이다.

가. 앉는 위치

로르샤흐와 베크(Beck)는 피검사 뒤에 검사자가 앉도록 하고, 클로퍼(Klopfer)와 헤르츠(Hertz)는 피검사가 옆에 앉아 있으며, 샤퍼(Rapaport-Schafer)는 대면방식(face-to-face arrangement)으로 실시하며, 피오트로브스키(Piotrowski)는 가장 자연스런 위치에서 실시할 것을 제안하고 있다.

이와 같은 위치가 주장되는 근거는 피검사의 배후나 측면에 검사자가 앉음으로써 피검사에 대한 검사자의 영향을 줄이고, 피검사가 언급하는 블롯의 특징을 볼 수 있기 때문이다. 그러나 로르샤흐와 베크의 위치는 검사 실시에 있어 자연스럽지 않으며, 정면 위치를 제안한 피오트로브스키와 함께 지나치게 엄격한 위치라는 비판을 받고 있다.

검사 실시에 있어 검사자의 영향이 평가되어 왔는데, 기비(Gibby), 밀러

(Miller), 워커(Walker, 1953)는 검사자에 따라 반응수나 결정 요인의 종류에 있어 차이가 있음을 지적하였고, 매슬링(Masling, 1965)은 검사자의 자세, 동작, 얼굴 표정이 피검사에게 영향을 준다고 하였다. 포괄적 방식에서는 검사자가 피검사에게 줄 수 있는 영향을 줄 수 있는 영향을 줄이기 위하여 측면 위치를 제안하였다.

나. 지시

로르샤흐는 "이것이 무엇으로 보이는가?"라고 묻고, 필요한 경우에는 카드가 어떻게 만들어졌는가에 대한 설명이 주어진다. 클리퍼만이 이 양식에 따르고, 베크는 원하는 만큼 카드를 볼 수 있고 생각나는 모든 것을 얘기하도록 하였고, 피오트로브스키는 카드를 돌려봐도 좋다고 언급하며, 헤르츠는 베크와 방식을 따르면서 필요한 경우에는 카드에 대한 설명을 제시하며, 샤퍼는 로르샤흐의 기본 방식을 따르고 자유 연상 단계 후 '생각나는 모든 것을 이야기'하도록 격려한다.

포괄적 방식에서는 클로퍼 방식에 따라 "무엇처럼 보이는가?"라고만 질문하며, 경우에 따라서는 카드가 어떻게 만들어졌으며, 다른 사람들이 여러 종류의 반응을 한다는 설명이 주어지지만, 검사자의 영향을 최소화하기 위해 부가적인 언급은 될수록 제안된다.

다. 자유 연상 단계

포괄적 방식에서는 자유 연상 단계에서 피검사자의 질문에 대해 개인마다 다른 방식으로 카드에 반응할 수 있다는 내용만을 전하고, 응답을 유도해서는 안 된다. 카드 Ⅰ에서는 반응이 하나밖에 응답되지 않는 경우에만 "어떤 사람들은 카드에서 한 가지 이상을 보기도 한다"고 격려하고, 그 외의 언급은 하지 않는다. 만약 카드에서 거부나 반응 실패가 일어난다면, 검사 준비 과정과 선택에 있어 문제가 있음을 고려해 보아야 하며, 거부된 카드에 대해 약 2분 정도 지연시키면서 응답의 기회가 제공된다.

라. 기록

반응시간의 기록은 카드가 제시되고 난 후 첫 반응까지의 시간과 한 카드에 소요된 전체 시간이 기록되지만, 가능한 방해되지 않고 피검사에게 시간 측정이 필수적이라는 인상을 주지 않는 방식으로 기록되어야 한다. 반응 내용은 될 수 있는 한 응답자의 진술이 정확하게 기록되어 추후 연구자료로 사용될 수 있어야 한다.

마. 질문 단계

자유 연상 단계가 끝나면 반응을 정확히 분류하기 위해 질문을 하게 된다. 만약 자유 연상 단계에서 충분한 정보가 위치, 결정요인, 내용에 대해 제공되었다면 그 반응은 질문 단계에서 질문되지 않는다. 질문 단계에서 피검사자에 의해 응답된 내용만이 다루어지며, 가능성 있는 모든 결정요인에 대한 유도적인 질문을 피한다. 질문을 비지시적인 방법으로 기술되어야 하며, "이 꽃 반응에서 색채가 결정 요인이 되었는가?"와 같은 직접적인 질문은 피해야 한다.

질문 단계 이후 정확한 내용이 파악되지 않는 반응에 한하여 직접적인 질문을 하는 음미 단계가 있는데, 이때 색채와 음영 반응, 움직임에 대한 직접적인 질문을 할 수 있다.

2 TAT 검사(TAT-Test)

① 검사의 발달 배경

주제 통각 검사가 발달된 배경을 보면 갈톤(Galton, 1897)의 최초의 자유 연상 실험에서 그 기원을 볼 수 있다. 갈톤은 자유연상 실험 결과, 자주 반복되는 연상 내용은 어린 시절의 생활과 연관이 있으며, 반복되지 않은 연상은 최초의 생활과 연관되어 있고, "이와 같은 연상이 표현되지 않은 개인의 사고 내용의 기초를 이루고 있다"고 하였다.

브리턴(Brittan, 1907)은 그림에 대한 이야기를 하도록 한 결과 소년과 소녀의 성 차이가 이야기 속에 나타남을 발견하였고, 리비(Libby, 1908)는 연령 차이가 있음을 주장하였다. 클라크(Clark, 1926)는 최초로 정신분석적 과정에 대한 보조법으로 이야기를 최초로 연구하였고, 대신 피검사자가 유아라면 이야기보다는 그림의 상황에 대해 어떤 감정을 가지겠는가를 상상하도록 하였다. 이와 같은 방법이 자기도취적인 환자로 하여금 전이신경증(transference neurosis)을 발전시키는 데 유용함을 발견하였다. 이와 같이 이야기를 통한 개인의 이해와 평가가 시도되어 오다가, 1935년 하버드 대학의 심리학자 무러(Murra)와 모건(Morgan)에 의해 TAT가 소개되었다. 이 검사는 공상 연구의 한 방법으로 소개되었고, 1938년 성격의 탐색에 이론적 설명과 욕구-압력 체계가 제시되었다. 이 검사는 초기에는 진단적 자료를 수집하기 위하여 사용되었고 정상적 상태와 정신 병리적 상태, 유아의 발달, 태도와 정서, 문화와 성격의 상관성 연구에 사용되었다. 유아, 청소년, 장년, 소년의 연령별 주제 통각 검사가 있으며, 유아용 통각 검사(Children's Apperception Test, CAT)는 1976년 이화대학 심리학 교실에서 한국판이 표준화 제작되었다. 주제 통각 검사의 도한은 31개 카드로서, 30개의 카드는 흰색과 검은색으로 그림이 그려져 있으며 하나는 백지 카드이다 각 카드 뒤에는 남자와 여자, 소년과 소녀의 성별, 연령이 구별되어 있다.

검사 실시는 20개의 카드를 성별 연령에 따라 구별하여 첫 회 실시에 10개 카드, 2회 실시에 10개 카드를 나누어 2회에 실시한다. 2회용 카드들은 보다 이상하고 흔치 않은 내용이 그려져 있다.

② 검사 실시

앞서 설명된 바와 같이 성별, 연령에 따라 20개의 카드를 선택하여 1회에 10개 카드를 실시하고 2회에 10개 카드를 실시한다. 지시 내용은 "이 그림을 보고 구체적인 장면을 상상하여 이야기를 만들어 보시오. 어떻게 해서 이런 일이 일어났으며, 지금 무슨 일이 일어나고 있으며 이 사람들의 느낌이나 생각은 어떠하며, 이 일이 앞으로 어떻게 되겠는가를 구체적으로 이야기해 보시오"라고 제시된다.

반응을 기록할 때는 피검사자의 반응 내용이 그대로 정확하게 빠짐없이 기록되어야 한다. 질문은 피검사자 응답한 내용이나 생략한 내용에 대해 검사자가 더 알고자 할 때 묻게 된다. 슈타인은 피검사자가 지시 내용을 이해하고 있는지를 확인하기 위하여 처음의 두 그림만 질문하는 방법과 전체 반응이 다 끝나고 난 뒤 어떤 이야기에 나오는 감정, 사고, 상호작용에 대해 부가적인 자료를 얻고자 할 때 질문하는 방법이 있다고 하였다. 질문에 대한 응답으로 반응된 내용일이 기록지에 밝혀져야 한다.

다음 카드 그림의 전형적인 이야기 내용이 무엇인가가 한 카드씩 제시될 것이다. 앞서 반응 내용은 카드와 자극 그림의 내용과 개인의 내부적 경험이 모두 나타난다고 하였고, 평범한 반응 내용일수록 개인의 성격이 덜 반응된다고 하였으므로, 평범한 내용이 무엇인지 먼저 파악되고 난 다음 개인의 독특한 반응 내용이 구별되어야 할 것이다.

공통된 주제는 소년이 부모에 의해 바이올린을 공부하도록 강요받는다는 내용이다. 의무에 대한 태도, 순응, 반항, 부모의 태도, 즉 공격적인가 협조적이고 이해적인가, 권위에 대한 복종과 자립에 대한 갈등, 죄악감, 야망, 좌절, 희망, 성취 등의 내용이 나타난다.

(2) 지능 검사

지능 검사는 개인 간의 지적 능력의 차이를 측정하기 위하여 시작되었으며, 현재는 개인 간의 차이뿐만 아니라 개인 내의 차이까지도 측정한다. 현재 다양한 지능 검사가 개발되어 사용되고 있는데, 분류하는 방법에 따라 검사의 종류를 나눈다. 검사의 목적에 따라 일반 지능 검사와 특수 지능 검사로, 문항의 필답 검사 그리고 검사방법에 따라 개인 검사와 집단 검사로 나누어진다. 검사의 목적, 상황, 피험자의 나이, 언어, 환경, 문화 등을 고려하지 않고서는 지능을 정확하게 측정할 수 없다. 따라서 지능을 측정할 때는 여러 가지 상황을 검토한 후 그에 적절한 검사도구를 선정하여야 한다.

1 스탠포드-비네 지능검사(Stanford-Binet Intelligence Scale)

■ 제작년도: 1916(초판), 1937(개정판), 1960년(3판), 1985(4판)

프랑스의 비네(Binet)와 시몽(Simon)에 의해서 1905년 최초로 제작되었는데, 미국 스탠포드 대학교의 터만(Terman) 교수가 이 검사를 미국에서 다시 제작하고 표준화하여 1916년 스탠포드-비네 지능 검사를 탄생시켰다. 이 검사는 그동안 여러 번 수정되다가, 현재는 1986년도에 제작된 제4판이 사용되고 있으며 검사의 대상은 2세부터 18세까지이다. 이 검사는 다른 모든 지능 검사의 기준이 되는 가장 우수한 유아용 개인 지능 검사로 인정받고 있다. 우리나라에서는 1916년도에 제작된 스탠포드-비네 검사를 고대의 전용신교수가 '고대-비네 검사'로 제작하여 1971년에 보급하였다. 그러나 스탠포드- 비네 검사가 여러 번 수정되었는데도 우리나라에서는 아직 수정판이 제작되지 않았다.

이 검사는 검사를 실시하는 데 소요되는 시간이 길어, 유아에게 지루함을 주며, 연령이 다른 유아끼리의 측정값을 비교하기가 적합하지 않다는 단점을 지니고 있다. 이 검사의 장점을 지나치게 언어적이던 검사를 개선하였고, 2단계 검사 방법을 도입하여 시작 수준을 결정 시 나이에 따르지 않고 유아의 수준에 따라 정하도록 하였으며, 연령별로 구성되었던 문항을 내용 영역별로 구성하였다는 점이다. 무엇보다도 최근의 지능 이론인 스턴버그(Sternberg)의 정보처리 이론과 카텔(Cattell) 및 버논(Vernon)의 위계론에 근거하여 검사를 구성하였다는 점이다.

검사는 언어와 수 추리로 결정적 지능을 측정하고, 추상과 시각 추리로 유동적 지능을 그리고 수와 사물의 기억으로 단기 기억 지능을 측정한다. 모두 15개의 하위 검사로 구성된 이 검사에서 다음과 같이 네 가지 주요 영역의 검사 점수가 산출된다.

① 언어 추리 영역 - 어휘, 이해력, 불합리성, 언어적 관계

② 수 추리 영역 - 수, 수 계열, 등식 성립

③ 추상 · 시각 추리영역 - 패턴 분석, 복사, 행렬, 종이 접고 오리기

④ 단기 기억 영역 - 구슬 끼우기, 문장 기억, 수 기억, 사물 기억

2 웩슬러 지능 검사

웩슬러(Wechsler)는 성인용(WAIS-R), 아동용(WISC-R) 개인 지능 검사를 개발하였다. 1942년에 성인용을 최초로 제작한 후 아동용, 유아용을 제작하였고, 계속 수정판을 냄으로써 현재 스탠포드-비네 검사와 함께 신뢰성 있는 검사 도구로 인정받고 있다. 이 검사는 2세부터 성인에 이르기까지 연속성 있게 지능을 측정할 수 있고, 검사자료가 검사 대상의 연령에 맞게 제작되었다는 장점을 지니므로 실용성면에서 인정을 받고 있다. 또한 이 검사는 언어 검사와 동작 검사로 구분되어 있어, 언어적 능력과 비언어적 능력에 대한 정보를 별개로 제공해 준다. 한 개인에 있어서 언어 검사와 동작 검사의 점수 차가 크면 언어적 장애, 문화적 영향, 개인과의 창에 대한 해석에 도움을 준다는 장점이 있다.

3 KEDI-WISC 지능 검사(한국교육개발원 Wechsler 지능 검사)

이 검사는 한국교육개발원의 박경숙 외에 의해 1985년에 제작되었다. WISC-R에 기초하였으며, 우리나라의 문화적 배경에 맞지 않은 문항만 수정하고 가능한 한 원본을 그대로 번역하여 우리나라에서 표준화되었다. 5세부터 15세까지의 유아에게 개별적으로 검사를 실시한다.

학교를 대상으로 표집하였으므로 취학률이 낮은 5~6세 유아의 대표성이 떨어지며, 어린 유아에게 실시하기에는 검사 소요시간이 60~80분 정도로 좀 길고, 몇몇 하위 검사의 신뢰도 계수가 낮아 검사 결과의 해석에 신중을 기해야 한다는 단점이 있다. 그러나 표집의 크기가 크고 표본의 대표성이 우수하여 도시와 농촌 유아를 골고루 표집하여 문화적 편파성을 어느 정도 배제하였으며, 보통 유아뿐 만 아니라 특수아나 영재아에게도 사용할 수 있다는 장점을 가지고 잇다.

검사는 언어 지능, 동작 지능, 일반 지능을 측정하며, 세부적으로는 모두

12개 하위 검사 점수가 산출된다.

① 언어 검사(6개 하위 검사로 구성됨) – 상식, 이해, 유사성, 산수, 어휘, 숫자 기억

② 동작 검사(6개 하위 검사로 구성됨) – 그림 완성, 그림 배열, 토막 짜기, 모양 맞추기, 기호 쓰기, 미로

PART

II 영유아 생활지도의 운영

CHAPTER 03

교육기관에서의 영유아 생활지도 운영

1. 영유아 생활지도의 원리

생활지도는 자기 자신을 이해하며 자신의 감정과 행동을 조절하고 통제하는 방법을 배우도록 하는 것이다. 교사나 부모는 영유아의 생활지도를 위해 기본적인 지도원리를 알고 계획할 수 있어야 한다.

권정윤 외(2017)는 '발달에 적합한 유아교육의 실제'에서 "긍정적인 생활지도의 전략을 유아가 민주적인 생활기술을 익히도록 하는 것이다"라고 하면서 다음과 같이 5가지 전략을 제시하였다.

- 유아에게 이해할 수 있는 기대와 일과를 설정한다.
- 모델링이나 기대되는 행동을 격려한다.
- 수용될 수 있는 행동으로 재지시한다.
- 분명한 제한을 설정하도록 한다.
- 협력하기, 도와주기, 협상하기, 상호 관련된 문제를 해결하기 위해 다른 사람과 이야기하기와 같은 사회적인 기술을 익힐 기회를 제공하고 격려하도록 한다.

안영진(2014)은 영유아 생활지도의 원리를 기본적인 생활습관의 지도원리와 좋은 습관형성의 원리로 구분하여 설명하였다.

1) 기본적인 생활습관의 지도원리

기본생활습관 교육은 기능 우선이라든지 정신 우선이라는 어느 한 편만의 의미를 강조하여서는 영유아의 가치 있는 인격 형성이나 전인적인 발달에 도달하기 힘들 것이다. *따라서 영유아의 기본생활습관 교육은 형식적인 행동뿐만 아니라, 정신적 가치와 더불어 교육되어야 할 것이다(포천교육청 지정연구 시범유아교육기관, 1992).

오남두(1992)는 기본생활습관 지도의 원리를 다음과 같이 설명하였다.

- 신뢰감은 습관 형성의 기초가 된다.
- 모든 발달 영역과 관련된다.
- 발달 수준에 맞게 단계적으로 지도한다.
- 교사와 태도는 일관성이 있어야 한다.
- 유아마다 발달 수준과 능력에 차이가 있다.
- 유아 스스로 하도록 유도한다.
- 교사와 유아의 상호 이해가 필요하다.
- 유아에 대한 태도가 긍정적이어야 한다.
- 좋은 환경을 제공해야 한다.

교사와 부모는 기본생활습관 지도의 기본원리를 잘 숙지하고 지도할 때, 비로소 영유아의 생활습관 형성이 제대로 이루어질 수 있을 것이다.

2) 좋은 습관형성의 원리

"세 살 버릇이 여든 간다"의 우리 속담은 어렸을 때 좋은 습관이 형성되는 것이 여든까지 갈 수 있다는 뜻으로, 영유아 시기에 좋은 습관형성의 중요성을 말해준다. 안영진(2014)은 영유아 시기 좋은 습관을 형성시켜주는 원리를 5가지로 제시하여 설명하였다.

---

* 안영진(2014). 누리과정에 따른 생활지도 및 상담. pp.151-152에서 재인용.

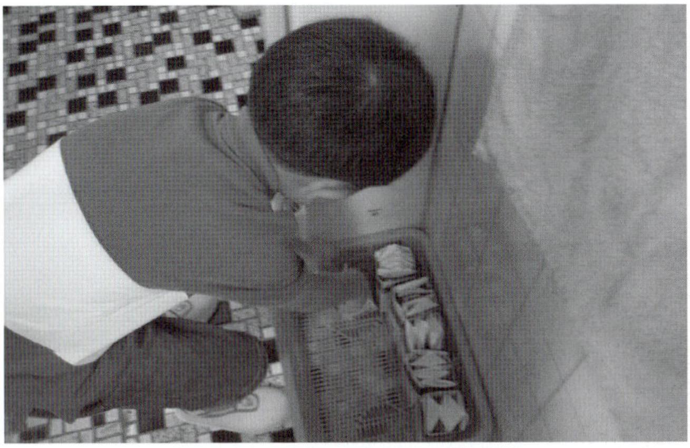

다 마신 우유갑을 헹군 후 정리하기

첫째, 영유아들에게 모범을 보여야 한다.

영유아들이 나타내는 행동은 바람직한 것이든 그렇지 못한 것이든 주위에 있는 어른들의 행동을 모방하는 데서 비롯된 것이 많다. 영유아는 나이가 어리면 어릴수록 주위 어른의 영향을 더 크게 받는다. 따라서 영유아에게 좋은 습관을 길러 주기 위해서는 부모나 교사 또는 주위 어른들이 모범적인 행동을 보여야 한다. 언어를 통한 일반적인 지시나 훈육보다는 좋은 습관형성에 대한 좋은 모델링(modeling)이 영유아가 학습을 통해 좋은 습관을 형성할 수 있게 한다.

둘째, 일관성 있게 반복연습을 시켜야 한다.

주위 부모나 교사는 인적지원들이 좋은 버릇에 대해 모범을 보여줌과 동시에 일관성 있게 반복연습을 시키는 것은 바람직한 좋은 습관형성에 도움이 된다. 영유아에게 하나하나의 행동을 반복하게 함으로써 그 습관을 형성시키고, 영유아 스스로가 의식하지 않고도 생활 속에 그 습관이 정착될 수 있도록 매일 일상생활 속에서 규칙적으로 연습시켜야 한다. 이때 영유아 주변에 있는 부모나 교사 또는 이웃의 어른들까지도 상호 협조하여 일관성 있는 태도로 습관형성에 임해야 한다.

셋째, 영유아가 스스로 하는 동기유발(motivation)을 시켜야 한다.

영유아에게 좋은 습관을 형성시키기 위해서는 스스로 하고자 하는 마음을 조성해 주어야 한다. 따라서 영유아가 스스로 참여하기 위한 주위의 환경을 만들어 주어야 하며, 영유아가 흥미롭게 생각할 수 있는 자료를 동원하거나 흥미롭게 느낄 수 있는 일부터 시작되어야 한다. 부모나 교사는 무리한 강요가 아닌, 영유아의 흥미가 충분히 고려될 때 영유아 스스로가 좋은 습관을 형성하겠다는 동기유발이 된다. 또한 영유아가 자기 스스로 바람직한 행동을 나타내 보일 때 부모나 교사는 아낌없는 칭찬을 해 주어야 한다. 영유아의 일상생활 속에서 잘못된 행동, 뒤떨어진 행동에 대하여 꾸중하고 벌하는 식이 아니라, 그의 행동을 잘 관찰하여 바람직한 행동을 찾아내서라도 그 행동에 대하여 적절하게 칭찬을 해주게 되면 영유아 스스로 좋은 습관을 길러내야겠다는 동기유발이 이루어진다.

넷째, 좋은 습관을 형성시켜주기 위해서는 영유아 개개인의 발달 단계나 습관형성의 시기가 충분히 고려되어 지도되어야 한다.

영유아 개개인이 지닌 능력이 모두가 다르기 때문에 습관형성의 지도에 있어서도 영유아 개개인의 발달 단계가 충분히 고려되어야 한다. 그들에게 실현 가능한 것들을 지도 내용으로 삼을 때 영유아들은 하나하나 성취해 내는 기쁨을 맛보게 되며 좋은 습관이 형성된다.

다섯째, 영유아에게 좋은 습관을 형성시켜 주기 위해서는 부모나 교사는 인내심을 가지고 꾸준히 지도하여야 한다.

습관이란 하루아침에 고착되는 것이 아니라, 오랜 시간을 두고 형성되는 것이므로 지도에 임하는 부모와 교사는 조급히 서두르는 것이 아니라 끈기 있고 참을성 있고 인내심을 가지고 지도해야 한다. 때에 따라서는 좋아졌다 싶은 행동이 갑자기 나빠지는 경우도 있으므로, 그때마다 실망하거나 포기할 것이 아니라 인내심을 가지고 꾸준히 지도해 나갈 때 좋은 습관이 길러지게 된다.*

---

* 안영진(2014). 누리과정에 따른 생활지도 및 상담. pp.153-154에서 재인용.

조작영역의 퍼즐을 정리하는 모습

2. 영유아 교육과정과 생활지도

영유아 생활지도의 내용은 기본생활습관 지도, 사회성 발달과 관련된 지도, 부적응 행동과 관련된 지도, 그 외 정서적인 문제 등을 다룬다. 이와 같은 생활지도의 내용은 표준보육과정과 누리과정의 목적과 영역별 내용을 통해 살펴 볼 수 있다.

우리나라는 2019년 「2019 개정 누리과정」이 개정되면서 누리과정 개정 방향 및 내용을 고려하여 2020년 「제4차 어린이집 표준보육과정」(0~2세)을 개정하였다. 국가수준의 교육과정에서는 공통적으로 '영유아가 놀이를 통해 심신의 건강과 조화로운 발달을 이루고 바른 인성과 민주시민의 기초를 형성하는 것'을 목적으로 한다. 교육과정의 모든 영역이 생활지도와 관련하여 현장에서는 실행될 수 있으나 ① 기본생활습관 내용이 포함된 0~2세 표준보육과정의 기본생활 영역과 누리과정의 신체운동·건강 영역을 살펴보고자 한다. 또한 ② 사회성 발달 및 부적응 행동과 관련된 지도와 관련된 내용·지도에 대해 사회관계 영역을 통해 이해하도록 한다.

표 3-1 4차 표준보육과정의 0-2세 기본생활영역에 제시된 생활지도 관련 내용

내용범주	내용	
	0-1세	2세
건강하게 생활하기	• 도움을 받아 몸을 깨끗이 한다. • 음식을 즐겁게 먹는다. • 하루 일과를 편안하게 경험한다. • 배변 의사를 표현한다.	• 자신의 몸을 깨끗이 해 본다. • 음식에 관심을 가지고 즐겁게 먹는다. • 하루 일과를 즐겁게 경험한다. • 건강한 배변 습관을 갖는다.
안전하게 생활하기	• 안전한 상황에서 놀이하고 생활한다. • 안전한 상황에서 교통수단을 이용해 본다. • 위험하다는 말에 주의한다.	• 일상에서 안전하게 놀이하고 생활한다. • 교통수단을 안전하게 이용해 본다. • 위험한 상황에 대처하는 방법을 경험한다.

표 3-2 4차 표준보육과정의 신체운동(0-2세) 영역 및 2019 개정 누리과정에서의 신체운동·건강 영역에 제시된 생활지도 관련 내용

내용범주	내용		내용범주	내용
	0-1세	2세		3-5세
감각과 신체 인식하기	• 감각적 자극에 반응한다. • 감각으로 주변을 탐색한다. • 신체를 탐색한다.	• 감각 능력을 활용한다. • 신체를 인식하고 움직인다.	신체활동 즐기기	• 신체를 인식하고 움직인다. • 신체 움직임을 조절한다. • 기초적인 이동운동, 제자리 운동, 도구를 이용한 운동을 한다. • 실내외 신체활동에 자발적으로 참여한다.
신체활동 즐기기	• 대소근육을 조절한다. • 기본 운동을 시도한다. • 실내외 신체활동을 즐긴다.	• 대소근육을 조절한다. • 기본 운동을 즐긴다. • 실내외 신체활동을 즐긴다.	건강하게 생활하기	• 자신의 몸과 주변을 깨끗이 한다. • 몸에 좋은 음식에 관심을 가지고 바른 태도로 즐겁게 먹는다. • 하루 일과에서 적당한 휴식을 취한다.

				• 질병을 예방하는 방법을 알고 실천한다.
			안전하게 생활하기	• 일상에서 안전하게 놀이하고 생활한다. • TV, 컴퓨터, 스마트폰 등을 바르게 사용한다. • 교통안전 규칙을 지킨다. • 안전사고, 화재, 재난, 학대, 유괴 등에 대처하는 방법을 경험한다.

표 3-3 4차 표준보육과정 및 2019 개정 누리과정에서의 사회관계 영역에 제시된 생활지도 관련 내용

내용범주	내용		내용범주	내용
	0–1세	2세		3–5세
나를 알고 존중하기	• 나를 인식한다. • 나의 욕구와 감정을 나타낸다. • 나와 친숙한 것을 안다.	• 나와 다른 사람을 구별한다. • 나의 감정을 표현한다. • 내가 좋아하는 것을 한다.	나를 알고 존중하기	• 나를 알고 소중히 여긴다. • 나의 감정을 알고 상황에 맞게 표현한다. • 내가 할 수 있는 것을 스스로 한다.
더불어 생활하기	• 안정적인 애착을 형성한다. • 또래에게 관심을 가진다. • 다른 사람의 감정과 행동에 관심을 가진다. • 반에서 편안하게 지낸다.	• 가족에게 관심을 가진다. • 또래와 함께 놀이한다. • 다른 사람의 감정과 행동에 반응한다. • 반에서의 규칙과 약속을 알고 지킨다.	더불어 생활하기	• 가족의 의미를 알고 화목하게 지낸다. • 친구와 서로 도우며 사이좋게 지낸다. • 친구와의 갈등을 긍정적인 방법으로 해결한다. • 서로 다른 감정, 생각, 행동을 존중한다. • 친구와 어른께 예의바르게 행동한다. • 약속과 규칙의 필요성을 알고 지킨다.

			사회에 관심 가지기	• 내가 살고 있는 곳에 대해 궁금한 것을 알아본다. • 우리나라에 대해 자부심을 가진다. • 다양한 문화에 관심을 가진다.

3. 교육기관에서 영유아 생활지도의 계획

1) 영유아 생활지도 계획

영유아 생활지도는 교사협의를 통해 계획하고 실행할 수 있다. 안영진(2014)이 제시한 교사협의절차와 실행절차는 다음과 같다.

표 3-4 생활지도 계획을 위한 교사협의절차

생활지도 방침을 위한 교사협의 ↓	· 상과 벌의 방법과 한계 정해 놓기 · 학급 유아의 특성 파악
생활지도 덕목 선정 ↓	· 덕목별 활동내용 기술 · 생활 장면 분류
생활지도 방침을 위한 교사협의(Ⅰ) ↓	· 월별, 주제별, 활동 유형별 강조점 계획 · 세부적인 지도 내용 선정 · 덕목별 관련 활동 연구 및 선정
생활지도 방침을 위한 교사협의(Ⅱ) ↓	· 하루 일과의 유형별 지도 내용 선정 · 활동선정 및 활동내용 기술 · 활동의 준비 및 지도방법 기술 · 덕목내용의 달성정도 평가방법 기술

표 3-5 생활지도 실행절차

단계	내용
학습 분위기 조성	· 물리적 환경 조성 · 시범-비의도적으로 보이는 계획적인 교사의 행동 · 설명-타당한 이유의 설명, 행동의 자세한 설명, 실례의 제시, 비디오, 그림자료를 보며 설명 · 격려-주시와 관심, 언어적인 인정, 공개적인 자랑, 체계적인 보상방법 · 방법 모색-유아들과 규칙 정하기, 근본 원인 파악하기, 원인을 해결하기 · 일관성 있는 교사의 반응과 유지의 노력 · 가정과의 연계-가정통신, 부모교육, 상담
생활교육의 교수 원리	· 영유아의 자율성에 기초하도록 한다. · 영유아들의 협동성을 신장할 수 있도록 한다. · 실제 활동과 경험을 통한 지도가 되도록 한다. · 체계적이고 지속적인 지도가 되도록 한다. · 주기적으로 평가하여 교육 계획과 개인별 지도에 참고한다.
세부적인 학급 분위기 조성	· 안정적인 감정 상황 만들기 · 교사와의 신뢰관계 구축-영유아의 말 경청하기, 영유아의 감정 인정해 주기, 교사가 한 약속 지키기 · 영유아 교육기관의 매력 보여주기-재미있는 활동, 흥미 있는 놀잇감, 안전한 생활 · 소속감 갖게 해주기-친구 사귀기, 그룹 지어 주기, 친구 이름 알기 · 경쟁을 유도하는 활동보다 협동을 할 수 있는 활동하기 · 친절한 행동 격려해주기 · 다양한 감정을 느낄 수 있는 활동하기 · 사고와 행동의 실례를 동화, 비디오 등을 통해 보여주기

출처 : 이대균·송정원(2005). 유아교육기관에서의 유아생활교육. 양서원.

2) 연간생활지도 계획

영유아들의 바람직한 생활습관 형성을 위해 영유아 교육기관에서는 생활지도 계획을 수립해야 한다. 일반적으로 생활지도 계획은 생활지도내용을 연간교육계획으로 구성하여 실시한다. 이때 유념해야 할 점은 영유아의 발달 특성, 연령에 따라 자주 발생할 수 있는 생활지도의 내용은 영유아마다 다르게 나타나므로 생활지도 계획을 수립할 때 이점을 고려하여 반영해야 한다. 영유아 교육기관에서 생활지도 계획을 수립하기 위해 고려해야 할 점은 다음과 같다(안영진, 2014).

첫째, 영유아 생활지도의 계획은 영유아 교육기관의 모든 영유아가 대상이 될 수 있도록 해야 한다.

둘째, 영유아 생활지도의 목표는 교육 이념의 테두리 안에서 영유아와 사회의 필요를 기초로 하여 보다 구체적이고 명쾌한 행동 용어로 진술되어야 한다.

셋째, 영유아 생활지도 계획은 생활지도를 담당할 교사의 준비성(readiness)과 각 영유아 교육기관의 실정에 알맞게 계획해야 한다. 영유아는 아직 성장과 발달해 나가는 과정에 있기 때문에 그들을 대상으로 하는 생활지도의 주도권은 결국 교사가 쥐게 된다.

넷째, 영유아 생활지도는 어느 한 문제행동의 치료라는 입장에서보다 사전에 예방한다는 입장에서 계획되어야 한다.

다섯째, 영유아 생활지도 계획은 영유아 교육기관, 지역사회, 가정생활을 통한 적극적이고도 계속적인 과정이 될 수 있도록 계획해야 한다.

생활습관지도 계획은 연간계획을 토대로 월간, 주간, 일일교육 계획으로 구성될 수 있다. 각각 계획의 예시를 제시하면 다음과 같다(안영진 2014).*

■ 연간생활지도계획안 예

월	생활 주제	주	주제	교육목표	기본 생활	탐구	행사	환경 및 경제
3월	○○ 유치원으로 가요!	1주	○○유치원에 다녀요!	유치원에서 지켜야 할 규칙을 알고 새로운 환경에 적응할 수 있다.	바르게 인사할 수 있어요.	유치원 놀잇감의 사용법 익히기	입학식 1차 신체검사	내 주변을 깨끗하게 정리해요.
		2주	혼자서 할 수 있어요.					
		3주	우리는 사이 좋은 ○○반					
		4주	우리들이 지켜야 할 약속					

월	생활 주제	주	주제	교육목표	기본 생활	탐구	행사	환경 및 경제
4월	꽃 피는 봄	1주	자연에서 찾아보아요.	봄의 날씨 변화에 따른 생활에 관심을 가지고 관찰해 본다.	화장실 사용법을 지켜요.	우리 주변의 새싹들과 꽃봉오리 모양관찰	봄 동산 돌아보기 어린이 대공원견학 학부모상담	꽃을 함부로 꺾지 않아요.
		2주	깨어나세요.					
		3주	봄의 색깔은					
		4주	봄으로의 여행					
5월	달려라 지하철!	1주	다양한 교통기관	교통기관의 종류와 특징에 대해 관심을 가지고 지하철의 특징에 대해 알아본다.	수저를 바르게 사용할 수 있어요.	교통기관의 종류와 특징 지하철의 역할	어린이날 행사 봄 소풍 민속박물관 견학 수락산 생태체험 현장스케치	지하철 표 금액 지불하기 대중교통을 이용해요!
		2주	규칙을 지켜야 해요.					
		3주	내가 아는 지하철 역					
		4주	시끌벅적 지하철					
		5주	편리한 지하철, 고마운 지하철					
6월	서로 사랑 해요!	1주	사랑하는 나의가족	가족 구성원을 사랑하는 마음을 가지고 우리 동네에 관심을 가진다.	내가 사용한 물건은 내가 정리해요.	우리 동네에 있는 공공기관의 위치와 역할, 마크의 뜻	가족캠프 동요대회 6.25체험 학습	쓰레기를 함부로 버리지 않아요.
		2주	사랑하는 사이에도 예절이 있어요!					
		3주	살기 좋은 우리 동네					
		4주	고마운 이웃들					
7월	무더위야 비켜라	1주	신기한 우리의 몸 탐험	위생적인 생활습관을 길러 더운 여름을 건강하게 생활 할 수 있다.	몸을 깨끗이 씻어요.	여름 날씨의 특징	튼튼이 대회 여름방학	분리수거, 재활용품을 구별할 수 있어요.
		2주	여름날씨는 변덕쟁이					
		3주	신나는 여름방학 계획하기!					
8월	자연아 놀자~	1주	여름방학을 마치고	주변의 자연을 친근하게 여기고 생물과 식물에 대해 관찰할 수 있다.	일찍 자고 일찍 일어나요.	산과 바다의 같은 점과 다른 점	개학식	필요한 만큼 물을 받아서 사용해요.
		2주	시원한 바닷가, 공기 좋은 산					
		3주	자연 속에서 찾은 보물					
9월	우리 나라	1주	아름다운 우리나라 그림	우리나라 문화에 대해 관심을 가지고 생활문화를 이해 할 수 있다.	물건을 아껴 사용해요.	우리나라의 보물에 대해서 알아보기	수락산 생태 체험 자연사 박물관 송편 빚기	다시 쓸 수 있는 물건을 알아보아요.
		2주	세계가 인정한 우리 문화유산					
		3주	음~ 이 맛이야					
		4주	한가위만 같아라~					
10월	낙엽 세상 가을	1주	가을의 변화를 느껴요!	가을 날씨의 변화를 느끼고 주변의 다양한	실내에서 조용히 해요.	기후와 지형에 따른 다른	민속놀이 가족 생태 체험	합성세제를 많이 사용하지
		2주	낙엽을 모아서					

월	생활 주제	주	주제	교육목표	기본 생활	탐구	행사	환경 및 경제
		3주	모양을 찾아서!	색과 모양으로 생각을 표현할 수 있다.		낙엽의 모양과 색깔	가을소풍	않아요.
		4주	알록달록 무지개 세상					
11월	우리를 편하게 하는 도구와 기계	1주	우리가 사용하는 도구와 기계	우리들의 일상생활에 필요한 도구와 기계에 대해 알아보며 창의력과 상상력을 통해 발명해본다.	TV를 오래 시청하지 않아요.	관찰할 수 있는 도구와 기계알기	야외스케치 학부모상담 민속박물관 견학 수락산 생태체험 현장스케치	장바구니를 사용해요.
		2주	도구로 뚝딱뚝딱!					
		3주	기계와 친해지기					
		4주	나는 발명왕!					
12월	하얀 세상 겨울이 왔어요!	1주	겨울의 날씨는 어때요?	겨울날씨에 따른 생활 변화를 알아보고 겨울방학을 계획한다.	옷을 따뜻하게 입어요.	겨울에 볼 수 있는 것	산타잔치 겨울방학 김장 담그기	실내에서는 적정 온도를 지켜요.
		2주	겨울을 안전하게 보내요!					
		3주	행복과 축복의 크리스마스					
		4주	겨울방학을 준비해요!					
1월	겨울 방학을 마치고	1주	즐거웠던 겨울방학 추억	위생적인 생활습관을 길러 더운 여름을 건강하게 생활할 수 있다.	약속을 잘 지켜요.	겨울 날씨의 특징	식온 음악회	컴퓨터를 오래 사용하지 않아요.
		2주						
		3주	신나는 여름방학 계획하기!					
2월	키도, 생각도 이만큼 자랐어요!	1주	달라졌어요.	일 년 동안 몸과 마음이 성장했음을 알고 선생님과 친구의 고마움을 안다.	선생님께 감사한 마음을 가져요.	산과 바다의 같은 점과 다른 점	수료식 및 졸업식	세뱃돈으로 저금을 할 수 있어요.
		2주	형님이 되기 위해 준비해요.					
		3주	ㅇㅇ반 추억앨범					

3) 월간생활지도 계획

유아 생활지도에 있어 영유아 교육기관에서 공통적으로 계획되어야 할 것을 월별로 간추려보면 다음과 같다.

3월

① 새로 입학한 유아들에게 영유아 교육기관 생활에 관한 전반적인 오리

엔테이션을 한다.

② 유아를 보다 정확하게 이해하기 위해 생활기록부와 가정환경 조사서, 유아 개인조사서 등을 조사 · 기록한다.

③ 지능 검사를 실시한다.

④ 영유아 교육기관 생활의 부적응아를 관찰 · 선별한다.

⑤ 학부모와의 간담회나 부모교육의 시간을 가진다.

⑥ 초보적인 생활습관을 몸에 익히도록 한다.

⑦ 간단한 규칙을 알게 하고 자기 또래와 사이좋게 놀게 한다.

⑧ 1학기 중의 생활지도 계획에 대한 최종점검을 한다.

4월

① 인성 검사를 한다.

② 유아교육기관 생활의 부적응아를 계속하여 관찰하고 선별해 나간다.

③ 초보적인 생활습관을 몸에 익히도록 해 준다.

④ 집단생활에 필요한 규칙과 약속을 지키도록 지도한다.

5월

① 교우측정도(sociogram)를 작성하여 영유아 교육기관 생활의 부적응아를 선별한다.

② 영유아 교육기관 생활의 부적응아를 지도한다.

③ 기본적인 생활습관을 익힌다.

④ 집단생활에 필요한 규칙과 약속을 지키도록 지도한다.

⑤ 학부모와의 간담회나 부모교육 시간을 가진다.

6월

① 신체검사와 각종 조작기능 검사를 한다.

② 자기 또래와 협력적인 태도를 가지도록 한다.

③ 영유아 교육기관 생활의 부적응아를 지도한다.
④ 기본적인 생활습관을 익힌다.

7월

① 여름방학을 맞아 각종 안전 및 건강에 관한 지도를 한다.
② 부적응아의 개별 지도를 심화한다.
③ 1학기 중 영유아의 행동 변화에 대한 평가 및 지도상의 문제점에 대한 평가회를 가진다.
④ 학부모와의 간담회나 부모교육 시간을 마련한다.
⑤ 기본적인 생활습관을 익힌다.

8월

① 가정과의 긴밀한 유대관계 속에 안전 및 건강에 관한 지도를 한다.
② 여름 캠프를 가진다.
③ 가정과의 협조 아래 기본적인 생활습관을 익힌다.
④ 부적응 증세가 심한 유아에 대하여 방학 중 개별 지도를 심화시킨다.

9월

① 기본적 생활습관과 예의범절을 몸에 익히도록 지도한다.
② 자기 스스로 적극적으로 모든 일을 처리하게 한다.
③ 자기 또래와 서로 도우며 적극적으로 놀이에 참여하게 한다.
④ 부적응의 증세가 심한 유아에게 개별 지도를 심화한다.
⑤ 2학기 중의 생활지도 계획에 대한 최종점검을 한다.

10월

① 기본적인 생활습관과 예의범절을 몸에 익히게 한다.
② 부적응의 증세가 심한 영유아에게 개별 지도를 심화한다.

③ 자기 스스로 적극적으로 모든 일을 처리하게 한다.
④ 자기 또래와 서로 도우며 적극적으로 놀이에 참여하게 한다.
⑤ 욕구 좌절 검사를 한다.
⑥ 나라 사랑하는 마음을 가지게 한다.

11월

① 기본적인 생활습관과 예의범절을 몸에 익힌다.
② 부적응의 증세가 심한 영유아에게 개별 지도를 심화한다.
③ 자기 스스로 적극적으로 모든 일을 처리한다.
④ 교우측정도(sociogram)를 작성하여 5월 것과 비교, 분석한다.
⑤ 자기 주변의 여러 가지에 대해 감사하는 마음을 가지게 한다.
⑥ 자기 또래와 서로 도우며 적극적으로 놀이에 참여하게 한다.

12월

① 겨울방학을 맞아 각종 안전 및 건강에 관한 지도를 한다.
② 부적응의 증세가 심한 영유아에게 개별 지도를 심화한다.
③ 자기가 하는 일에 자신감을 가지도록 한다.
④ 학부모와의 간담회를 가진다.
⑤ 환경에 반응하며 사물을 처리할 수 있는 능력을 키운다.
⑥ 불우이웃에 대해 봉사하는 마음을 갖는다.
⑦ 자기 또래와 서로 도우며 적극적으로 놀이에 참여하게 한다.

1월

① 가정과의 긴밀한 유대관계 속에 각종 안전 및 건강에 관한 지도를 한다.
② 겨울 캠프를 가진다.
③ 가정과의 협조 아래 기본적인 생활습관과 예의범절을 몸에 익히도록 한다.

④ 부적응 증세가 심한 유아에 대하여 방학 중 개별 지도를 심화한다.

2월

① 지능 검사를 실시하여 3월의 것과 하위 영역의 변화된 모습을 비교 분석한다.
② 사회 성숙도 검사를 한다.
③ 자주 · 자율의 생활을 하게 한다.
④ 학부모와 간담회를 가진다.
⑤ 1년 동안의 생활지도에 대한 평가회를 가진다.
⑥ 초등학교 생활에 대한 오리엔테이션을 한다.
⑦ 다음 학년도의 생활지도 계획을 수립한다.

영유아 생활지도에 임하기 전에 각 영유아 교육기관에서 공통적으로 꼭 계획되어져야 할 것들을 월별로 정리해 보았는데, 이 외에도 생활지도 전문가를 초빙하여 교사와 학부모를 대상으로 특강을 받는다든지, 부적응의 정도가 심한 영유아를 전문가에게 위탁하여 지도받게 하는 등의 일들이 생활지도 계획에 포함되어져야 한다.

■ 월간생활지도 계획안 예

생활주제		성장과 마무리	시기	2月
활동	이야기 나누기	동생들이 와요/즐거웠던 우리 반/형님 반에 가요./열두 띠 이야기		
	동시 · 동화 · 동극	남자아이 설빔(동화)/둘이서 둘이서(동화)/똑같이 한 살씩(동화)/순이와 어린동생(동화)/재미있었던 동극 재공연하기(동극)/열두 띠 이야기(동화)/내가 자라요(동시)		
	신체표현 게임	뜀틀(게임)/윷놀이(게임)/친구 찾기(게임)/함께 춤을 춰요(신체표현)		
	새 노래 음률	설날(새 노래)/형님 반에 간다네(새 노래)/친구와 헤어질 때(새 노래)		
	기타	형님 반 견학/종업일		

<table>
<tr><td rowspan="7">자유놀이</td><td>쌓기, 역할</td><td>친구 키만큼 블록 쌓기(쌓기)/우리 반 구성하기(쌓기)/유치원놀이(역할)</td></tr>
<tr><td>언어</td><td>내 이름 꾸미기/손가락 인형으로 인사하기/사진을 보며 이야기 나누기</td></tr>
<tr><td>수 · 과학</td><td>겨울눈/겨울식물 관찰/복주머니 관찰/추억 그래프</td></tr>
<tr><td>조작</td><td>숫자 6 구슬 꿰기/동물 윷놀이게임/얼마큼 자랐을까?/6을 찾아라!</td></tr>
<tr><td>조형</td><td>형님 반 꾸미기/설날에는 무엇을 했을까?/액자 꾸미기(끈 묶기)</td></tr>
<tr><td>음률</td><td>'스케이트' 왈츠 감상하기/탬버린 연주하기/캐스터네츠 연주하기/트라이앵글 연주하기</td></tr>
<tr><td>환경 구성</td><td>추억그래프 만들어서 전시하기/추억사진 액자 구성 후 벽면 전시하기/복주머니 만들어 벽면에 전시하기</td></tr>
</table>

4) 주간생활지도 계획

■ 주간생활지도 계획안 예

<table>
<tr><td colspan="2">생활주제</td><td colspan="2">즐거운 유치원</td><td>시기</td><td colspan="2">3月 3주</td></tr>
<tr><td colspan="2">주제</td><td colspan="5">안전한 생활</td></tr>
<tr><td colspan="2">목표</td><td colspan="5">• 즐겁고 안전한 유치원 생활을 하기 위해서는 지켜야 할 약속이 있음을 안다.
• 장소에 따라 달라지는 약속에 관심을 가지고 실천하는 태도를 기른다.</td></tr>
<tr><td colspan="2">요일</td><td>월</td><td>화</td><td>수</td><td>목</td><td>금</td></tr>
<tr><td colspan="2">소주제</td><td>안전한 유치원 생활 알아보기</td><td>교실에서의 안전 약속 정하기</td><td>화장실에서의 안전 약속 정하기</td><td>유아교육기관 버스에서의 안전약속 정하기</td><td>계단에서의 안전 약속 정하기</td></tr>
<tr><td rowspan="7">자유놀이</td><td>쌓기영역</td><td colspan="5">다양한 블록으로 유치원 교실 꾸미기</td></tr>
<tr><td>역할영역</td><td colspan="5">손 씻기 놀이하기</td></tr>
<tr><td>언어영역</td><td colspan="5">약속 카드 만들기</td></tr>
<tr><td>수조작영역</td><td colspan="5">화장실 사용법 순서대로 놓기/계단 올라가기 게임</td></tr>
<tr><td>과학영역</td><td colspan="5">뚜껑이 필요해요.</td></tr>
<tr><td>조작영역</td><td colspan="5">주말 지낸 이야기 그리기(연필그림)/약속대로 소리악기 만들기</td></tr>
<tr><td>음률영역</td><td colspan="2">에그셰이크 탐색</td><td>약속을 지켜</td><td colspan="2">에그셰이크 연주하기</td></tr>
<tr><td colspan="2">실내 · 외 놀이영역</td><td>유희실 놀이: 친구 초대하기</td><td>모래 놀이: 기차놀이하기</td><td>옥상 놀이: 줄 따라 걷기</td><td></td><td>모래 놀이: 미끄럼틀 타기</td></tr>
<tr><td></td><td>이야기 나누기</td><td></td><td>교실에서 지켜야 하는 약속</td><td></td><td>유아교육기관 버스에서 지켜야 하는 약속</td><td></td></tr>
</table>

<table>
<tr><td rowspan="4">활동</td><td>동시, 동화, 동극</td><td>줄을 섭시다 (동화)</td><td></td><td>옥상꾸러기 색 (동화)</td><td></td><td></td></tr>
<tr><td>새 노래 음률활동</td><td></td><td></td><td></td><td></td><td>약속(새 노래)</td></tr>
<tr><td>개임 신체표현</td><td></td><td></td><td></td><td>버스 안전 O, X 게임</td><td></td></tr>
<tr><td>행사 및 기타</td><td>안전교육: 안전한 유아교육기관 생활</td><td></td><td></td><td></td><td></td></tr>
<tr><td colspan="2">안전교육</td><td colspan="5">가위나 연필을 들고 휘두르지 않아요.</td></tr>
<tr><td colspan="2">생활습관</td><td colspan="5">화장실에 다녀오면 반드시 손을 씻어요.</td></tr>
<tr><td colspan="2">귀가지도</td><td>손톱이 긴 유아는 정리하고 와요.</td><td>교실에서는 작은 소리로 말해요.</td><td>화장실에서는 줄을 서서 차례대로 들어가요.</td><td>유아교육기관 버스에서는 안전벨트를 착용해요.</td><td>주간 교육 계획안은 부모님께 드리기</td></tr>
<tr><td colspan="2">가정과의 연계</td><td colspan="5">• 안녕하세요. ○○반 교사 ○○○입니다.
○○반 친구들과 지낸지 벌써 2주가 지났습니다. 처음에는 어색해 하던 친구들이 이제는 서로를 챙기면서 반갑게 인사하는 모습을 보니 마음이 뿌듯해지는 요즘입니다.
그러나 아직도 이름을 서로 모르는 유아들도 있사오니 가능한 3월 한 달 동안은 유아가 이름표를 가지고 등원할 수 있도록 협조 부탁드리겠습니다.
이번 주에는 '안전한 생활'이라는 주제로 활동하려고 합니다. 가정에서도 유아교육기관의 안전에 관심을 가질 수 있도록 이야기 나누어 주시기 바랍니다.
• 가정에서 사용하지 않는 가방이나 스카프, 플라스틱 화장품 등을 보내주세요. ○○반 역할영역에 두고 사용하겠습니다.</td></tr>
</table>

5) 일일생활지도 계획

■ 일일생활지도 계획안 예

소주제	올바른 인사 예절
일일시간표	~ 9:30 등원 ~ 10:20 놀이 계획 및 자유선택활동 10:20 ~ 10:40 영역 정리 및 오전 간식 10:40 ~ 11:00 이야기 나누기 〈인사를 잘해요〉

	11:00 ~ 11:30 신체표현활동 〈어떻게 인사를 할까요?〉 11:30 ~ 12:10 미술활동 〈내가 만드는 손가락 인형〉 12:10 ~ 1:00 점심시간 1:00 ~ 1:30 음률활동 〈새 노래 – 인사합니다.〉 1:30 ~ 1:50 동화 듣기. 정리 및 평가 ~2:00 귀가

시간/활동명	내용	준비물
~ 9:30 등원	• 교사와 반갑게 인사를 나눈다. • 가방과 겉옷을 사물함에 정리하고 출석카드에 날짜 도장을 찍고 바구니에 담는다.	도장, 스탬프, 바구니
~ 10:30 자유활동	• 활동명: 유아교육기관 가는 길 • 목표: 규칙을 지켜 게임을 한다. • 내용: – 말을 하나씩 나누어 갖는다. – 주사위를 굴려 인사하는 그림이 나오면 앞으로 한 칸씩 말을 옮긴다. – 집에서 출발하여 유치원에 먼저 도착하는 유아가 이긴다.	게임 판, 말
10:30 ~ 10:40 영역 정리 및 오전 간식	• 영역별로 사용한 교구와 자료 등을 제자리에 정리한다. • 화장실을 다녀오고 손을 씻는다. • 오전 간식을 받고 기도 후 맛있게 먹는다. • 다 먹은 접시와 포크는 정리한다.	교구장, 바구니, 물통, 컵
10:40 ~ 11:00 이야기 나누기	• 활동명: 인사를 잘해요. • 목표: 인사할 때의 자세와 가져야 하는 마음가짐을 알아본다. • 방법 – 아침 인사를 한 경험 이야기하여 본다. – 여러 가지 경우의 인사를 알아보고 이야기하여 본다. * 유아교육기관 가는 길에서의 인사 방법, 유아교유기관에서의 인사 방법 – 여러 가지 경우에 따른 바른 인사 방법을 알아본다. * 집을 나설 때 * 거리에서 이웃 어른을 만났을 때 * 교통경찰관 아저씨를 만났을 때 * 바른 인사 방법을 맞춰 실제로 인사를 해 본다.	
11:00 ~ 11:30 신체표현 활동	• 활동명: 어떻게 인사를 할까요? • 목표: 여러 가지 인사하는 방법을 알 수 있다. • 활동방법 – 여러 가지 인사하는 모습을 나타낸 그림이나 사진을 보면서 인사	음악 테이프 (인사), 여러

	하기에 대하여 이야기한다. – 여러 가지 인사 하는 방법을 실제로 해 본다. * 손으로 하는 인사 * 머리를 숙여서 하는 인사 * 악수로 하는 인사 * 껴안는 인사 * 큰절로 하는 인사 – 인사하는 것에 관련된 음악이라고 말해 주고 음악을 2번 정도 돌려준다. – 음악에 맞춰 여러 가지 방법으로 인사하는 모습을 표현해 본다.	가지 인사하는 모습을 나타낸 그림이나 사진
11:30 ~ 12:10 미술활동	• 활동명: 내가 만든 손가락 인형 • 목표: 눈과 손의 협응력을 기른다. • 활동내용 – 재미있게 인사 놀이를 할 수 있는 방법에 대해 이야기 나누다. – 준비된 재료로 손가락 인형 만드는 방법을 이야기한다. – 손가락 인형을 만든 후 손가락 인형을 이용하여 인사놀이를 해보고 친구들에게 보여주며 평가한다.	손가락 모양으로 자른 장갑, 인형눈알, 부직포, 접착제, 곡식
12:10 ~ 1:00 점심시간	• 자리를 정리하고 손을 씻는다. • 도우미들은 수저를 나누어 주고 남은 친구들은 점심을 받는다. • 감사기도 후 점심을 먹고 식판을 정리한다.	
1:00 ~ 1:30 음률 활동	• 활동명: 새 노래(인사합니다) • 목표: 선생님과 반 친구들에게 반갑게 인사할 수 있다. • 활동방법 – 노랫말을 읽어주고 어떤 단어가 나왔는지 이야기한다. – 교사가 피아노 음을 쳐주면 유아는 한 가지 소리로 부르며 음정을 익힌다. – 정확하게 노래를 들려준다. – 다 같이 노래를 불러본다.	노래 악보
1:30 ~ 1:50 정리 및 평가	• 출석카드를 가방에 정리하고 겉옷을 입는다. • 오늘의 활동에 대해 이야기 나눈다. • 교사와 친구들과 인사를 나눈다.	
2:00 귀가	• 귀가지도	

4. 교육기관에서 영유아 생활지도를 위한 교수방법

영유아들의 생활습관 형성은 일상생활 속에서 직접 경험 중심의 활동이 전개될 때 학습의 최대 효과를 누릴 수 있다. 영유아 교육기관에서의 교수방법을 다양하게 소개하고자 한다.

1) 일과 운영을 통한 지도

영유아 교육기관에 등원하여 하원할 때까지 하루 일과를 운영하는 모든 시간에 이루어지는 활동에서 생활지도가 가능하다. 등하원시간, 간식 및 점심시간, 정리정돈시간, 실외놀이시간 등에서 생활지도가 이루어진다. 일과 운영을 통한 생활지도는 영유아들이 학습경험을 통해서 기본적인 개념이나 기술을 생활화를 통해 내면화가 가능하여 효과적이다.

2) 환경구성

올바른 생활습관 형성을 위한 교육환경을 조성해줌으로써 생활지도가 가능하다. 화장실에서 손을 바르게 씻는 방법, 규칙 지키기, 놀잇감 정리하기 등을 환경판에 게시하여 구성할 수 있다.

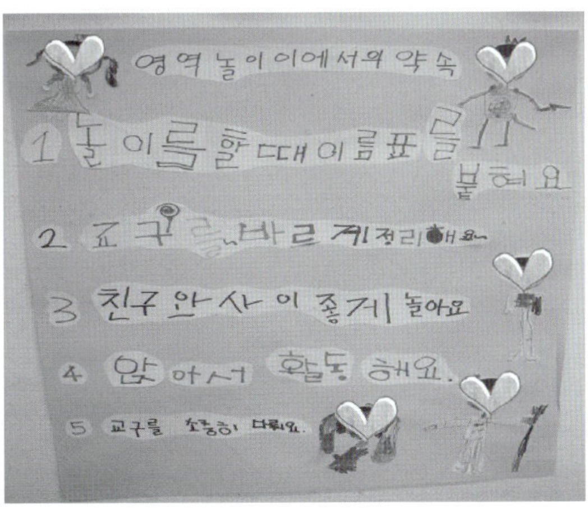

흥미영역 놀이에서 지켜야 할 약속 게시판

3) 자유놀이

자유놀이 시간에 각 흥미영역에서 생활지도와 관련된 교구 및 다양한 게임활동을 통해 생활지도와 관련된 개념을 습득할 수 있다.

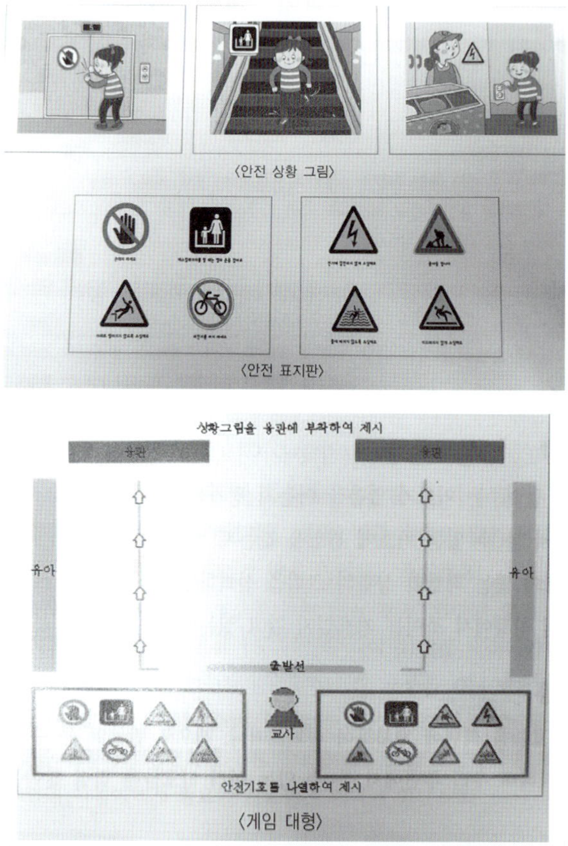

자유선택활동시간 수·조작영역에서의 안전지도와 관련된 게임활동

출처: 교육과학기술부, 4세 누리과정지도서. 건강과 안전.

4) 이야기나누기 및 시연활동

이야기나누기는 교사가 생활지도 내용에 대해 이야기나누기 형식으로 진행하는 것이다. 생활지도사항에 대한 구체적인 내용을 교사가 설명하고 영유아와 상호작용하는 방식으로 진행된다. 그리고 난 후 교사가 직접 시연을 보일 수 있어 이해하기 어려운 내용을 보충하여 전달하는 데 비교적 용이하다. 이는 좋은 생활습관에 대한 태도 형성에 많은 도움을 줄 수 있으나, 교사의 직접 설명 위주로 진행되다 보니 영유아 스스로 문제를 해결할 수 있는 기회가 적다는 점에서 아쉬운 점이 있다.

5) 토의를 통한 문제해결방법

토의는 영유아들에게 생활습관을 형성시키는 데 매우 중요한 교수전략이 될 수 있다(안영진, 2014). 영유아 교육기관 생활에서 또래와 갈등 상황이나 문제 상황이 초래되었을 때 영유아를 소집단으로 형성하여 갈등 상황이나 문제 상황에 대한 각자의 의견을 차례대로 이야기하도록 한다. 많은 영유아들이 각기 다른 생각과 느낌을 가질 수 있다는 것을 알게 되고, 이 상황을 해결해 나가는 위해 서로 양보하고 배려함으로써 해결방안을 제안하고 뜻을 모으는 경험이 될 수 있다.

6) 문학활동(그림책, 동시, 동극)

영유아 교육현장에서 문학활동을 통한 다양한 활동을 전개할 수 있다. 그림책, 동시, 동극활동을 통해서 청결, 예절, 절제 등 기본생활습관과 관련된 항목뿐만 아니라, 사회성과 관련한 생활지도를 보다 친숙하게 교육할 수 있다. 또한 그림책은 영유아들이 가장 즐겨하고 친숙하게 여기기 때문에 생활습관 형성을 위해 그림책의 활용은 유용하며, 동극활동은 영유아가 타인의 감정과 생각을 공유할 수 있는 경험을 제공해 주기 때문에 효과적이다.

그림책 『거짓말』을 활용한 생활지도방법은 다음과 같다.

*** 거짓말하는 병관이**

- 글: 고대영
- 그림: 김영진

누나에게 1000원 주웠다고 거짓말하고 떡볶이 사먹음

〈동화내용: 이야기 전개〉

혼자 놀이터에 나온 병관이는 미끄럼틀로 가는 길에 오천 원짜리가 떨어져 있는 것을 보고 얼른 줍습니다. 그러고는 갖고 싶었던 사천 원짜리 형광 요요를 삽니다.
집에 돌아오자마자 병관이는 요요를 돌리며 신나게 놉니다. 꼭 갖고 싶었던 장난감을 손에 넣었을 때의 만족감으로 흥겨운 병관이. 하지만 태권도장에 가자는 방문 밖 누나의 목소리에 흠칫 놀라 후다닥 요요를 숨기며 곧 현실로 돌아옵니다. 태권도를 마치고 돌아오는 길, 병관이는 천 원을 주웠다며 의기양양 떡볶이를 삽니다. 갖고 싶었던 요요도 생기고 맛있는 떡볶이도 먹으며 한껏 기분 좋은 그 순간, 아이들은 엄마와 맞닥뜨립니다.
병관이는 당황한 나머지 누나가 떡볶이를 사 주었다며 거짓말을 합니다. 주운 돈을 마음대로 쓰고 거짓말을 했다는 이유로 두 아이는 벌을 섭니다. 벌을 서는 과정에서도 계속해서 거짓말을 합니다. 게다가 병관이가 처음에 누나에게 천 원을 주웠다고 한 것도 사실은 오천 원이었지요. 결국 스스로 잘못을 인정하고 병관이는 누나와 함께 돈의 주인을 찾는 벽보를 만듭니다. 남의 돈을 마음대로 쓰고 거짓말을 했을 때의 죄책감이 풀어진 뒤 그림책의 마지막 장면, 병관이는 홀가분한 모습으로 잠이 듭니다.

*** 사례에 대해 토론하기**

① 병관이가 했던 거짓말의 유형
② 거짓말하는 행동은 유아의 연령과 관련이 있는가?
③ 병관이 행동에 대한 그림책 속의 지도방법은?
- 손을 들고 벌을 줌(엄마)
- '돈 잃어버린 사람 찾습니다' 벽보 만들기(아빠)
- 다음 번 병관이의 생일선물은 없음(병관이가 가지고 싶고 먹고 싶은 것을 모두 했기 때문)

④ 그 외에 다른 지도방법에 대해 토의해보자.

7) 자원 인사 초빙

생활습관과 관련된 이야기나 경험을 들려줄 수 있는 지역사회의 인적자원을 초빙하여 영유아들과 함께 할 수 있는 시간을 마련한다. 예를 들어, 기본생활습관 형성을 위한 '바른 이닦기' 방법 습득을 위해 치과 선생님이나 간호사 초빙이 가능하고, 예절습관형성을 위해 예절지도를 해주실 전문가를 초빙함으로써 영유아 자신의 생활습관을 돌아보거나 바른 생활습관을 위한 태도 형성에 도움을 줄 수 있다.

8) 역할영역활동

역할놀이는 생활지도에 관련한 내용을 실제와 거의 유사한 놀이로 재현해 볼 수 있는 기회를 제공한다. 특히 영유아발달 특성상 역할영역에서 상상놀이, 가상놀이가 가장 활발히 일어나는 시기이므로 생활습관 형성을 위한 내용을 역할놀이로 해보는 것은 의미 있는 활동이다. 역할영역에서 다양한 역할을 수행할 수 있고, 또 역할을 바꾸어서 해볼 수 있는 장점이 있어 타인의 마음을 잘 이해할 수 있고 구체적인 문제상황을 쉽게 파악할 수 있도록 돕는다.

놀이터 안전 지킴이 역할놀이

출처: 교육과학기술부, 4세 누리과정지도서. 건강과 안전.

9) 게임 및 음률활동

영유아 교육기관에서의 게임활동은 규칙에 대한 인식을 발전시켜 준다.

지켜야 할 약속이나 규칙에 의해서 질서 있는 교실이 됨을 알게 되어 규칙을 준수해야 한다는 점을 이해할 수 있다. 또한 음률활동을 통한 생활지도는 다소 지루하게 느껴질 수 있는 생활지도의 내용을 즐겁게 습득할 수 있다.

〈횡단보도와 동그라미(숫자) 카드〉

〈신호등이 있는 횡단보도를 건너는 유아〉

〈음원을 통한 교통안전 지키기 활동〉

실제 교실에서 음원을 틀어놓고 횡단보도 앞에서 '그대로 멈춰라'를 즐겁게 활동할 수 있음

출처: 교육과학기술부, 3세 누리과정지도서. 건강과 안전.

CHAPTER 04

영유아 생활지도를 위한 교사의 역할

1. 교사의 역할

영유아의 바람직한 생활습관을 형성하도록 지도하기 위해 교사의 역할은 중요하다. 그러나 영유아 생활지도는 교사에게 쉽지만은 않다. 교사는 유아의 기본생활습관에 대한 지도과정에서 바쁜 일과로 인한 지도의 소홀함, 장기간 지도로 인한 교사의 스트레스, 동료교사와의 교육관의 차이로 어려움을 겪는다(강란희, 2016). 기본생활습관을 지도할 때 어려움에 대한 구체적인 사례의 일부를 강란희(2016)의 연구에서 제시된 내용으로 소개하면 다음과 같다.

- 바쁜 일과로 인한 지도의 소홀함

> 유치원 일과를 전체적으로 보면 교사가 너무 바쁘잖아요. 유아들만 지도하는 것이 아니라 해야 할 일이 많잖아요. 어느 날은 급하게 서류를 해야 하는 날도 있고 그러다보니 사실 모두를 지도하는 것은 한계가 있어요. 항상 시간에 쫓기고 해야 하는 활동은 너무 많고, 그렇다고 유아가 굉장히 잘못한 행동을 했을 때 놓치고 간다면 정말 안 고쳐지잖아요. 이런 것들을 저도 알지만 지도하지 못하고 그냥 넘어갈 때에는 마음이 불편해요.
>
> (윤 교사, 심층면담, 2015.8.8.)

이와 같이 교사들이 영유아 대상으로 생활지도에 하는 데 어려움이 있지만, 교사와 영유아 간 애정과 신뢰를 바탕으로 생활지도를 한다면 조금은 부담을 줄이고 지도할 수 있을 것이다. 영유아에게 생활지도하기 위한 다양한 교수방법은 모두 교사가 사용하는 언어환경 속에서 이루어진다. 교사가 사용하는 언어적인 말에는 영유아의 긍정적인 자존감 형성뿐만 아니라 생활지도에 있어서도 더욱 효과적이다. 만약 교사가 생활지도 시 사용하는 말이 명령하는 형식, 비난하거나 조롱하는 언어를 사용한다면 영유아가 모방하기도 쉬울 뿐만 아니라, 교사와 신뢰 형성이 이루어지지 않아 바람직한 생활습관 형성에 저해가 될 것이다. 반면에 교사는 보다 친밀하고 따뜻한 관계를 형성하는 언어적 환경을 구성해야 하는데, 효율적인 경청하기, 나-전달법, 칭찬이 아닌 격려, 행동반영, 효과적인 질문하기 등은 긍정적 언어 환경 구성에 도움을 줄 수 있다(권정윤 외, 2012). 이와 같이 긍정적 언어 환경을 조성하고 생활습관 형성을 위해 교사가 다양한 역할을 수행할 때 생활지도는 더욱 효과적일 것이다. 기본생활습관을 지도할 때 교사는 시범자, 설명 및 토의자, 격려자, 지도자 및 평가자의 역할, 부모교육자의 역할을 한다(강경아, 2011).

또한 안영진(2014)은 교사의 역할을 지지적 역할, 수용적 역할, 치료적 역할, 긍정적 역할로 나누어 설명하였다.

(1) 지지적 역할

행동을 제안하고 통제하고 강요하는 역할보다는 적극적으로 실천하고 시도하며, 솔선수범해 보이는 지지와 격려를 하는 역할을 담당해야 한다.

(2) 수용적 역할

영유아를 받아들이고 따뜻하게 대하여 주는 역할이다. 거부하고 책망하는 입장보다는 상대의 감정을 이해하고 받아들이는 입장이다.

(3) 치료적 역할

문제를 분석하고 진단하여 그 원인을 발견하고 지도방법을 모색하는 일에 힘쓰는 역할을 한다. 교사는 원인을 따지기에 앞서 그러한 결과만을 방지하려는 데 힘쓰는 경향이 있다.

(4) 긍정적 역할

영유아의 문제행동에 대하여 부정적으로 대할 것이 아니라, 하나의 인간으로서 성장하고 발달할 수 있는 존재로 보아야 한다. 긍정적으로 대한다는 것은 앞에서 설명한 지지적·수용적·치료적 역할을 종합한 것과 같다. 인간은 누구나 자기를 개선하고 성장하려는 특성을 지니고 있으므로, 그의 발달과 성장의 가능성에 대해 믿고, 발전적인 입장에서 대하는 역할을 수행해야 한다.

이 외에도 강란희(2016)는 기본생활습관 지도 시 교사의 역할을 '칭찬과 격려를 통한 긍정적인 생활습관 강화하기', '스스로 생각할 시간 제공하기'로 설명하였다.

표 4-1 칭찬과 격려

칭찬	격려
완성된 결과에 대해 주어지는 언어적 보상	과정에 초점을 두고 인정하는 것
다른 사람의 욕구를 충족시킨 행위에 대하여 말하는 것	유아 스스로 자신의 활동에 대해 평가하도록 돕는 것
실패에 대한 두려움을 갖게 함	자신의 능력을 알고 자신감을 갖도록 도움
가치판단을 하게 함	수용과 존중을 나타냄
칭찬하는 사람이 우월한 위치에서 선심을 쓰는 말	동등한 관계에서 전달하는 메시지
과다 사용으로 자칫 자만하여 독이 될 수 있음	모든 사람에게 자유롭게 주어질 수 있음

출처: 이영훈·주연희·김성수(2007).

각각 역할에 대한 구체적인 사례는 아래와 같다.

■ 칭찬과 격려를 통한 긍정적인 생활습관 강화하기- "칭찬은 고래도 춤추게 해요."

> 칭찬이 제일 좋은 거 같아요. 유아가 올바른 행동을 했을 때 그때그때 하는 칭찬, 1:1로 칭찬을 해 주는 것도 좋지만 대그룹에서 칭찬을 해주면 유아들이 좋아하죠. 또 칭찬 받은 내용을 부모님들께도 이야기해 줘야 해요. 부모님께 전화를 해서 작은 일이지만 '어머니 오늘 아이가 어떠한 행동을 해서 친구들 앞에서 칭찬을 많이 받았어요. 어머님도 아이한테 크게 칭찬해주세요'라고 말씀드려요. 그런데 어머님들 중에 반응이 없으신 분들이 있어요. 그럼 유아도 안하거든요. 칭찬도 매번 하면 효과가 없겠지만, 교사나 부모가 유아의 긍정적인 행동에 대해 칭찬을 해주면 유아들은 계속 칭찬받고자 하는 욕심에 긍정적인 행동을 반복하게 되고, 결국은 습관처럼 길들여지게 되는 것 같아요.
>
> (한 교사, 심층면담, 2015.7.17.)

■ 스스로 생각할 시간 제공하기- "알고 있는 것을 실천해 볼 수 있도록 도와줘요."

> 식사 시 많이 흘리는 유아에게는 "○○야, 어떻게 하면 음식을 안 흘리고 먹을 수 있을까? 생각해보고 선생님이 저번에 알려준 방법으로 해볼래?"라고 하면서 사전에 미리 말해주는 식으로 교육하고 있어요.
>
> (서 교사, 심층면담, 2015.7.8.)
>
> 예를 들어서 바깥에서 뛰는 것에 대해 이야기를 많이 하잖아요. 유아가 걸어 다녀야 하는 것을 너무 잘 알고 있지만, 뛰어 다닐 때에는 유아에게 뛰지 않고 걸어야 하는 이유에 대해 스스로 생각해 볼 수 있도록 해요. 유아가 이미 알고 있는 것을 실천할 수 있도록 상호작용을 하는 편이에요.
>
> (허 교사, 심층면담, 2015.6.13.)

이 외에도 교사는 영유아 생활지도를 위한 물리적 환경을 구성해주는 역할을 한다. 교실 내에 활동영역의 구분과 흥미영역 배치, 발달에 적합한 환경구성을 해주어 바람직한 생활습관 형성을 위한 환경을 조성해야 한다. 또한 영유아 교육기관에서 영유아들이 다니는 계단과 복도, 화장실 등은 기본 생활습관 형성, 질서와 규칙을 학습하는 데 최적의 장소이다. 따라서 계단과 복도는 안전에 주의하여야 하고, 화장실에서는 위생을 위해 손씻기 방법, 변기사용 방법에 대한 절차를 시각적인 자료로 게시해 주어야 한다.

PART

III

영유아 부적응 행동 유형과 지도

CHAPTER 05

영유아 부적응 행동 유형

부적응 행동이란 정해진 규범에서 벗어난 행동, 행동의 강도가 일반적인 범주에서 벗어나거나, 영유아 자신 또는 다른 사람에게 피해를 주는 행동을 의미한다. 여기에서 규범, 또는 범주는 사회·문화적 규준과 발달적 규준으로 나누어 생각해 볼 수 있다(김보경 외, 1990). 즉, 영유아의 부적응 행동이라고 말할 때는 그 행동이 영유아가 속한 사회의 가치와 기대에 따른 사회화에서 얼마나 벗어난 것인가, 영유아의 연령별, 월령별 개인차에 따른 발달적 규준에서 얼만큼 벗어난 것인가를 고려해 보아야 한다는 것이다.

영유아기의 부적응 행동을 적절하게 지도해야 하는 이유는 무엇보다 성장하면서 정신건강 질병유발 및 문제행동을 예방할 수 있기 때문이다. 영유아의 부적응 행동은 기질, 유전 등 자신이 통제할 수 없는 상황으로부터 비롯될 수도 있지만, 영유아가 자신의 생각이나 감정을 성장하면서 배우고, 습관화된 다양한 방법으로 성인에게 신호를 보내는 것이기도 하다는 것을 이해할 수 있어야 한다. 그렇기 때문에 교사는 교실 내에서 부적응 행동을 보이는 영유아가 있다고 생각한다면 적어도 1개월 이상 지속적인 관찰을 할 필요가 있으며, 가장 기본적인 것은 영유아의 발달적 지식을 근거로 영유아의 심리정서 그리고 발달에 대하여 확인하는 노력을 해야 한다는 것이다.

부적응 행동을 지도하기 위한 기본적인 이론적 가정을 고려하도록 하자.

첫째, 영유아의 모든 행동은 학습을 통해 이루어질 수 있다.

둘째, 영유아의 부적응 행동은 의사소통의 한 형태일 수 있으며, 발달영역과 관련하여 부족한 사회기술로 나타날 수 있다.

셋째, 부적응 행동은 영유아의 사회성기술이 부족할 때 나타날 수 있다.

넷째, 영유아는 내적 즐거움이나 자기에게 부족한 자극을 보상하기 위해 부적응 행동으로 표현할 수 있다.

다섯째, 영유아는 자기가 지금, 무엇을 해야 할지 모를 때 부적응 행동을 하기도 한다.

따라서 부적응 행동지도의 목적은 영유아가 사회화를 할 수 있도록 교사가 그 방법을 안내하는 것이라고 할 수 있다. 이 장에서는 영유아기에 자주 발생하는 생활습관, 사회성, 정서 및 언어, 도덕성, 성(性), 미디어 사용과 관련된 부적응 행동에 대하여 그 특성을 살펴보고, 지도방법을 모색해 보고자 한다. 지도방법 모색에 있어서는 임상적인 체계에 따르기보다는 현장의 교사나 부모가 이해하기 쉬운 내용과 지도방법 중심으로 알아보고자 한다.

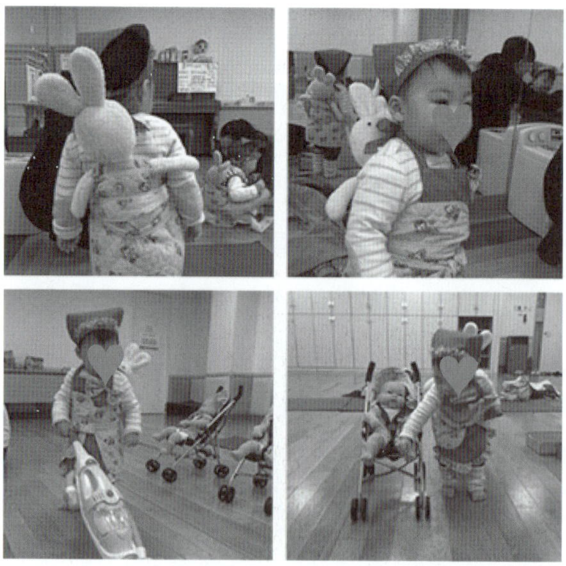

1. 생활습관과 관련된 부적응 행동

기본생활습관이란 유아가 사회의 구성원으로 생활을 해 나가는 데 기본적으로 요구되는 덕목 즉, 예절, 청결, 질서, 협동 등을 습관화하는 것을 말한다. 기본생활습관을 통해 영유아는 사회화되는 방법을 알게 되고, 건전한 인성과 원만한 인간관계를 형성할 수 있게 된다. 그러나 영유아의 기본생활습관이 바르게 습관화되지 못할 때, 영유아는 다양한 방식으로 생활하게 되고, 이는 부정적인 관계형성으로 이어질 수 있다(안영진, 2007: 86).

교사는 부적응 행동의 원인을 이해하고, 발달에 적합한 방법으로 바람직한 생활습관을 형성할 수 있도록 반복적이고 지속적인 지도를 하도록 한다. 기본생활습관과 관련한 부적응 행동 유형과 지도방법에 대해 알아보자.

1) 예절습관 부적응 행동

(1) 예절습관 부적응 행동의 원인

영유아가 사람들 관계에 있어 예절 바르게 생활한다는 것은 참으로 어려운 일이다. 예절은 하나의 공통된 생활방법으로 정립된 규칙과 관습의 체계이며(최지영, 2013: 139), 영유아가 사회인으로서 인간관계를 원만하게 유지시키는 데 작용하게 된다.

출산율 저하, 핵가족으로의 가족형태 변화, 맞벌이 부부의 증가 등 여러 가지 환경적 조건은 영유아가 다른 사람들과 관계 맺을 수 있는 기회를 감소시키고, 그에 따른 관계 속에서 예절 바른 행동이 어떤 것인지 정확히 인식할 수 없을 뿐만 아니라, 다른 사람을 이해할 수 있는 능력이 부족한 영유아에게 있어 예절 바르게 행동한다는 것은 어려운 일이 아닐 수 없다. 예절을 관계 속에서 배울 수 있는 경우는, 가족 간에 지켜야 할 예의, 친척 간에 지켜야 할 예의, 웃어른과 형제간에 지켜야 할 예의, 선생님에 대한 예의, 친구들과 지켜야 할 예의 등 다양한 사람들과 생활하고 경험하면서 학습될 수 있다.

따라서 부적절한 예절태도를 나타내는 문제의 원인은 역할 모델의 부재와 예절교육의 부재에서 그 원인을 찾을 수 있겠다.

① 역할 모델의 부재

'아이는 어른의 거울이다'라는 말이 있듯이 부모, 주위 성인, 교사 등의 역할 모델은 영유아의 예절습관에 있어 중요한 역할을 한다. 유아의 교사나 부모가 예절 바르지 못한 행동을 보인다면 그것을 보고 자란 유아는 바른 예절에 대해 알 수 없고, 바른 예절태도를 형성할 수 없게 된다.

② '예절교육'은 '습관교육'

예절교육은 영유아 교육기관의 일과 중에 특정 시간을 활용하기도 하고, 친구, 부모, 교사, 주위 어른, 동생 등 다양한 관계속, 일상을 통해 습관처럼 매일 이루어지도록 지도한다.

(2) 예절습관 부적응 행동의 지도방법

부적응 행동을 지도하고자 한다면, 지금 영유아에게 부족하거나 어려운 행동은 무엇인지를 정확히 파악하는 것이 우선이다. 그러기 위해 다양한 관찰방법이 있겠지만, 기본생활습관 중 '예절' 덕목과 관련된 습관 관찰지를 활용할 수 있다. 관찰지를 활용하면 수월성과 시간 활용의 절약성을 가질 수 있으나, 관찰 체크한 것을 토대로 행동을 분석하는 것 역시 중요하다. 유아의 문제행동에 대한 관찰기록이 누적되어 있다면 누적된 결과를 종합하여 원인을 분석할 수 있도록 한다. 원인을 분석함에 있어 영유아 개인에게 한정짓기보다는 영유아를 둘러싼 환경, 상황 등을 고려할 수도 있어야 한다.

관찰은 일회성이 아닌, 정기적으로 여러번 관찰하여 결과를 도출해 내도록 한다. 영유아 교육기관에서 사용할 수 있는 예절습관과 관련된 관찰지를 살펴보면 다음과 같다.

표 5-1 예절습관 평정척도

번호	문항	매우 그렇지 않다	약간 그렇다	보통이다	약간 그렇다	매우 그렇다
1	어른(선생님, 부모 등)께 공손한 태도로 인사한다.					
2	어른(선생님, 부모 등)께 물건을 받을 때 두 손을 사용한다.					
3	어른(선생님, 부모 등)께 높임말과 고운 말을 사용한다.					
4	상황에 맞게 적절하게 인사를 한다.					
5	친구들과 인사를 잘 한다.					
6	친구에게 고운말을 사용한다.					
7	친구에게 친절하게 말한다.					
8	자신이 잘못한 일에 대해서는 사과한다.					
9	다른 사람과 대화를 할 때는 이야기가 끝나기를 기다렸다가 말한다.					
요약 및 교수방법계획						

출처: 조운주 · 최일선(2013), 홍성미(2009)의 내용을 재편집함.

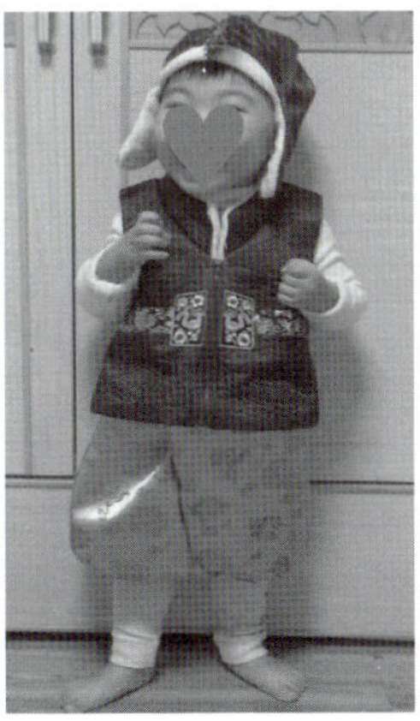

다양한 관찰방식을 활용하여 예절문제를 파악하였다면, 교사는 그 원인에 대해 지도계획을 체계적으로 세워 실천할 수 있도록 한다.

예절습관 지도방법으로는 가정연계를 통한 부모상담을 활용하여 가정과 교육기관이 함께 일관성 있는 예절지도를 해 나갈 수 있다. 또 다른 방법으로는 예절교육은 실제 경험이 가장 중요하지만, 그 외에 그림책이나 다양한 사례를 통해 예절 바른 행동이 어떠한 것인지를 이해하도록 할 수 있다. 마지막으로 영유아의 부정적인 행동보다는 예절 바른 행동에 집중하여 칭찬을 제공한다면 예절습관을 잘 익혀 실천할 수 있을 것이다.

세배하는 법을 배워요.

예절교육: '다도'

덕담과 선물, 고맙습니다.

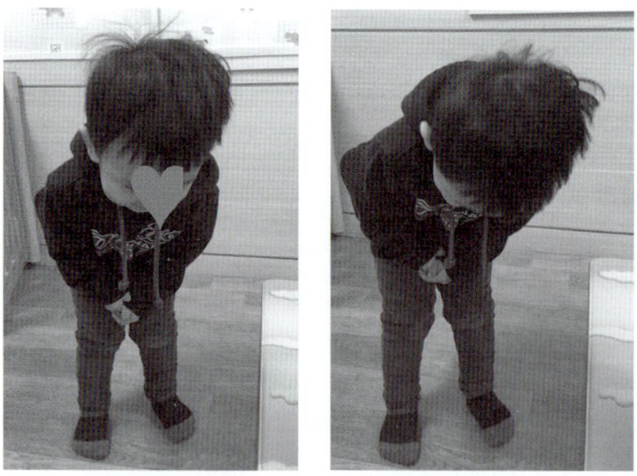

선생님, 안녕하세요?

2) 식사습관 부적응 행동

(1) 식사습관 부적응 행동의 원인

식사와 관련한 부적응 행동으로 편식과 비만에 대해 살펴보도록 하자.

① 편식의 원인

3세가 되면서부터 유아는 점차 자신이 좋아하는 것과 싫어하는 것에 대한 구분이 뚜렷해지기 시작한다. 식사 시간 역시 자신이 좋아하는 음식은 먹으려 하지만, 조금이라도 먹어보지 않았거나, 보기 싫은 것에 대해서는 편식이 심하게 나타나기도 한다. 편식은 음식을 좋아하고 싫어하는 감정이 너무 강해서 영양섭취가 불균형한 식사를 함으로써 건강하지 못하고 성장 발육이 상당히 뒤떨어지는 경우를 말한다(고양보육교사교육원, 2015: 232).

편식을 하거나 음식을 먹지 않으려 하는 것이 심할 경우, 신체성장은 물론 뇌의 성장, 특정 영양소의 결핍으로 인한 장애 등으로 이어질 수 있기 때문에 주의할 필요가 있다(안영진, 2007: 110). 편식은 까다롭거나 신경질적인 유아, 활동량이 적은 유아 등 유아의 기질적 특성에 따라 나타나기도 하지만, 영아 때부터 바람직한 이유식을 하지 못하였거나 부모나 형제자매 중 편식을 하는 사람의 영향, 불규칙적인 식사와 잘못된 식사 분위기 등 가족의 식사습관 및 양육방식에도 영향을 받는다. 이 외에도 편식은 유아의 개별적이고도 심리적인 원인에 따라 나타나기도 한다(하수연 · 정재은 · 김명지 · 김연옥 · 김보경, 2017: 295). 편식의 원인을 간략히 정리해보면 다음과 같다.

첫째, 만 3~4세 전후 자아의식이 발달하는 시기에는 식품 기호가 나타나기 시작하는데, 이를 교정해 주지 않으면 그대로 고정되어 버리기 쉽다.

둘째, 유아는 좋아하는 식품과 싫어하는 식품에 대한 생각을 갖게 되는데, 그러한 생각에 영향을 미치는 요인에는 그동안 유아에게 어떤 종류의 식품이 주어졌는지, 그리고 부모와 가족들, 친구들이 그 음식에 대하여 어떻게 생각하고 행동하였는가와 관련이 깊다.

셋째, 영유아는 음식에 대한 맛으로 식품을 구별하기도 하지만, 보기에 좋지 않다거나, 냄새가 싫다거나, 위험할지도 모른다는 두려움 때문에 거부하기도 한다.

② 편식 지도

편식이 이루어지는 원인에 대해서 살펴보았듯이 영유아의 섭식 행동은 대부분 환경에 의해 영향을 크게 받는다. 편식에 따른 지도방법을 살펴보자.

첫째, 유아의 편식 원인이 어디에 있는지 정확히 파악해야 한다. 영유아가 편식하는 원인으로는 대부분 불규칙한 식사 시간, 식사 전의 간식, 가족의 편식 경향 등이 있다. 가능한 한 식사 이외의 모든 간식을 중지시키고 간식을 먹어야 한다면, 식사 시간을 고려하여 간식 시간과 양을 조절해야 한다. 또한 부모나 교사의 편식 습관의 모델링이 영유아에게 영향을 주기 때문에 영유아와 함께 식사를 하는 자리에서는 편식하지 않고 모든 음식을 골고루 먹으며, 즐겁게 식사하는 모습으로 모델링 해 줄 필요가 있다.

둘째, 식사 시간을 규칙적으로 정하고 즐거운 시간이라는 인식을 가질 수 있도록 분위기를 만들어 준다. 식사 시간의 환경적 요소도 중요한데, 가령 식사 테이블을 깨끗하고 영유아가 먹고 싶은 마음이 생길 수 있도록 매력적으로 만들어 본다든지, 가끔은 식사도구의 다양한 경험을 위해 냅킨이나 포크를 사용하는 법을 식사 시간을 활용하여 지도할 수 있다.

셋째, 음식을 이것저것 먹으라고 지나치게 강요하거나 간섭하지 않는다. 영유아의 바른 식습관을 위한 지도는 인내력을 가지고 꾸준한 지도를 할 때 가능하다는 것을 잊지 않는다. 부모나 교사가 성급하게 골고루 먹는 것을 강요하게 된다면, 영유아는 식사 시간이 즐겁지 않을 것이며, 먹는 것에 대한 거부감을 갖게 될 수도 있다. 유아가 스스로 먹고 싶은 음식의 종류와 양을 정해 식사 시간이 즐겁도록 분위기를 조성할 수 있다.

넷째, 가족과 교사 모두가 편식을 하지 않는 모범을 보여주도록 한다. 영유아 교육기관의 식사 시간에는 각자 지켜야 할 순서와 내용이 계획되어 있듯이, 가정에서도 우리 가족만의 식사 지침을 세우고 이를 지킬 수 있도록 함께 노력하도록 한다.

다섯째, 바른 식사 행위는 격려하고 강화하되, 예민하고 까다롭게 먹는 행위는 무시한다. 또한 속도가 느린 유아는 너무 많이 재촉하지 않도록 한다. 단, 교사가 영유아에게 기대하는 행동에 대해 간략히 이야기해 주고, 기다려 주도록 한다(안영진, 2007; 최영희 · 홍종원 · 배경란, 2018: 291-292). 교사와 부모는 식사할 때, 해도 되는 행동과 해서는 안 되는 행동이 무엇인지를 알 수 있도록 하여야 한다.

요리활동: 내가 만든 음식은 정말 맛이 있어요

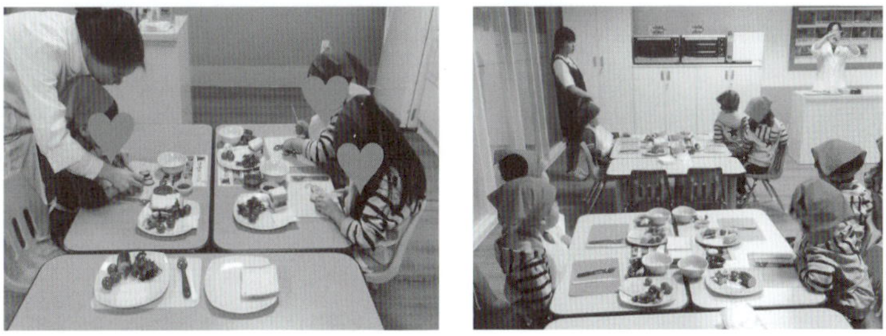

지역사회 협력: 영양교육과 샌드위치 만들기

③ 비만의 원인

〈사례① 건강식품의 과잉섭취〉

태어날 때 2.5kg으로 정상보다는 허약하게 태어난 은빈이는 어렸을 때부터 엄마의 보살핌 속에 유아 건강제를 비롯한 여러 가지 건강식과 음식을 두루 섭취하면서 생활해 왔다. 만 3세가 넘어가면서 은빈이는 보통 아이들보다 체격이 커져 갔다. 문제는 은빈이의 몸무게였다. 키는 또래와 비슷한 반면, 몸무게는 다른 아이들보다 무척이나 많았기 때문이다. 점점 같은 반 친구들은 은빈이의 살을 보고 놀리기 시작했고 은빈이는 점점 유아교육기관을 가기 싫어했다. 먹는 양은 엄마가 조절했지만 문제는 은빈이의 활동량이 부족하다는 것이다. 전혀 뛰거나 놀지 않고, 어떤 활동도 없이 그야말로 비만에 딱 맞는 아이가 되어버렸다. 은빈이는 점점 유아교육기관에서 친구들과 멀어지고 혼자 있는 시간이 많아졌다. 반면, 음식을 너무나도 좋아하는 아이가 되어가고 있다.

〈사례② 패스트푸드 과잉 섭취〉

식습관이 서양화되면서 자연스럽게 우리들의 식단에도 변화가 생겼다. 지후네 역시 서양화되고 외식 문화에 길들어져 있다. 일주일에 꼭 한 번씩 지후네는 외식을 하고 거의 지후와 지후 형 지석이의 입에 맞춰 패스트푸드를 많이 먹는다. 처음엔 점점 살찌는 지후를 보며, 단지 살이 조금 불어났을 뿐이라고만 생각했다. 하지만 햄버거, 콜라, 피자, 통닭 등을 좋아하는 지후는 결국 어린 나이에 당뇨에 걸렸고 이제 그런 것들을 절대 피해야 되는 상황이 되어 버렸다. 먹는 것을 좋아하는 지후에게도 잘못은 있었지만, 정기적으로 패스트푸드와 단 음식을 제공한 부모들의 잘못이 더 크다고 전문가들은 지적한다.

바깥에서 신체활동을 통해 비만을 막을 수 있다.

유아의 비만은 가장 흔한 영양장애의 하나로, 에너지 섭취량이 소모량을 초과하여 잉여에너지가 지방조직의 형태로 신체 내 피하조직에 과량 축적되는 현상이 지속적으로 일어나는 것을 말한다. 체중의 이상증가 현상이 비만으로, 정상체중의 20%가 넘을 경우 비만증이라고 한다. 비만은 신체적 고통은 물론, 정서적 고통이 함께 공존하는 질병으로서 미래에 있어 사회의 부정적인 태도, 또래들의 놀림 등으로 인해 큰 정신적 스트레스에 시달리게 되기 때문에 자신감 결여 및 정서발달 장애를 초래하기도 한다. 무엇보다 유아비만은 건강에 큰 영향을 미치는 질병으로서 유아의 성인병 발병에 관련된다. 유아비만은 성인이 되어서도 계속 비만일 가능성이 높고, 당뇨병, 고혈압, 고지혈증과 같은 성인병 발병과 관련한 위험도 높기 때문에 소아비만을 질병으로 간주하는 것이다. 각종 성인병의 원인이 될 수 있으며, 일상생활에 불편을 초래하는 등 성장발달상 장애를 일으키는 비만지도와 그 예방은 중요하다.

유아비만이 발생되는 이유는 다음과 같다. 첫째, 특정 영양소 및 식품의 과잉 섭취 때문이다. 그중에서도 소금, 단음식, 지방, 패스트푸드 등 유아들의 기호나 습관 등에 의해 무분별하게 과잉 섭취하게 되는 것, 그것을 허용하는 것에서부터 시작된다.

둘째, 신경성 폭식증 때문이기도 하다. 신경성 폭식증이란, 폭식에 따른 체중증가를 막기 위해 의도적으로 구토, 설사제나 이뇨제의 사용, 단식이나 지나친 운동 등을 반복적으로 하는 현상을 말한다.

셋째, 유아비만의 원인은 주로 유전, 내분비 질환, 스트레스(심리적 요인) 등이기도 하지만, 무엇보다 잘못된 식습관과 생활습관으로 인해 음식 섭취량 및 소비량이 불균형을 이루고 있기 때문이다. 섭취한 에너지가 소모되는 에너지보다 많으면 남은 에너지가 지방으로 축적되면서 살이 찌게 되는 것이다. 대한소아과학회 보건위원회가 실시한 고도 비만아들의 식이습관 조사에 따르면, 비만아동은 정상체중을 가진 아동들에 비해 과식하고, 기름기 많은 음식을 좋아하며, 식사속도가 빠르고, 특히 저녁 식사를 많이 먹는 것으로 나타났다. 또한 소아 비만아들의 생활습관 조사에서는 컴퓨터 활동시간이 전체 활동시간의 56%, TV시청이 25%를 차지하는 데 반해 운동은 겨우 5.5%에 그쳤다. 아이들의 활동량은 점차 감소하고, 고칼로리 섭취는 증가하기 때문에 아마도 비만이라는 결과는 당연할지도 모른다.

④ 비만 지도

비만 지도를 위한 방법을 살펴보면 다음과 같다.

첫째, 신체적 활동을 하도록 격려한다.

둘째, 작은 그릇에 음식을 담아 먹는다.

셋째, 일정한 식사 시간에 적은 양의 음식을 먹되, 세 끼의 식사와 2회 간식은 양과 영양소 균형을 미리 계획하는 것이 좋다.

넷째, 먹는 것으로 스트레스를 풀지 않는다. 감정이나 스트레스를 의지하지 않고 조절할 수 있는 방안을 지도한다.

다섯째, 비만은 유전적 요인 외에도 한 가족의 생활양식 및 식습관의 영향이 크다. 그렇기 때문에 부모의 식습관과 태도가 유아에게 영향을 미친다는 것을 알고, 성인이 적절한 식생활 습관의 모범을 보여야 한다.

여섯째, 편식하지 않고, 영양소를 균형있게 제공할 수 있도록 골고루 음식을 섭취한다.

일곱째, 햄버거, 피자, 라면, 만두, 과자 등과 같은 패스트푸드, 인스턴트 식품, 가공식품은 가능한 먹지 않도록 하며, 고지방 식품 대신 기름기가 없거나 적은 살코기, 생선, 신선한 야채나 채소를 먹도록 한다.

여덟째, 간식을 준다면, 수분이 많고 칼로리가 적은 것을 준다. 바나나, 통조림 과일은 고칼로리 식품이기 때문에 전체적인 열량을 고려하여 제공하거나 제외하도록 한다.

아홉째, 튀기는 방법 대신 삶거나, 조리거나, 굽는 방법을 이용하여 음식을 요리한다.

열 번째, 가능한 일반 우유보다 저지방 우유, 쇼트닝 대신 식물성 기름을 사용하도록 한다.

식사나 간식을 먹고 난 후에는 '치카치카' 이를 닦아요.

표 5-2 유아 식습관 평가척도

번호	문항	전혀 그렇지 않다	그렇지 않다	보통 이다	그렇다	항상 그렇다
1	유아는 하루 세 끼를 먹는다.					
2	유아는 외식을 자주 하지 않는다.					
3	유아의 식사시간은 규칙적이다.					
4	유아는 음식을 골고루 먹는 편이다.					
5	유아의 식사속도는 적당한 편이다.					
6	유아는 간식보다 주식을 더 좋아한다.					
7	유아는 밤늦게 간식이나 밤참을 먹지 않는다.					
8	유아는 싱겁게 먹는 편이다.					
9	유아는 음식을 꼭꼭 씹어서 먹는다.					
10	유아는 인스턴트 식품을 잘 먹지 않는다.					
11	유아는 바르게 앉아 식사한다.					
12	유아는 음식을 먹을 때 소리 내지 않고 먹는다.					
13	유아는 식사 전에 손을 깨끗이 씻는다.					
14	유아는 싫어하는 반찬도 권유하면 먹어보려고 노력한다.					
15	유아는 음식을 흘리지 않고 먹는다.					
16	유아는 음식을 남기지 않고 다 먹는다.					
17	유아는 식사 후 자기가 먹은 식기와 자리를 정리한다.					
18	유아는 식사 전후에 인사를 한다 ('잘 먹겠습니다', '잘 먹었습니다')					
19	유아는 식사 후에 꼭 이를 닦는다.					
20	유아는 음식을 즐겁게 먹는다.					
21	유아는 다른 행동(TV, 책보기, 돌아다니기)을 하면서 음식을 먹지 않는다.					
22	유아는 편식을 하지 않는다.					
23	유아는 스스로 적당한 양을 먹는다.					
24	유아는 아침식사를 가족과 함께 한다.					
25	유아는 저녁식사를 가족과 함께 한다.					

출처: 박세미(2017). 만3~5세 유아의 수면의 질과 식습관 및 공격성의 관계. 덕성여자대학교 교육대학원 석사학위논문.

- 백은순(2009), 김아름(2011), 최정화(2011) 등이 연구에 사용한 식습관설문지.
- 최소 25점, 최고 125점. 점수가 높을수록 식습관이 좋은 것을 의미.
- 신뢰도는 cronbach α .85.

3) 배변습관 부적응 행동

기저귀야, 안녕~, 팬티야, 반가워!

출처: 서울 성동구 구립 서울숲더샵어린이집.

유아기의 배변습관과 관련된 부적응 행동, 즉 배설문제 행동은 유아기의 변비와 설사 및 배변통제 어려움 등으로 생각해 볼 수 있다. 배설통제 능력의 발달은 개인차가 있긴 하지만 일반적으로 밤의 대변통제, 낮의 대변통제, 낮의 소변통제 그리고 밤의 소변통제순이다.

영유아 교육기관에서 흔히 볼 수 있는 대소변 실수는 일시적인 스트레스 때문이기도 하고, 옷이 입고 벗기 불편하거나 놀이에 집중하다보니 화장실 가는 것을 잠깐 잊고 있었기 때문이기도 하다. 하지만, 이것은 부적응 행동이라기보다는 일시적으로 나타나는 실수라고 보는 것이 바람직하다. 이러한 실수와는 달리 배설장애란 인지능력, 언어능력 등은 발달에 적합하게 성장하고, 연령 역시 적합한 시기가 되었음에도 불구하고, 대소변을 가리는 행동에 문제가 있는 경우를 말한다(안영진, 2007: 192). 유아기 배변의 문제가 되는 것은 유뇨증, 야뇨증, 유분증 등이다. 유뇨증은 5세 이후에도 계속해서 밤과 낮에 소변을 가리지 못하는 것이고(1주일에 2번, 3개월 이상 지속된다,

국립특수교육원, 2009), 5세 이상에서 비뇨기계에 뚜렷한 이상이 없고 낮 동안에는 소변을 잘 가리다가 밤에만 오줌을 지리는 것이 야뇨증이다. 유분증은 만 4세가 지나 대변 가릴 나이임에도 불구하고 가리지 못하는 경우이다. 영유아 교육기관에서 흔히 발생하는 배변습관에서의 실수 원인은 다음과 같다(조운주 외, 2013: 128).

- 가족력이 있을 때 배변문제가 더 많이 나타난다.
- 부모가 제대로 대소변 훈련을 시키지 못했거나, 지나치게 엄격하게 배변 훈련을 했을 때, 유아에게 생기는 만성적 스트레스가 원인이 된다.
- 부모의 불화, 이사, 가족의 사망 등 환경적인 요인에 의한 심리적인 스트레스가 주 원인이 될 수도 있으며, 이런 경우 스트레스 요인이 없어지면 증상은 사라지게 된다.
- 방광이나 항문의 기질적인 문제가 있는 경우에 배설장애가 나타나기도 하는데 의과적인 치료가 필요하다.

똥을 공에 붙여보아요.

'응가 소리'는 재미있지.

내 팬티를 꾸며 보아요.

출처: 서울시 성동구 구립 금옥어린이집.

이 외에도 앞에서 설명한 배설장애 중 유뇨증에 대해 자세히 살펴보고자 한다(안영진, 2007).

(1) 유뇨증의 원인

유뇨증의 원인은 유전적 요인이 75%, 심리적인 요인이 15%, 불안장애, 수면장애, 지적장애, 정신분열병 등의 복합증상이 10% 정도이다.

(2) 유뇨증의 진단 및 경과

만 5세 이후 고의적으로 옷이나 이불에 소변을 싸는 경우로, 하루 2회 정도이면서 지속기간이 3개월 이상인 경우가 문제의 대상이 된다. 유뇨증은 비뇨기과적인 문제로 인한 것이 아니어야 한다. 유뇨증일 경우, 또래와의 모임, 캠프에 참여하는 것이 어렵고, 다양한 사회생활을 하는 데 있어 문제가 야기될 수 있다. 이러한 상태로 인해 이차적인 우울장애를 동반하기도 한다.

유뇨증은 다음과 같이 일차, 이차성 유뇨증으로 분류된다.

- 일차성 유뇨증: 태어나서부터 지속적으로 소변을 가리지 못하는 경우
- 이차성 유뇨증: 소변을 잘 가리다가 사회 · 환경적인 스트레스 등으로 다시 소변을 가리지 못하는 경우

〈사례〉

올해 나이 만 5세인 지유는 남자 아이로 일반 어린이집 종일반에 다니고 있다. 지유의 가족은 아버지, 어머니와 지유 이렇게 세 식구이다. 지유의 부모님은 두 분 다 대학을 졸업하셨고 아버지는 회사원, 어머니는 지유가 만 5세전까지 집에서 아이를 돌보다가 올해부터 일을 시작하게 돼서 지유를 아침 7시부터 저녁 7시까지 어린이집에 맡기게 되었다.

어린이집 생활을 시작하게 된 지유는 갑자기 교사에게 와서 "내 팬티가 젖었어요"라고 귀에다 조그맣게 속삭였다. 교사는 지유를 욕실로 데려가 옷을 벗기고 다른 옷으로 갈아 입혔지만 약 1주일 후 이런 일이 다시 일어났고, 이런 일이 점차 빈번해져 지금은 매일 2~3번씩 일어난다. 지유가 전에는 그런 적이 없었기 때문에 교사들은 걱정하였고, "형님은 오줌싸지 않아요"라고 수치심을 주어 지유 버릇을 고치려고 애도 써 보았다. 그러나 별 효과가 없었다.

올해 초 지유의 지능을 검사한 결과 110으로 정상이었고, 신체적 · 사회적 발달 수준 역시 정상이다. 지유는 초콜릿을 특히 좋아한다.

〈진단〉

지유의 경우는 아무 때나 오줌을 싸며 오줌을 싸고 난 후에도 곁에 있는 누구에게든 그 사

실을 알리고선 젖은 옷 그대로 있기를 원한다. 새 옷으로 자기 스스로 갈아입을 생각을 안 하며 교사에게 갈아 입혀 달라고 조른다. 지유의 부모와 면담을 통해 오줌 싸는 횟수가 일주일에 두 번 이상 3달 이상 계속 되었음을 알게 되었고, 오줌을 싸고 난 후 교사를 찾는 일이 점점 많아지고 있다.
지유의 배변훈련은 여느 아이처럼 3세에 마쳤으며, 그 이전까지 아무 문제가 없었다.
결론적으로 지유는 부모님의 관심 부재로 인한 스트레스가 요인으로 이차성 유뇨증이 생긴 것이며, 가장 많은 시간을 보내는 어린이집 교사에게 관심을 끌기 위해 하는 행동으로 보여진다.

(3) 유뇨증 해결방안(안영진, 2013)

① 배변습관의 관찰과 기록하기

유아가 얼마나 자주 오줌을 싸는지 3일 동안 관찰하고, 매번 오줌싸는 시간을 적어 그때마다 종이에 표시한다. 하루 일과가 끝나면 도표에 합계를 기록하도록 한다.

② 프로그램 실시

- 부모교육: 부모가 유아의 유뇨증 발생 원인에 대하여 이해할 수 있도록 다양한 방법으로 정보를 제공한다. 유아의 문제행동 원인이 부모의 아이에 대한 관심 부족이기 때문에 유아에게 관심을 가져 줄 것을 부탁한다. 아이가 부모로부터 관심을 받고 있다고 여길 수 있도록 가정에서 할 수 있는 방법을 안내한다. 예를 들어, 아이가 잠들기 전 같이 놀이를 하거나 동화책을 읽어 주면서 한 시간 이상 함께 시간을 보낼 수 있다.
- 유아에게 화장실에 갈 것을 자주 알려준다: ①번의 관찰기록을 통해 유아가 하루에 얼마나 자주 오줌을 싸는지 알 수 있다. 오줌싸는 평균 시간을 계산하고 이를 기초로 유아에게 화장실을 갈 시간이 되었다고 알려준다. 만약 유아가 1시간마다 화장실을 간다면 그것보다 잦게 화장실을 갈 수 있도록, 예를 들면 30분마다 화장실을 가도록 한다.
- 유아에게 화장실에 갈 시간이라고 말한 다음 유아의 손을 잡고 화장실

로 데리고 간다.

- 유아에게 소변을 보기 위해 팬티를 내리라고 말한다. 싫어하면 해야 한다고 조용하면서도 단호한 어조로 말하도록 한다.
- 화장실에서 소변을 보면 칭찬해 준다. 또한 소변을 볼 때마다 긍정적인 강화물을 제공하도록 한다.
- 3~5일이 지나 유아가 화장실에서 규칙적으로 소변을 보게 되고, 오줌을 싸는 실수가 줄어들면 화장실 갈 시간이라고 알리는 시간간격을 늘리도록 한다. 그리고 유아의 오줌 싸는 행동이 감소하면 점차 화장실 갈 시간이라고 상기시키는 시간을 제거하도록 한다.

③ 소거기법 사용하기

만일 유아가 교사에게 오줌을 쌌다고 말하면 다음과 같이 무시하는 기법을 사용한다.

- 아무 말도 하지 않는다. 무관심한 태도로 "네가 옷을 바꿔 입어야 할 것 같구나"라고 말한다.
- 젖은 옷을 넣을 봉투를 유아에게 준다. 그러나 이런 행동은 유아에게 교사가 관심을 가지고 있다는 행동이므로, 가능하다면 빨리 건네주고 유아와 함께 시간을 보내지 않도록 한다.
- 유아가 옷을 갈아 입으면 젖은 옷을 봉투에 넣고, 다른 유아들과 함께 놀 수 있도록 유도한다. 오줌 싼 것에 대해서는 언급하지 않는다. 유아가 그것에 대하여 이야기하려고 하면 어떤 대답도 하지 않는다.

④ 관찰행동에 대해 계속적으로 도표에 기록하기

하루 일과가 끝나면 관찰 기록표에 오줌을 싼 사례의 횟수를 기록한다. 관찰 기록은 프로그램의 진정상태를 알게 해 주고, 유아에게 화장실에 가야 한다고 상기시키는 일의 시간간격과 횟수, 상기시키는 일의 정지시기 등에 대해 알려준다.

⑤ 추후관리

며칠 동안 오줌싸는 행동이 멈추었다면 문제행동이 없어졌다고 생각할 수 있다. 문제행동이 없어진 후에는 신호 없이 화장실에 가도록 유도하면서 1개월 동안은 2시간에 한 번씩 유아를 화장실에 데리고 가도록 한다. 유아가 적절한 행동을 했을 때, 다른 유아에게 하는 정도로 칭찬하고 강화를 주도록 한다.

4) 수면 관련 부적응 행동

수면습관은 영아기의 생활에서부터 형성되는 경우가 많다. 현대사회의 변화로 인하여 이른 시기부터 어린이집 생활을 하는 영아 역시 수면습관 지도를 받게 된다. 영유아 중에는 밤과 낮이 바뀌거나, 자는 것을 힘들어하거나, 자주 깨거나, 낮잠을 자지 않으려 애를 쓰는 등 수면습관과 관련된 여러 가지 문제와 수면장애를 나타내기도 한다(조운주 외, 2013). 유아기의 수면장애에는 일반적인 수면장애, 악몽증, 야경증 등이 있다(안영진, 2007). 수면장애에 대해 살펴보기에 앞서, 일반적으로 영유아 교육기관에서 쉽게 볼 수 있는 영유아 수면 관련 부적응 행동 유형에 따른 원인에 대해 알아보고자 한다(조운주 외, 2013).

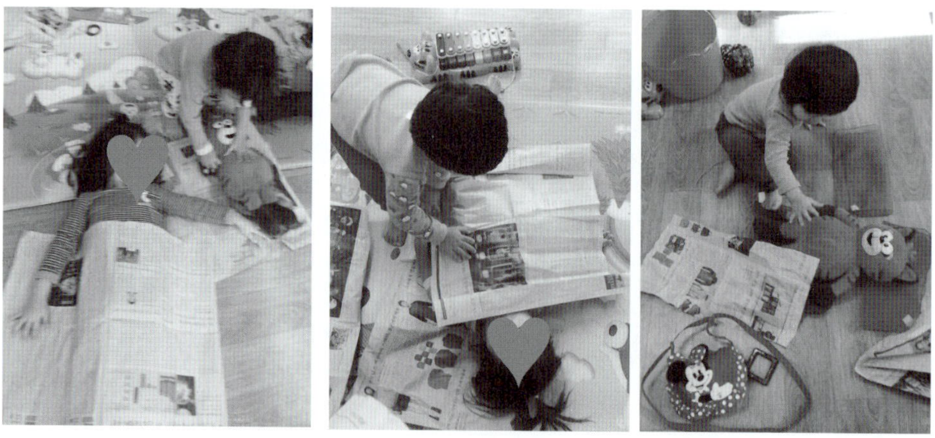

'자장, 자장, 우리 아가' 신문을 활용한 잠자기 놀이

(1) 수면 관련 부적응 행동 원인

① 중간에 깨는 행동: 유아들은 불규칙한 생활, 피곤이나 불편함과 같은 신체적인 요인, 실내 온도, 채광, 환기, 주변 소음 등 환경적인 요인, 그리고 격리불안, 야단을 맞거나 악몽을 꾸는 등 정신적 불안이나 스트레스가 있을 때 중간중간 깨어 우는 행동을 한다.

② 낮과 밤이 바뀌는 행동: 신생아의 경우 밤낮이 바뀌는 경우는 흔하다. 그래서 이러한 행동을 부적응 또는 문제행동이라고 하지 않는다. 하지만 시간이 지나면서 점차 유아는 성인과 같은 수면 패턴을 갖게 되는데, 지속적으로 낮과 밤의 경우가 바뀌는 경우는 신생아 시기의 수면 패턴을 그대로 유지하여 습관이 되었기 때문이다.

③ 잠투정 하는 행동: 영아의 경우 잠투정이 심해질 수 있는데, 특히 5~6개월 시기의 영아는 지능과 감성이 발달하면서 양육자와 떨어지는 것을 무섭게 생각할 수 있기 때문에 잠투정을 하기도 한다.

④ 낮잠을 자지 않는 행동: 어린이집에서는 0~3세 또는 4세까지 일과 중 낮잠 시간을 갖고, 5세의 경우에는 휴식으로 대체하기도 한다. 유치원의 경우, 3~5세 모두 낮잠을 자기보다는 잠깐의 휴식을 취한 후 하루 일과를 진행해 나간다. 간혹 낮잠을 자고 싶지 않다고 투정을 부리는 영유아가 있기는 하지만, 낮잠을 자야 할 때 자지 않으려 애쓰는 행동이 자주 나타난다면, 가정에서 늦게까지 잠을 자고 기관에 왔다거나, 하고 있던 놀이를 계속하고 싶을 때, 기관 환경 적응에 어려움이 있을 경우가 대부분이다.

⑤ 수면 장애 행동: 야경증, 몽유병, 악몽증 등이 있다. 유아기 수면장애 행동이 나타나는 원인은 유아의 신경발달, 뇌 발달이 진행되는 과정에서 아직은 미숙한 상태이기 때문에 발생하기도 하고, 스트레스와 피로 때문일 수도 있다(주간한국, 2003).

(2) 수면 관련 부적응 행동지도(안영진, 2007: 187-191)

1 일반적인 수면 관련 부적응 행동지도

① 수면 관찰일지(낮잠일지, 저녁 취침 전 일지, 야간 수면일지)를 작성한다. 유아가 언제 자고, 자는 동안의 모습과 특징은 어떠한지 각각 자는 시간대별 즉, 낮잠 잘 때, 저녁 취침 전, 야간 자는 중으로 관찰일지를 작성한다.

② 하루 일과 중 취침 시간을 정하고, 자기 전 적절한 자극을 준다. 규칙적인 생활이 습관되어 안정될 수 있도록 유아와 함께 하루 일과를 정해본다. 처음에는 무리하지 않을 정도의 취침 시간을 정한 후 취침 시간이 되면 부모는 잘 잘 수 있도록 긍정적인 자극을 준다.

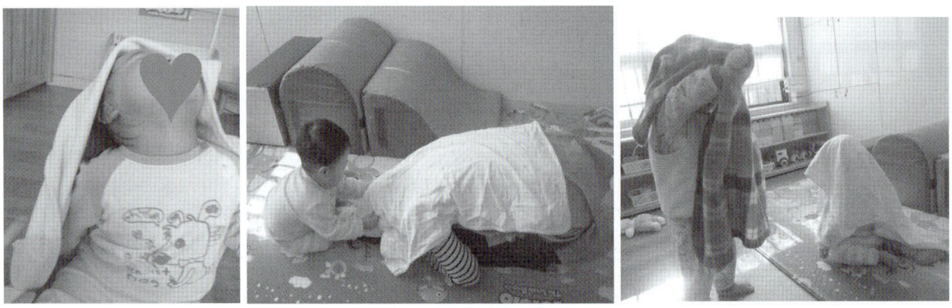

이불과 친해지기

- 마사지 해주기: 유아를 부드럽게 어루만지는 행위는 엄마와 유아의 긴장을 풀어주고 애착을 형성할 수 있도록 한다. 특히 로션을 사용하면 아이들은 더 편안하고, 즐거워한다.
- 목욕하기: 엄마와 함께 목욕을 하면서 유아는 물놀이의 즐거움과 함께 부모로부터의 집중된 관심을 느낄 수 있다.
- 책 읽어주기: 잠자기 전, 잠자리에서의 이야기책 읽어주기는 저녁의 일과 가운데 가장 재미있는 부분이 되어야 한다. 유아에게 무엇을 가르치기 위해 책을 읽어주는 것이 아니라 잠자기 전, 행복한 기분을 갖게 하

기 위해서라는 것을 잊지 않도록 한다.

- 노래나 부드러운 음악 틀어주기
- 위로하기: 잠자는 시간은 애정을 주고받는 시간이므로 잘 자라는 입맞춤과 따뜻한 포옹, 아이를 괴롭히고 있는 문제에 대한 대화는 잠자리에 들기 전 유아가 정서적 안정감을 갖게 하는 데 훌륭한 방법이 된다.

기관에서 낮잠자는 시간

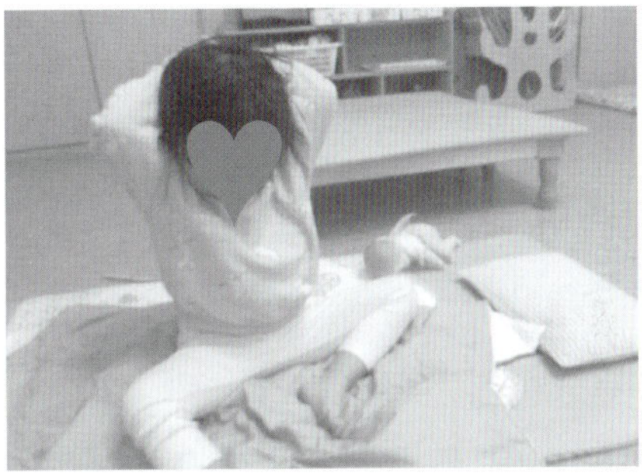

낮잠 자고 나서는 '스트레칭'

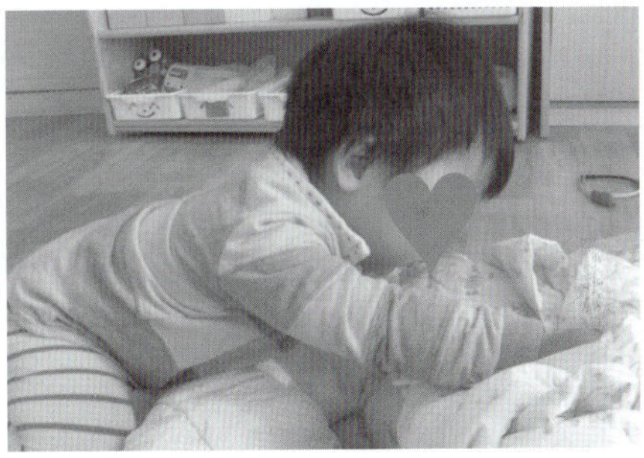

내가 자고 난 이불은 내가 정리할 수 있어요.

③ 취침 시간 훈련

유아가 일정한 시간에 잠드는 것이 적응이 된다면 취침 시간을 2~3일마다 15~30분 정도 앞당겨 본다. 또한 아이가 잘 자고 난 다음날엔 반드시 칭찬을 해 준다.

2 악몽증의 지도

악몽증은 무서운 꿈으로 인하여 잠을 지속하지 못하고 깨는 장애를 말한다. 3~6세, 10~50%까지 유아에게 흔히 생길 수 있고, 여아가 남아보다 2~4

배 정도 많이 나타난다. 악몽증은 일상생활에서의 스트레스, 불안, 우울, 죄책감 등과 관련해서 많이 나타나기도 하고, 외상 후 스트레스장애나 고열에 의해서도 나타날 수 있다. 악몽증의 유아는 잠에서 깨어나면 완전한 각성상태로 돌아오며, 꿈의 내용을 명료하게 기억한다. 악몽의 내용으로는 주로 절박한 신체적 위험, 즉 추적, 공격, 손상 등과 관련된 것이거나 실제적인 사건과는 전혀 무관한 것이 대부분이다. 한 번 악몽을 꾸고 난 후에는 다시 잠들기가 어려워 잠을 설치게 되며, 낮 동안 졸리거나 유아를 무기력하게 함으로써 교육기관에서 또래들과의 정상적인 수업이나 생활에 영향을 미치기도 한다.

유아가 악몽증으로 어려움을 겪을 때는 무엇보다 부모의 지지와 위안이 필요하며, 무서운 내용의 영상 등은 악몽을 유발할 수 있기 때문에 금지하는 것이 좋다. 악몽을 꾼 아이가 꿈에 대해 이야기하고 싶어한다면 그 꿈을 설명하게 하는 것이 좋다. 이때 부모는 꿈이 현실이 아니라고 이야기해 주고, 아이를 위로하거나 안심시켜 준다.

3 야경증의 지도

야경증은 수면 중 반복적으로 갑자기 깨어나서 소리를 지르거나 우는 장애이다. 주로 4~12세 아이들 중 1~6%의 유아에게서 발생하고, 남아보다 여아에게 흔히 발생한다. 이러한 야경증은 유전, 중추 신경계 미숙으로 인해 나타날 수도 있고, 스트레스, 공포증 및 불안의 현상과 함께 나타나기도 한다. 고열이 있을 경우 야경증이 나타나기도 한다. 앞서 설명한 악몽증과 야경증은 조금 다른데, 야경증은 자다가 일어났을 때 의식은 흐린 상태이고, 주위에서 자극을 주거나 제지를 해도 아무런 반응을 보이지 않는다. 이런 증상이 수초에서 수분간(15분을 넘는 경우는 드물다) 지속되다가 다시 잠이 들며, 다음날에는 어떤 기억도 하지 못하거나 어렴풋한 기억만 할 뿐이다. 야경증은 수면 상태의 첫 3분의 1 시점에서 나타나는 특징이 있는데, 비명소리와 함께 깨어 일어나 앉아 눈을 크게 뜨고 놀란 표정으로 이불을 잡고 있다거나, 팔을 내젓기도 하고 주먹질을 하기도 한다. 심한 자율신경 항진으로 인해 빈맥, 빠른 호흡, 피부 홍조, 발한, 동공 확대, 근육 긴장 등의 증상이 나타나기도 한다.

야경증이 있을 경우 가능한 평상시대로 유아를 유지시키며 육체적 활동 후에는 아이를 쉬게 한다고 잠을 재우는 것이 아니라, 깬 상태로 충분히 쉬는 시간을 갖는 것이 좋다. 아이가 야경증이 있던 다음날에 전날 본인이 한 것에 대해 전혀 기억이 없다는 사실을 이해하고 가족 모두는 야경증을 겪는 아이를 안심시키기 위해 노력해야 한다. 나쁜 꿈에 대해 너무 극적으로 확대하지 말고 아이와 대화를 나누며 "엄마가 있으니까 안심하렴. 엄마가 지켜 줄 거니까 무서울 것이 없어" 등으로 아이의 나쁜 꿈에 대해 엄마와 함께 견딜 수 있다는 신뢰를 주어 스스로 안심할 수 있도록 한다. 야경증의 현상이 3개월 이상 계속된다면 전문가의 진료를 받도록 한다.

표 5-3 유아 수면의 질 평가척도

번호	문항	전혀 그렇지 않다	그렇지 않다	보통이다	그렇다	항상 그렇다
1	유아는 매일 충분한 양의 잠을 잔다.					
2	유아 자신의 침실에서 잠을 잔다.					
3	유아는 누군가 함께 있어야 잠이 든다.					
4	유아는 매일 일정한 시간에 잠자리에 든다.					
5	유아는 잠을 잘 때 정해진 침구를 사용한다.					
6	유아는 일정한 시간에 일어난다.					
7	유아는 누가 부르는 소리나 소음도 듣지 못하고 잔다.					
8	유아는 잠을 잘 때 집은 아무런 소음 없이 조용하다(TV, 컴퓨터, 기타 가전제품 등).					
9	유아가 자다가 놀란 듯이 깨어 운다.					
10	유아는 업히거나 안아야만 잠이 든다.					
11	유아는 잠을 자다가 깨면 다시 잠들지 못한다.					
12	유아는 잠드는 데 오랜 시간이 걸린다.					
13	유아는 수면 전 규칙적으로 하는 활동이 있다.(목욕,					

	양치하기, 책읽기 등)					
14	유아는 스스로 일어난다.					
15	유아는 수면 전 간식을 먹는다.					
16	유아는 잠을 자고 깨면 쉽게 활력을 되찾는다.					
17	유아는 아침에 깨우면 울거나 짜증을 낸다.					
18	유아는 낮에 조는 현상을 보인다.					
19	특정한 물건이 있어야 잠을 잔다.					

출처: 박세미(2017). 만 3~5세 유아의 수면의 질과 식습관 및 공격성의 관계. 덕성여자대학교 교육대학원 석사학위논문

-Domino, Blair & Bridges(1984)의 Sleep Questionnaire를 토대로 도현주(2009)에서 수정·보완하여 사용한 척도.

-신뢰도는 Cronbach α .67.

-3, 9, 10, 11, 12, 15, 17, 18, 19번은 역채점함.

-최소 19점에서 최고 95점이며 점수가 높을수록 수면의 질이 좋은 것을 의미.

2. 사회성과 관련된 부적응 행동

1) 공격성

〈사례〉

안녕하세요, 선생님.

요즘 우리 아이 때문에 고민도 되고, 속이 상하기도 하고 도대체 무엇을 어떻게 해야 할지 모르겠습니다. 아이는 이제 돌이 막 지났습니다. 겨울에 감기로 고생하는 것이 안쓰러워 모든 것을 '오냐 오냐' 해서일까요? 감기치료 받고 나면서부터 외출중 또래 친구들을 만나면 자꾸만 친구의 얼굴을 할퀴려 합니다. 친구들이 아무것도 안하고 옆에 앉아 있기만 해도 본인이 가서 할퀴려하네요. '아직은 어리니까', '아직 감기 때문에 힘들어서 그렇겠지' 하면서 '괜찮다'고만 하다가는 아이 버릇이 나빠질 것 같아 요즘은 안 된다고 단호하게 얘기해 주고 있습니다. 하지만 나아질 것 같지가 않습니다. 지금 우리 아이 개월수에 언어로 의사표현이 잘 되지 않으니, 답답한 마음에 그러려니 하려 해도 막상 아이가 다른 친구들을 때리거나 할퀴거나 하는 모습을 보면 나도 모르게 속상하고 혼내주고 있고 그러네요. 옆에 있는 엄마들한테도 미안하고, 민망하기도 하고요.

친구들을 밀고, 잡아당기고, 할퀴고 하는 우리 아이. 어떻게 하지요? 걱정입니다.

공격성이란 유아가 다른 유아에게 의도적으로 신체적 및 심리적인 해를 가하는 행동으로 또래들 사이에 사회적으로 바람직하지 않은 행동을 말한다(Crick, 1997). 유아는 원하는 것을 얻기 위해 또래 친구들과 갈등을 일으키기 쉽고, 갈등을 해결하기 위해 공격적인 행동을 하게 된다(이은주, 2007). 유아의 공격성은 유아기 사회적 관계에서 이루어지는 상호작용에 어려움을 주는 대표적인 행동으로, 유아의 인지발달과 사회정서발달을 방해하는(Kaiser & Rasminsky, 2012) 외현적 문제행동 중 하나이다. 공격성은 유아기 사회정서적 부적응을 나타내는 지표가 되며, 또래들로부터의 거부를 일으키는 주요 원인으로 유아기 이후의 충동성과 반사회적 행동과 같은 외현적 문제행동을 예측해 주는 요인으로 알려져 있다(Coie, Dodge & Kupersmidt, 1990; Crick, 1996).

공격성의 형태로는 신체적 공격성과 관계적 공격성으로 나누어진다. 신체적 공격성은 신체적인 공격성이라는 의도를 가지고 신체적 행위를 타인에게 가함으로 해를 입히거나 위협을 가하는 행동을 말하며, 관계적 공격성은 언어적 표현과 같은 직접적인 방법으로 또래들 사이의 관계를 조절하고 방해하여 집단에서 배척 또는 소외시키는 행위를 말한다(이성복, 2011).

연령에 따라 공격성 유형을 살펴보면, 2~3세 사이에 유아들은 때리고 밀치고 던지는 등의 물리적 공격성을 주로 보이고, 3~6세는 놀리고 흉보고 욕하며, 상대방을 언어적으로 모욕하는 공격적 행동을 보인다(Emmerich, 1966; Hartup, 1974).

(1) 공격성의 원인

다른 사람을 잘 때리거나 하는 공격성을 보이는 행동의 원인은 다음과 같다(최영희 외, 2018; 서명원 외, 2010/2014).

첫째, 관심을 끌기 위한 수단일 수 있다. 간혹 부모나 교사의 관심을 끌기 위해 친구들을 때리거나 물건을 던지는 등 공격적인 행동을 하기도 한다.

둘째, 매체의 영향 때문일 수 있다. 최근 들어 영아기부터 미디어에 노출되는 시간과 양이 증가하고 있는데, 폭력적인 매체에 많이 노출되거나 TV, 컴퓨터, 게임 속에서의 세상에 대해 현실과 구분하지 못함으로 인해 공격적인 행동을 보이기도 한다.

셋째, 부모 양육태도가 원인일 수 있다. 부모가 너무 엄하게 훈육한다든지, 문제가 생겼을 때 체벌로 영유아를 다루게 되었을 때, 아이들은 다른 또래와의 관계에서 문제해결 방법으로 자신이 부모로부터 배운 방법을 사용하게 될 것이기 때문이다.

넷째, 교육기관에서 가장 많이 공격성이 나타나게 되는 시작이 되는 상황으로는 다른 유아가 자신이 원하는 것을 가지고 있는 경우 또는 자신이 놀고 있는 장난감을 다른 유아가 가지고 갈 경우, 좌절감이나 따돌림을 당했을 경우 등이 있다.

다섯째, 공격적인 유아는 주변 환경에서 판단의 단서가 될 수 있는 여러 자극들에 충분한 주의를 기울이지 않고, 공격적이고 적대적으로 해석될 수 있는 단서들에 대하여 편파된 주의를 기울이곤 한다.

여섯째, 피곤하거나 스트레스를 받을 때 공격적인 행동이 나타나기도 한다.

표 5-4 장난감을 망가뜨리는 행동관찰 목록

◈ 언제 장난감을 망가뜨리는가?

- 예상치 않은 시간에
- 오전 자유놀이 시간에
- 오후 자유놀이 시간에
- 활동 시간에
- 바깥놀이 시간에
- 정리 시간에
- 전이 시간에
- 낮잠 또는 휴식시간에

◈ 장난감을 망가뜨릴 때 유아의 행동은 어떠한가?

- 교사가 관찰하는가 하는 것을 보기 위해 주변을 두리번거린다.
- 부서진 장난감으로 교사 앞에서 또는 교사가 보이는 곳에서 관심을 끌려고 한다.

- 부서진 부분을 숨기려고 한다.
- 장난감이 부서진 것에 대해 화를 낸다.
- 부서진 장난감을 가지고 논다.
- 장난감을 망가뜨린 것에 대해 부인한다.
- 장난감을 망가뜨린 것을 인정한다.
- 장난감이 부서진 이유를 설명한다.
- 부서진 장난감을 놓고 멀리 도망간다.

◈ **어떻게 장난감을 망가뜨리는가?**
- 장난감을 바닥에 던진다.
- 장난감을 친구가 놀이를 하는 곳으로 던진다.
- 장난감 위에 올라가서 망가뜨린다.
- 강제로 장난감을 잡아 뜯거나 조각을 낸다.
- 다른 장난감을 이용하여 망가뜨린다.
- 연결 부위의 부품들을 빼 망가뜨린다.

출처: Eva Essa, 정갑순 외(2010).

(2) 공격성의 지도방법

첫째, 문제해결에 있어 성인의 바른 모델링이 필요하다. 가정이나 교육기관에서 영유아와 관련하여 문제가 생겼을 경우, 타협해서 해결하려 하지 않고 성인이 가지고 있는 힘으로 상황을 정리해 버리거나, 영유아를 힘으로 이기려 한다면, 아이들은 성인으로부터 '힘의 논리'라는 방법을 학습하게 되는 것이다. 아이들은 문제가 생겼을 경우 자기보다 약한 아이를 때리거나 괴롭히는 행동으로 공격적인 행동을 나타낼 것이다.

둘째, 폭력적인 매체로부터 아이들을 보호해야 한다. 부모나 교사는 아이가 폭력적인 매체에 노출되는 시간을 줄여주어야 하고, 함께 시청하며 현실 상황에서 어떻게 행동하고, 사고해야 하는지에 대해 의사소통해 주어야 한다.

셋째, 유아는 어른과 달리 놀이를 하고 싶어서 물건을 던지기도 한다. 던지기 놀이를 할 때는 던져도 되는 상황과 물건, 던지지 말아야 하는 상황과 물건에 대해 정확하게 인식시켜 준다.

넷째, 공격적인 행동, 즉 타인을 때리거나 하는 행위에 대한 충동을 스스로 통제할 수 있는 방법을 지도한다. 유아가 화가 나거나 다른 사람을 때리고 싶을 때는, 자신의 감정에 대해 말로 표현할 수 있도록 한다. 단, 사회적으로 용인될 수 있는 방법으로 유아가 자신을 통제할 수 있도록 단계적 교육이 필요하다. 이 때, 교사는 유아가 어떤 사건, 어떤 상황에서 화를 내고, 공격적이 되는지에 대해 반복적인 관찰이 필요하다. 관찰 결과를 참고로 영유아의 주변 환경을 정비하거나, 공격적인 행동을 예방할 수 있는 방안을 마련할 수 있다.

다섯째, 다른 친구들과 사이좋게 지내거나, 친사회적 행동을 하였을 경우에는 바로 칭찬해 주도록 한다. 칭찬과 격려는 영유아로 하여금 부모나 교사가 어떤 행동에 긍정적으로 반응하고, 좋아하는지에 대해 알게 하여 그 행동을 강화할 수 있다,

여섯째, 친구를 때리거나 자신을 상해했을 때는 즉시 타임아웃을 적용하도록 한다. 이런 상황에서 교사는 어려움이 크겠지만, 먼저 다친 유아의 안전을 확인하고, 다른 교직원이 돌볼 수 있도록 조치한 후, 공격을 한 유아에게 한계에 대해 분명하고도 단호하게 이야기해 준다. 예를 들면, “우리 반에서는 나 자신도, 다른 사람도 다치게 할 수 없어. 여기 이 자리에서 5분 동안 있을 거야.” 이때 교사는 유아만 두고 밖으로 나간다든지, 다른 친구들과 유아를 격리시켜 유아가 혼자서 있게 하지 않는다. 단, 교사는 타임아웃된 유아에게 눈짓을 준다든지, 말을 걸거나 하지 않는다(최영희 외, 2018; 서명원 외, 2010/2014).

일곱째, 공격적인 행동은 어떤 상황에서든 묵인하지 않는다. 어떤 상황에서도 공격적인 행동은 용납될 수 없다는 것을 유아들에게 인식시키는 것이 무엇보다 중요하다(조운주 외, 2013).

'우리 같이 놀까?', '친구야, 내가 도와줄게.'

2) 고립

고립유아는 일반적으로 사회적 기술이 부족하거나 공격성 등의 이유로 한 집단에서 또래들로부터 다양한 활동에 선택되지 못하거나, 사회적으로 위축된 관점에서 또래 집단의 대인 접촉에서 빈도가 매우 낮은 유아를 의미한다(지주영, 2005). 고립유아의 특성을 이해하기 위해 '인기아', 즉 '많은 또래들이 좋아하는 아이'와 비교하여 알아보도록 하자.

표 5-5 인기아와 고립아의 특성 비교

인기아	고립아
• 사회성이 뛰어나다. • 또래의 감정을 잘 이해한다. • 또래와의 상호작용에 필요한 사회적 기술과 지식을 가지고 있다(최석란, 2001). • 친사회적 행동과 긍정적 언어를 많이 사용하고 리더십이 있다(김나림, 1995). • 또래 간 갈등의 발생 빈도가 낮고, 갈등을 해결하기 위해 언어적 저항을 더 많이 사용한다. • 갈등이 종결되었을 때, 더 긍정적인 정서를 보인다. • 비인기아에 비해 정서지능이 높은 편이다.	• 정서적 · 행동적인 측면에서 취약하다. • 집단 적응이 어렵다. • 대체로 부정적인 언어를 많이 사용한다. • 공격적인 행동을 많이 보인다(조향희, 2002). • 또래 갈등을 자주 경험하고, 갈등을 해결하기 위해 비언어적인 저항과 통제적인 저항을 더 많이 사용한다. • 갈등이 종결되었을 때, 부정적인 정서를 더 많이 보인다(Dodge, 1983). • 정서지능이 전반적으로 낮고 정서지능의 하위항목 중에서 자기조절능력, 타인 인식 능력, 타인조절/대인관계 능력이 낮은 것으로 나타났다(조향기, 2002). • 심리적 기제로써 공상, 수줍음과 위축성, 열등감을 빈번히 사용하며, 이러한 유형이 계속되어 고정적인 성격으로 형성, 사회적 대립관계를 맺거나, 사회생활을 하는 데 있어 큰 장애로까지 심각해질 수 있다(김미숙, 1982). • 교사나 또래에게 무시되는 경향이 있으며, 종종 그들에게 주도권이 주어졌을 때 후퇴한다.

출처: 지주영(2005)의 내용을 표로 편집함.

연구에 의하면 고립유아의 원인은 일반적으로 또래와의 사회적 기술이 부족하고, 그에 관련된 지식을 알지 못하고 있기 때문임이 밝혀졌다. 즉, 고립유아들은 친구를 사귀는 데 필요한 기술이 부족하기 때문에 또래관계에서 소외당하고 있다는 것이다(Coie & Koeppl, 1990). 유아가 고립되는 원인은 다음과 같다(조운주 외, 2013).

(1) 고립원인

첫째, 유아 성격상 내성적이거나 혼자 노는 것을 좋아하는 유아는 친구를 사귀고 싶은 욕구가 없을 수 있다.

둘째, 또래와의 놀이경험 부족으로 인하여 어떻게 함께 놀 수 있는지에 대한 기술이 부족하기 때문이다.

셋째, 외모, 신체적 특성으로 인해 또래에게 매력적이지 않은 경우, 다른 유아에게 배척당할 수 있다.

넷째, 다른 유아들보다 인지발달이 늦는 경우에 다른 유아와의 놀이에 참여하지 못할 수 있다.

다섯째, 또래와의 관계 형성에 대한 경험보다 부모나 성인과의 관계를 더 많이 형성하기 때문이기도 하다.

(2) 고립 지도방법

고립으로 인해 유아는 또래 집단에서 수용되지 못하고, 배척 당하게 되면서 또래 유아들과 관계 형성을 원하지 않게 되거나, 긍정적인 관계 형성을 하지 못하게 된다면, 이후 사회성발달이나 대인관계 형성에도 영향을 줄 수 있기 때문에 함께 어울릴 수 있도록 지도해야 한다. 지도방법을 알아보자(조운주 외, 2013; 신혜원, 2014/2015).

첫째, 또래 관계를 원만하게 하기 위한 사회적 기술을 가르친다. 친구에게 사과, 요청, 부탁하기 등 함께 놀기 위한 사회적인 기술을 지도한다. 교사와의 1:1 상호작용을 통해 다른 사람에게 자기 기분이나 생각 말하기, 다른 사람의 기분이나 생각 살피기 등과 같은 사회적 기술을 안내한다.

둘째, 성인이나 어른들과의 경험보다 또래와 함께 할 수 있는 경험을 갖도록 하고, 함께 노는 것이 즐겁다는 것을 느낄 수 있도록 한다.

셋째, 교사는 고립된 유아의 낮은 자아감을 자신감으로 바꿔 주기 위해 유아의 강점을 찾고, 다른 유아들에게 강점을 부각시켜주고, 칭찬과 격려를 해주도록 한다.

넷째, 외모나 체구로 인한 문제라면, 친구들과의 공통점과 차이점에 대해 알게 해 주고, 모두가 서로 편견을 갖지 않도록 지도한다.

다섯째, 고립된 유아들은 수줍음이 많고, 소극적이며, 불안의 수준이 높아 스트레스가 많을 수 있다. 교사는 유아에게 적절한 수준의 관심을 보이도록 한다. 유아의 성격에 대해 부정적으로 생각하기보다 기다려주며, 단계적으로 사회적 기술을 지도하도록 한다.

3) 고집

유아는 자신의 이름과 존재를 인식하게 되면서 자기 주장도 하게 된다. 흘리면서도 스스로 혼자 밥을 먹으려고 하는 것도 자기 주장의 하나이다. 하지만 자기 주장이 지나쳐서 고집이 되면 문제가 되는 유아가 있다. 2~4세 경의 유아에게 많이 나타나는 이 고집스러운 행동은 그 유아에게 필요한 주변 사람들과의 상호작용이나 정보를 차단하는 역할을 하기 때문에 지나친 고집은 고치도록 해야 한다(안영진, 2007). 유아는 고집스러운 행동을 보이면서 생떼를 부리기도 하고, 감정을 폭발시키기도 하며, 기다리거나 인내할 줄 모른다. 또래들과의 규칙은 지키려 하지 않고, 제멋대로 하려고만 하기도 한다. 자신의 의견대로 하지 못할 때는 화를 참지 못하고, 물건을 던지거나 공격적인 행동으로 나타나고, 떼를 써 자신의 욕구가 충족되는 경험을 한 유아는 계속해서 자신의 요구를 관철시키기 위해 떼를 쓰게 된다(최지영, 2013).

(1) 고집의 원인

지나친 고집의 원인은 다음과 같다(김윤옥, 1995; 안영진, 2007; 최지영, 2013).

① 유아에 대한 존경이 부족하다보니, 유아도 남을 고려하지 않은 채 자신의 생각만 주장할 수 있다.

② 유아발달 특성상 만 4~5세는 주도성이 발달되는 시기이다. 하지만 이

시기에 중요한 점은 '주도성 있는 유아'와 '자기 멋대로 하는 유아'는 다르다는 것을 아는 것이다.

③ 부모의 양육방법 중 유아의 고집을 이길 수 없다고 생각하여 유아의 고집스런 행동에 모든 것을 허용하는 부모 때문이다.

④ 유아의 능력과 발달에 적절치 못한 것을 요구할 때, 유아는 계속 자기의 행동을 고집하려 한다.

〈사례: 고집이 세고 행동이 산만해요〉

(1) 유아에 관한 정보

① 주 호소 내용

또래에 비해 말이 늦고, 3세 이전에 한글을 터득하였으나, 지금은 알고 있던 글자도 잊어버린 것 같고, 산만하며, 고집이 세고, 경쟁놀이에서 질 것 같으면 놀이를 못하게 훼방 놓는다.

② 유아의 첫 인상

낯선 상황임에도 불구하고 무척 밝은 얼굴로 웃어서 관계형성이 쉽게 되었다. 장난감을 이것저것 가지고 놀았으며 발음이 분명하지 않았다.

③ 검사 시의 행동관찰

주의가 산만하여 한 가지 놀이보다는 여러 가지를 꺼내어 놓고 노는 편이며, 칭찬받는 것을 무척 좋아하였다. 발음은 명확하지 않고, 언어표현을 할 때도 있지만, 지시 내용을 이해하지 못하여 따르지 못하는 순간도 많았다.

④ 발달력

이 아이는 외동아이며, 운동발달이 대체로 늦은 편이나 1세경 걷기 시작했다. 낯가리기는 다른 유아들보다 빨리 시작하고, 편식이 심하다. 세 돌 전에는 어머니와 분리하기가 어려웠으며 3세 이전에는 또래와의 접촉이 전혀 없었다. 유아교육기관을 다녔어도, 양보심이라는 것이 없고, 낮잠을 자지 않는다.

⑤ 부모 양육 태도

어머니의 치마폭에 가두어서 키웠고, 어머니가 원하는 형태로 키우기 위해 애를 썼다고 한다. 어릴 적은 어머니가 요구하는 대로 따랐으나, 지금은 그렇지 않다.

(2) 심리 검사 결과

유아는 나이에 비해 발달이 지체되어 있고, '예'나 '아니오' 같이 간단한 단어로 답하도록 교육을 많이 시킨 것 같다. 반복적인 학습을 통해 높일 수 있는 색깔 변별이나, 사물카드의 이름 맞추기는 어머니의 학습에 의해 효과가 있는 것으로 나타났다.

(3) 제언

부모의 기대를 낮추어 평범한 보통 아이로 키운다면 유아가 갖고 있는 능력을 발휘할 수 있는 기회가 제공될 수 있고, 원만한 대인관계를 위해 언어교정이 필요하고, 또래들과 어울려서 사회성을 발달시킬 수 있는 기회를 갖는 것도 필요하다.

(2) 고집의 지도방법(안영진, 2007 ; 최지영, 2013)

① 유아의 발달 수준을 이해하고, 발달에 적절한 요구하기이다. 한꺼번에 여러 가지를 요구하지 않으며, 긴 시간을 계획하여 지도하도록 하는 노력이 필요하다.

② 고집을 부리는 행동을 억압하려 하거나, 힘으로 꺾으려고 하면 오히려 악순환이 되기도 하기 때문에 유아의 강점을 이용하도록 한다. 혼자만 장난감을 가지고 놀려고 하는 유아라면, “다른 친구들이 장난감을 모두 함께 사용할 수 있도록 도와줄 수 있겠니? 선생님이 부탁할게”하는 등 교사의 도우미(기관에서는 ‘작은 선생님’이라고도 한다)로 활약하게 한다.

③ 역지사지의 상황과 타인에 대해 생각해보게 하여 자신의 행동을 반성해볼 수 있는 기회를 주는 것도 좋다.

④ 가정연계가 필요하다. 기관과 가정에서의 행동에 대한 지침은 일관성 있게 이루어질 수 있도록 교사-부모 간 연계가 필요하다. 또한 가정에서는 부모가 사람을 존중하는 모습의 모범을 보여야 한다. 부부끼리의 존중하는 모습을 유아가 가정에서부터 배울 수 있도록 해야 한다. 부부끼리, 또는 다른 사람과의 관계에서 존중하지 않고 마구 대하게 된다면, 유아 역시 남을 마구 대하게 되는 것은 자명할 것이다.

3. 정서발달과 관련된 부적응 행동

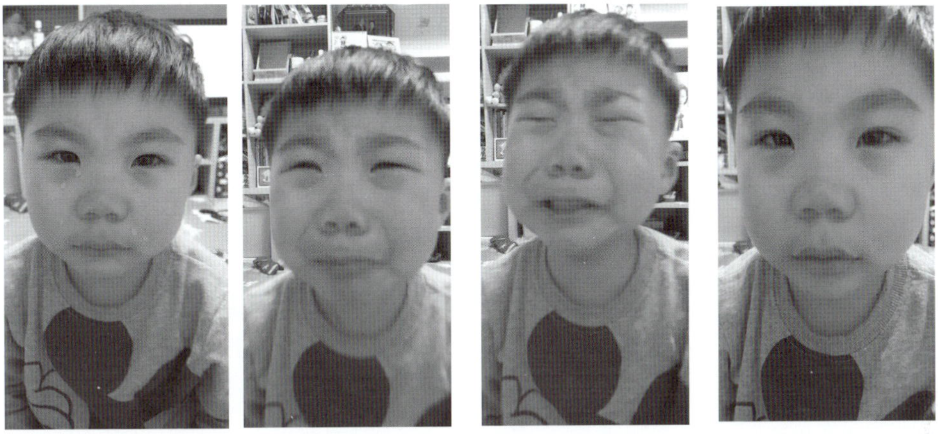

1) 잘 우는 아이

등원을 잘하던 아이가 갑자기 선생님을 보면서 칭얼거리거나 울어버린다. 교실에서 선생님이 보이지 않을라치면 어김없이 아이는 선생님을 찾으며 선생님이 자신을 안아줄 때까지 울고 있다. 처음에는 어디가 아픈 건 아닌지, 불편한 것이 있는지, 아직 자신이 가지고 있는 생각들과 바람들을 언어로 충분히 설명할 수 없기 때문일거라 생각했었지만, 어느 순간 아이는 단지 선생님이 자신을 바라보고 있기를 바라는 마음으로 선생님이 보이는 곳에서만 운다는 것을 알게 되었다.

영유아에게 있어 울음은 언어가 발달하기 전 아픔, 분노, 두려움, 좌절, 슬픔 등 다양한 감정들을 표현할 수 있는 의사소통 수단의 하나이다. 유아는 성장해감에 따라 울음이 아닌 다른 방법으로 자신의 요구를 표현하게 될 수 있고, 이러한 기술은 타인과의 관계에 다양한 영향을 미치게 된다. 그러나 유아가 자신의 의견을 다른 사람에게 전달하기 위한 소통방법으로 울음을 습관적으로 사용한다면, 이는 문제가 되기도 한다. 위 사례에서도 살펴보았듯이 유아는 습관적인 울음을 통해 교사의 관심을 끌고, 자신이 다른 사람들로부터 주목받고 싶다는 것을 전달한다. 유아가 무섭거나, 아프거나, 화가 나서 운다면, 그러한 행동에 대해 문제를 잘 해결할 수 있도록 도와줄 수 있다. 하지만 관심을 끌기 위한 수단으로서 울기를 한다면, 다음의 지도방법을 통해 긍정적인 행동으로 전환시킬 수 있도록 교사의 구체적인 지원이 필요하다.

(1) 아이가 자주 우는 원인

유아가 우는 이유는 다양하다. 다음의 원인 중 유아의 울음은 무엇 때문인지 생각해 보도록 하자.

① 영유아는 교육기관에 등원하는 것 자체가 충격적인 경험이 될 수 있기 때문에 적응기간 동안 아이들은 운다. 유아교육기관에 처음 온 유아들에게 부모로부터 버려진 것이 아니고, 일과가 끝나게 되면 다시 집으로 부모님과 함께 돌아간다고 안심시켜 줄 필요가 있다. 이러한 안심을 주는 말들은 반복적으로 해 준다(Eva Essa, 정갑순 외, 2010). 기억해야 할 것은 부모와 함께 기관에 등원할 때, 유아가 울고 떼쓸까봐 부모가 몰래 도망치듯 기관을 떠나버린다든가, 아이를 등떠밀 듯 급하게 내려놓고 가버리는 등의 행동은 하지 않도록 하는 것이다. 헤어짐의 인사와 다시 만나자는 이야기를 아이에게 해 준 후 기관을 떠나도록 한다. 하원하는 유아에게도 마찬가지로 등원하면서 아이와 했던 약속, 즉 부모님이 데리러 오겠다는 약속, 집에 같이 갈 수 있다는 약속에 대해 다시 한번 언급해 주고, 부모님 없이 하루종일 기관생활을 한 유아를 칭찬해 주도록 한다. 부모는 아이와 떨어져 있는 동안 아이가 너무 보고 싶었다는 것을 아이를 안아주며 이야기해 주는 것도 좋은 방법이다.

② 유아가 유아교육기관 생활을 시작한 직후 하루 중 어느 한 때에 운다면, 이때 유아는 실제로 자신이 힘들다는 것을 말하고 있는 것일 수 있다. 이런 경우 교사는 유아의 상태(감정상태)를 언어로 읽어주고(예:

"피곤해서 힘들구나", '엄마가 보고싶어 우는구나"처럼 감정에 이름을 붙여준다), 유아에게 말을 붙이거나 관심을 보이며 따뜻하게 안아주어 위로하고 달래주도록 한다.

③ 최근 들어 자주 울기 시작했다면 유아 주변 환경이나 생활에 변화는 없는지 살펴보도록 한다. 동생의 출생이라든지, 부모관계의 문제 등 다양한 요인으로 인해 유아의 스트레스 지수가 높아지면서 아이들은 불안하여 울기도 한다(Eva Essa, 정갑순 외, 2010).

④ 언어적 의사소통에 어려움이 있을 경우 유아는 울음으로 대신 표현하기도 한다.

⑤ 자신이 비난받을 경우 울어버리는 것으로, 책임 회피성 내지 최후의 도피처로 대신하는 '자기 방어형 울기'가 나타나기도 한다.

(2) 지도방법

① 단지 교사의 관심을 끌기 위한 수단으로 운다면, 우는 행위에 대해서는 무시하되, 울지 않을 때는 교사가 유아로부터 기대하는 행동에 대해 지도한다. 유아교육기관에서 일과에 잘 참여하고, 교사가 기대하는 행동을 하고자 노력한다면, 충분한 관심과 칭찬으로 행동을 강화하도록 한다.

② 자신의 요구를 관철시키려 할 때, 책임을 회피하려고 할 때, 자기방어의 이유 때문일 때는 잠시 동안 모르는 척 두다가 시간이 조금 지난 후, 우는 이유와 우는 것만으로는 선생님이 왜 우는지 모르기 때문에 '말'로 설명해 주기를 안내한다. 우는 이유에 대해 유아가 말로 표현하려 한다면, 아이의 마음을 위로해주고, 문제해결할 수 있는 방법을 함께 찾아보도록 한다.

2) 화를 잘 내는 아이 - '미운 네 살'

만 1년 6개월부터 약 3세까지의 아이는 사소한 일에도 곧잘 화를 내곤 한다. 이 시기에 아이들은 독립심과 자기 개념이 생기기 시작하지만, 아직은 자신의 감정을 조절하기는 어렵기 때문에 자신의 생각과 감정을 나타내는 방법으로 화를 내기도 한다.

(1) 아이가 화를 자주 내는 원인

화를 잘 내는 아이들은 이유가 무엇일까? 자신의 독립심과 자아의식의 발달에 비해 감정조절이 미숙하다는 것이 주요한 이유가 될 것이다. 좀 더 자세히 '화를 잘 내는 아이'가 되는 원인에 대해 살펴보도록 하자(서명원 외, 2010/2014).

① 자기를 억제하고 통제하는 경험이 드물기 때문이다. 경험이 없거나 드물기 때문에 다른 사람과의 관계는 물론, 타인의 입장을 이해하지 못하고, 자신의 요구만 들어달라고 화를 내기도 한다.

② 부모의 잘못된 양육방법 때문이다. 장난감이나 과자 등을 사달라고 유아가 떼를 부리고 화를 내면 부모는 처음에는 강하게 안 된다고 하다가 주위 사람들의 불편한 시선, 아이를 달래거나 훈육하는 것에 자신이 없을 경우 못 이기는 척 아이의 요구를 들어주게 된다. 시간이 지나 마트에서 집에 돌아와 아이를 혼내려 할 때, 아이는 '엄마(아빠)가 나를 미워해'라고 생각할 수 있다. 아이들은 그 상황이 지나 되돌아보며 생각하는 것이 쉽지 않기 때문이다. 이러한 부모의 양육행동은 아이에게 자신의 요구는 부모에게 화를 내면 관철시킬 수 있다는 것을 알게 해 준다. 화내는 강도는 점점 강해지고, 부모는 점점 아이들의 화를 못 이겨 그들의 요구에 응하게 되는 것이다. 유아는 부모에게 부탁이나 요청을 해야 할 때, 화를 내거나 떼를 부리는 방법만을 학습하게 되는

것이다.

③ 아이들은 신체적으로 피곤하거나 배고프고, 스트레스가 있을 경우에도 자주 화를 내곤 한다.

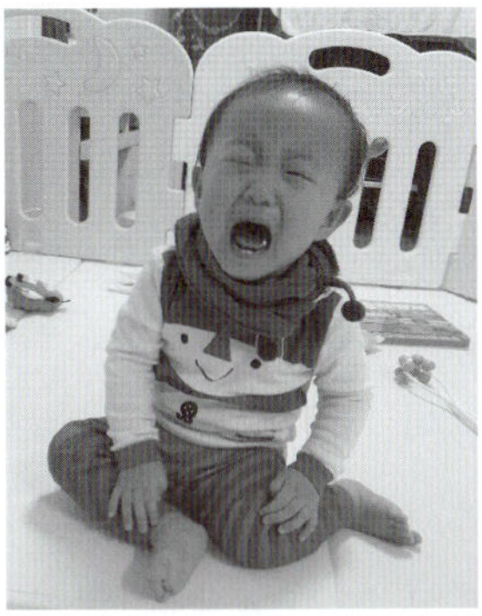

내 얘기를 들어주세요.

(2) 지도방법

① 부모나 교사는 아이 앞에서 화내는 모습을 보이지 않도록 한다. 성인 역시 화가 날 때가 있지만, 자신의 화를 어떻게 조절하고, 사회적으로 받아들일 수 있는 방법으로 표현할 수 있는지 보여주도록 한다.

② 화를 낼 때는 무시하고, 화내지 않을 때는 부모나 교사 모두 아이를 존중하고 있음을 알려준다. 화내지 않을 때는 칭찬과 관심을 주어 아이가 존중받고 있다고 느낄 수 있도록 한다.

③ 일관성 있는 양육태도로 지도한다. 아이가 해도 되고, 하면 안 되는 행동에 대해 일관성 있게 지도하도록 한다. 아이의 행동에 대한 한계는 반드시 지키도록 하고, 때에 따라 예외를 두는 것은 하지 않는다.

④ 부모나 교사는 의사소통의 걸림돌이 되는 강요, 명령, 금지, 잔소리, 간섭 등으로 아이를 화나게 하는 것보다 아이의 의견을 존중하고, 나-메세지, 적극적 경청 등의 바람직한 의사소통 기술을 활용하도록 한다.

⑤ 예측이 가능한 화를 내는 상황을 고려하여 충분한 영양과 휴식 그리고

운동을 하게 한다. 유아의 자유로운 신체활동이나 운동은 스트레스와 화내는 일을 줄이는 데 도움이 될 수 있다(Eva Essa, 정갑순 외, 2010).

3) 손톱을 물어 뜯는 아이

아이의 손톱과 발톱을 깎아주려 하는데 일주일이 지난 아이의 손톱이 하나도 자라지 않았다면 어떻게 된 일일까? 어느 순간부터 아이들은 자신의 손톱을 물어 뜯는다. 의식적으로, 또는 무의식적으로 손톱을 입에다 가져가면서 계속해서 물어뜯는 것이다. 증상이 심한 아이는 손톱 밑에 염증이 생겨 병원 치료를 받게 되는 경우도 있다. 하지만 심한 경우가 아니라면, 대부분 손톱을 물어 뜯는 행동은 원인 없이 증상이 나타났다가 사라지게 되는 부적응 행동일 수 있다. 손톱을 물어 뜯는 경우는 대부분 다음과 같은 이유로 나타난다.

(1) 아이가 손톱을 물어뜯는 원인

① 영유아 주변의 환경으로부터 심한 압박감이나 스트레스가 있을 때 아이들은 손톱을 물어 뜯는다. 영유아 교육기관이나 가정에서 아이에게 많은 제한과 억압을 가한다든지, 아이의 능력이나 발달에서 벗어나는 행동을 하게 하되, 완벽성을 요구할 때 아이는 긴장하고 스트레스를 받게 되는데, 그러한 불안을 해소하기 위한 방법으로 손톱을 물어 뜯는 것이다.

② 아이가 가지고 있는 공격적인 감정을 표출하는 수단으로 손톱을 물어 뜯는다. 상대에 대한 저항이나 공격적인 감정이 손톱 물어 뜯는 행동으로 나타나는 것이다.

③ 주 양육자의 잦은 교체 등도 이러한 정서적 긴장과 불안을 초래하게 하는 원인이 되기도 한다. 자신의 외로움, 관심을 받고 싶은 마음, 불안등에 대한 극복 방법으로 부적응 행동이 나타난다.

(2) 지도방법

① 자신의 능력에 대한 효능감이 낮은 아이, 두려움이 많은 아이, 외부의 높은 기대가 스트레스인 아이라면, 아이가 실수보다는 성공을 더 많이 할 수 있는 과제를 주어 자심감을 키워 주도록 한다. 자기 효능감을 높이기 위해서는 성공할 수 있는 기회가 많아야 한다. 어른이 도와주어 과제를 수행하는 것보다는 아이에게 적합한, 즉 비고츠키의 잠재적 발달수준을 고려한 과제를 단계적으로 제시하여 아이들이 스스로 성취해 낼 수 있도록 지도하는 것이 바람직하다. 아이에게 자율성과 자립심, 자유의 시간을 갖게 하도록 한다.

② 공격적인 감정을 표현할 수 있는 다양한 방법을 알도록 지도한다. 자신의 화나는 감정을 손톱 물어 뜯기가 아닌, 사회적으로 허용가능한 방법으로 표현할 수 있는 방법들을 알고 행동할 수 있도록 한다. 또한 공격적인 성향을 발산할 수 있는 활동을 제공하여 준다. 예를 들면, 신문지 찢기, 신문지 펀치, 풍선 터뜨리기, 쌓은 블록을 손으로 무너뜨리기 등이 있다.

③ 손톱 물어 뜯기 외에 손으로 할 수 있는 활동을 안내한다. '가위질 하기', '집게로 물고기 모형 옮기기' 등의 활동처럼 손톱을 물어 뜯고 싶을 때 할 수 있는 활동으로 발달 수준에 적합한 활동을 제공하도록 한다.

④ 손톱을 계속 물어 뜯게 될 경우 아이에게 나타날 신체변화에 대한 정보를 알려주도록 한다. 간혹 성인은 아이가 손톱을 계속 물어 뜯는 것을 보기 힘들 때면 아이를 혼내게 되는데, 아이가 혼난다고 행동을 그만두는 것보다 그 습관을 더 자극하기 쉽다는 것을 기억하도록 하자. 그보다 손톱을 계속 물어뜯는다면, 아이의 손은 세균감염으로 인해 병원에서 아픈 치료를 받아야 한다든지, 이상한 모양의 손톱으로 변한다든지 하는 정보를 안내하여 아이 스스로 그만 물어뜯고 싶다는 생각을 가질 수 있도록 지도한다.

⑤ 교사는 손톱 물어 뜯는 행위에 대해 자주 지적하기보다 그렇지 않은 경우, 즉 손톱을 물어 뜯지 않으면서 자신이 좋아하는 일에 집중할 때 칭찬해주고 관심을 보여준다.

4. 언어발달과 관련된 부적응 행동

1) 말을 하지 않는 아이

"우리 아이가 말을 잘 하지 않아요. 하지만 가족들과 함께 있는 동안 소통에 아무런 문제가 없습니다."
"또래들과는 어떻게 지내나요?"
"밖에서는 친구들과 있을 때 말을 하지 않고 칭얼거리거나 엄마 옷자락을 자꾸만 끌고 자기가 원하는 것을 해 달라고 조를 때 조금 난감하긴 합니다. 우리 아이와 친구인 그 아이는 엄마에게 소리를 지르든 부탁을 하든 말로 하지, 우리 아이처럼 엄마에게 매달려 무언가를 해 달라고 몸으로 표현하지는 않죠."

말을 할 수 있는 시기가 이미 지났음에도 불구하고, 아이가 말을 하지 않으려 할 때가 있다. 일시적인 기분상태나 불편함 등의 이유 때문일 수도 있지만, 위의 사례와 같은 경우에는 교사나 부모가 물어보는 말에 대답 정도의 '예, 아니오' 외에는 거의 말을 하지 않는 상황이다. 아이는 왜 입을 다물고 말을 하려 하지 않는 것일까?

(1) 아이가 말을 잘 하지 않는 원인

아이들이 말을 하지 않는 이유는 신체적으로 언어장애 때문일 수도 있고, 심리적인 이유 때문일 수도 있다. 첫 번째의 경우에는 청각적 문제, 조음발달 문제, 말을 하기 위한 목구멍이나 입의 기형 또는 뇌 손상이 원인일 수 있으므로 전문적인 의료적 도움을 받아야 한다. 하지만 우리 교재에서 다룰

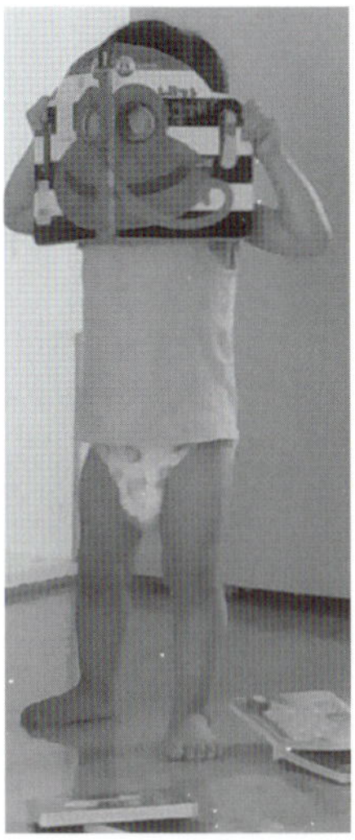

수 있는 범위는 말할 수 있으나 말을 하려 하지 않는 경우의 아이로, 이러한 부적응 행동을 극복할 수 있도록 하는 방안을 마련하고자 하는 것이다. 교사는 유아의 비언어적인 표현방법에 대해 주의를 기울여야 하지만, 유아가 말이 아닌 비언어적 표현으로 자신의 요구가 수용된다면, 유아는 이 방법을 강화하게 될 것이다. 유아가 말로 소통할 수 있는 방법에 대해 격려받지 못하게 되는 것이다(Eva Essa, 정갑순 외, 2010). 구체적 원인에 대해 살펴보자.

① 기관에서의 적응 과정에서 관계 맺기의 어려움 때문에 말을 하지 않을 수도 있다. 이런 경우, 기관에 적응하면서 친숙함이나 편안함을 느끼게 되면 주변 사람들과 긍정적인 관계를 맺게 되고, 동시에 말을 하지 않던 행동은 사라지게 된다.

② 다문화 가정, 이중 언어를 사용하는 가정의 유아일 경우, 우리말을 배우는 데 있어 어려움을 갖게 되어 말을 하려하지 않는다.

③ 아이들이 말할 이유가 없거나 말이 필요하지 않기 때문에 말을 하지 않는 경우이다. 자신의 모든 기대되는 요구를 부모, 조부모, 손위 형제자매나 다른 사람들이 유아가 말을 하기 이전에 충족시켜 주어 정작 아이는 요구할 필요를 느끼지 못한다면 굳이 말을 할 필요가 없게 되는 것이다. 이러한 경우, 부모와의 가정 연계를 통해 유아에게 말이 필요한 상황, 말을 해야 하는 경험을 갖을 수 있도록 해야 한다.

④ 유아의 기질 때문에 말하는 것이 어려울 수 있다. 지극히 내성적인 성격의 아이라면 부끄러움 때문에 말하는 것을 꺼리기도 한다. 교사는 유

아를 외향적인 성격으로 변화시키려 하지 말고, 아이가 안정감을 가질 수 있도록 이해, 수용, 애정, 배려, 인내, 친절함 등으로 대하도록 한다.

(2) 지도방법

① 유아가 말을 하는 상황을 놓치지 말고, 칭찬과 격려를 하도록 한다. 질문을 하거나 요구하는 경우, 가능한 들어주도록 하여 말하기로 인해 자신의 요구가 수용될 수 있다는 것을 알게 한다.

② 정확한 발음, 문법으로 말하지 않는다고 그 자리에서 교정해주지 않는다. 그렇게 되면 아이는 위축되고, 다시 말을 하는 것에는 더 큰 용기가 필요할 것이다.

③ 관심을 얻기 위해 말하는 것을 하지 않는다면, 그 행위에 대해서는 무관심으로 일관하도록 한다. 유아가 교사의 관심을 얻기 위해 교실의 한 모퉁이에 서서 있는다거나, 눈 마주침을 기대하면서 교사가 있는 방향으로 바라보고 있다면, 교사는 관심을 제공하지 않도록 해야 한다. 아이에게 먼저 말을 걸기보다는 아이가 자신의 요구를 교사에게 다가와 말할 수 있도록 한다. 유아가 교사에게 먼저 와서 말을 하려고 한다면 관심을 가지고 대하고, 그 행동에 대해 강화하도록 한다.

④ 유아가 활동하고 있다면 말할 수 있는 상황을 만들도록 한다. 유아가 활동에 집중하고 있을 때, 교사는 가만히 옆에 앉아 있는다. 이후 유아가 하고 있는 활동에 대해 질문을 할 수 있다. 유아가 대답을 말로 한다면 즉시 칭찬을 해주고, 말하기를 꺼려 하거나 침묵을 유지한다면, 그 자리에서 떠나도록 한다. 유아는 교사가 떠남으로 인해 교사의 관심을 얻기 위해서는, 그리고 교사와 함께 하고 싶을 때는 말로 표현해야 한다는 것을 알게 될 것이다.

영유아와의 대화를 격려할 수 있는 교구:
손가락 인형(제작: 숭의여자대학 아동미술보육과 2018학번)

표 5-6 말을 하지 않는 유아의 지도를 위한 관찰 내용

◆ **유아는 자신의 요구를 어떻게 전달하는가?**

- 필요할 때 말을 한다.
- 절대 말하지 않는다.
- 손가락으로 가리키는 등 몸짓으로 표현한다.
- 도움을 청하기보다는 자기 스스로의 해결책을 찾으려 한다.
- 뭔가 필요하면 운다.
- 원하는 곳에 교사를 데리고 간다.
- 원하는 것이 있을 때 부모에게 부탁한다.

◆ **누군가가 대화를 요청했을 때 유아는 어떻게 반응을 하는가?**

- 대답한다.
- 자기에게 말을 건 사람에게서 얼굴을 돌린다.
- 고개를 끄덕임처럼 비언어적으로 반응한다.
- 미소로 답한다.
- 괴롭히는 방법으로 반응한다.
- 자신이 신뢰하는 교사나 친한 친구처럼 오직 한 사람 또는 몇 사람에게만 말하거나 또는 말하지 않고 응답한다.

출처: Eva Essa, 정갑순 외(2010).

5. 도덕성과 관련된 부적응 행동

1) 거짓말

거짓말은 양심 및 도덕성의 하위요소로서, 허위의 발언에 대해 그것이 사실과 다르다는 것을 알고, 그 사실이 허위라는 것을 믿으며, 상대방을 속이고자 하는 의도가 있을 때 거짓말로 간주된다(Stern & Stern, 1909). 유아기에 들어서면서 아이들은 거짓말을 시작하는데, 만 3세는 거짓말을 할 수 있게 되는 중요한 시기라고 볼 수 있다. 거짓말에 성공하기 위해서는 위반한 규칙을 기억하는 능력과 감추기를 원하는 사실의 표현에 대해 언어적·비언어적으로 통제할 수 있는 능력이 필요하다(Talwar & Lee, 2002). 만 3세 이후에는 연령의 증가에 따라 거짓말이 증가되고, 보다 속이려는 의도를 가지며, 정교한 속임 능력을 가지게 되고 만 4~5세에는 만 3세의 거짓말과 질적으로 다른 양상을 보인다(오유리 외, 2008; 김현정·조숙자, 2003; Bigelow & Dugas, 2008; Lewis et al., 1993; Polak & Harris, 1999; Talwar & Lee, 2002; 구슬기, 2010).

(1) 거짓말하는 원인

유아가 거짓말을 하는 원인으로는, 성인의 잔소리가 무서워 자신을 보호하기 위해, 다른 사람에게 자신이 우월하다는 것을 보여주고 싶거나 주목받고 싶을 때, 만 1~2세의 경우에는 상상과 현실세계를 구분하지 못할 때, 부모나 교사가 유아에게 지나치게 큰 기대를 걸거나, 행동에 대해 큰 실망감 등을 보일 경우 아이들은 부모에게 인정 받고 싶어서 거짓말을 한다(최영희 외, 2018: 320).

〈거짓말의 종류〉
① 상상의 거짓말: 공상과 현실의 혼동에 의한 거짓말

② 함부로 지껄이는 거짓말: 탄로가 나더라도 관계없이 행하는 거짓말
③ 주목을 끌기 위한 거짓말: 존재를 몰라줄 때 하는 거짓말
④ 변명의 거짓말: 벌을 피하기 위한 거짓말
⑤ 복수의 거짓말: 분노해 있음으로써 행하는 거짓말
⑥ 이기적인 거짓말: 남을 속여서 이익을 얻기 위해 하는 거짓말
⑦ 충성, 변호의 거짓말: 친구를 구해줄 때 하는 거짓말
⑧ 언어부족에서 오는 거짓말: 아는 단어가 부족하거나 비유하는 능력이 부족해서 하는 거짓말
⑨ 소원 충족의 거짓말: 강력한 요구를 가지고 있을 때 그것을 이미 가진 것처럼 말하는 거짓말

출처: 최지영(2013).

(2) 지도방법(최영희 외, 2018; 조운주 외, 2013)

① 거짓말하는 행동에 대해 거짓말을 한 행동의 원인이 무엇인지 유아와 이야기를 나누어 본다. 교사는 유아가 자신의 거짓말에 대해 이야기할 수 있도록 수용적인 자세와 분위기로 접근한다. 거짓말을 한 자체로 유아를 비도덕적이라 섣부르게 판단하지 않으며, 그 원인이 무엇인지에 대해 아는 것이 더욱 중요하다. 이때 교사는 의도적이고 습관적인 거짓말인지에 대해서도 살펴보도록 한다. 관찰 결과를 토대로 유아가 의식적으로, 고의성을 가지고, 악의적으로 거짓말을 하는지에 대해 분석할 수 있어야 한다. 발달에 따른 '상상에 의한 거짓말, 재미 삼아 하는 거짓말 등'일 경우, 못 들은 척하거나 무시하는 태도를 취할 수 있다.

② "너 또 거짓말하는 거지?" 하고 윽박지르거나 유아를 궁지로 몰지 않는다. 유아가 자신의 상황에 대해 변명할 시간을 갖도록 해 준다.

③ 유아가 자신의 거짓말에 대해 사실대로 말한다면 칭찬해 준다. 솔직하게 말할 수 있는 것은 '용기'가 필요하다는 것을 말해 준다. 실수에 대해서는 벌을 받거나 혼나지 않지만, 의도적인 거짓말일 경우에는 혼날 수 있다는 한계에 대해 분명하게 이야기해 준다.

④ 거짓말에 대해서는 일관성 있는 태도로 부드러운면서도 단호하게 대응한다.
⑤ 거짓말을 자주 하게 되었을 때, 어떠한 일이 생길 수 있는지 알려준다.
⑥ 실수에 대해 수용할 수 있어야 한다. 평소에 유아의 실수에 대해 너그럽게 반응해 준다. 실수에 대한 부모나 교사의 일관성 있는 수용 자세는 유아가 문제가 생겼을 때, 그 상황을 모면하기 위해 거짓말하지 않아도 된다는 것을 스스로 알 수 있도록 해 준다.
⑦ 부모나 교사 역시 아이들과 하는 약속에 대해서는 지킬 수 있는가와 관련하여 신중하게 하도록 한다. 부모의 사소한 거짓말을 아이들은 모델링할 수 있다.
⑧ 유아의 거짓말은 자연스러운 일이라는 것을 부모는 이해한다. 아이들이 거짓말을 하는 것은 자연스러운 현상인데, 부모가 너무 심각하게 받아들이거나 놀라거나 나쁜 아이라고 단정지어버리게 된다면, 아이는 심리적인 충격을 받게 될 수 있다.

2) 도벽

'훔치다', '남의 물건을 남몰래 슬쩍 가져다가 자기 것으로 하다'(네이버 국어사전)

간혹 교육기관에 있는 장난감이나 그림책, 친구가 그린 그림 등을 집으로 가지고 오는 경우가 있다. 부모나 교사 몰래 자신의 가방이나 주머니에 물건들을 넣어가지고 오거나 행동하기 때문에 문제가 발생한 후 즉시 알기보다는 시간이 지난 후 알게 되는 경우가 많아, 부모든 교사든 이러한 상황에서 당황하게 될 수 있다. 특히 '바늘 도둑이 소 도둑된다'라는 속담으로 그 상황을 과민하게 생각하다보면, 아이들의 발달 특성에 대한 이해 없이 다그치고, 이미 '소 도둑'이 된 것으로 몰아가기도 한다. 대부분 이 시기의 아이들은 내 것과 남의 것에 대해 소유개념이 명확치 않고, 도덕성과 관련된 지적 발달 역시 미숙한 상태이다. 그래서 훔치는 행동 자체가 나쁘다고 생각하지 않고, 죄의식도 없는 사람처럼 행동하기도 한다.

유아가 훔치는 행동이 왜 일어나는지 그 원인을 요약하여 살펴보도록 하자(조운주 외, 2013; 서명원 외, 2010/2014).

(1) 도벽의 원인

① 가지고 싶은 마음의 충동 때문이다. 눈앞에 보이는 것에 대한 갖고 싶다는 충동 때문에 순간적으로 몰래 물건을 가져오는 경우이다. 이러한 충동은 원하는 것을 언제나 즉각적으로 얻을 수 있도록 습관화되었거나, 충동조절능력이 발달되지 않았을 때 발생하기도 한다.

② 발달적 특성으로 아직 나와 다른 사람의 소유에 대한 개념이 없기 때문이다. 그리고 다른 사람의 것인 줄은 알지만 그런 행동을 나쁘다고 생각하지 않기 때문이기도 하다. 만 3~4세 유아에게서 자주 나타나며, 단지 가지고 싶은 물건을 숨겨서 가지고 오는 경우이다.

③ 사랑이나 관심을 받고 싶은 마음을 물건을 소유하는 것으로 대신하여 안정을 찾으려 할 때에도 이러한 행동이 나타난다.

④ 훔치는 행동에 대해 적절하고 올바른 지도가 이루어지지 않아, 훔치는 행동이 습관화되었기 때문이다.

(2) 지도방법

훔치는 행동에 있어 지도방법으로 중요한 것은 지나친 꾸중이나 벌로 인해 수치심이나 죄책감을 목적으로 하지 않아야 한다는 것이다. 지도방향은 훔치는 행동이 습관화되지 않도록 하는 것이며, 바람직한 행동과 바람직하지 않은 행동을 인식할 수 있도록 하는 것이어야 한다.

① 훔치는 행동이 충동적이거나 영유아 시기의 사고 발달 특성이 원인이라면 크게 염려하지 않아도 되지만, 그렇다고 그냥 지나치지도 않는다.

아이가 훔치는 행동이 나타났을 때 물건의 소유에 대해서 학습할 수 있는 기회가 될 수 있다. 물건에는 주인이 있고, 남의 것을 가지고 가는 것은 바른 행동이 아니라는 것을 알려준다.

② 충동조절이 어려워 훔치는 행동을 한다면 참을 수 있는 습관을 길러주도록 하고, 충동조절이 어려운 원인이 정서적 불안이나 심리적 갈등에 있다면 부모와 교사의 관심과 사랑, 존중받고 있다는 느낌을 받을 수 있도록 자주 칭찬과 격려를 해주도록 한다.

③ 소유에 대한 개념을 알고 있으면서도 다른 사람의 물건을 가지고 갔다면, 부모와 함께 직접 돌려주도록 한다. 부모가 아이와 함께 친구를 만나 사과한 후, 돌려주는 모습을 보게 되는 것 역시 좋은 교육적 효과를 갖게 될 것이다. 만일 물건이 망가졌다면, 부모가 먼저 배상을 하되, 유아가 부모와 함께 잘 할 수 있는 일을 하여 배상액을 부모에게 갚을 수 있는 방법을 마련하도록 한다.

④ 아이의 훔치는 행동이 나타났을 때, 가족관계에 대해 그리고 정서적인 부분에 대해 생각해 보도록 한다. 가족관계가 안정적인지, 아이의 생활에 커다란 변화나 스트레스 요인은 없는지를 먼저 점검해 보도록 한다.

6. 성(性)과 관련된 부적응 행동

1) 성기를 만지고 노는 아이, 자위행위를 즐기는 아이

(조운주 외, 2013; 서명원 외, 2010/2014; 하수연 외, 2017)

유아들 중 바지 속에 손을 넣어 자신의 성기를 만지작거리거나, 계단이나 책상 모서리 등에 성기를 문지르기도 하고, 이불이나 베개 등을 다리에 끼우고 성기를 누르는 등의 자위 행동으로 부모나 교사를 놀라게 하는 경우가 있다. 프로이트(Freud) 이론에 의하면 4~6세는 남근기로 남자, 여자에 대한 신체적 차이에 관심을 가지고 자신의 성에 대한 정체성을 갖게 되는 시기이기도 하다. 자위행위는 여아보다는 남아에게 자주 나타나는 경향이 있다. 영유아기의 성교육은 건전한 자아와 성에 대한 바른 태도를 갖도록 하여, 결론적으로 유아가 행복한 삶을 살도록 하는 데 그 목적이 있다.

(1) 성(性)에 대한 부적응 행동의 원인

① 유아는 자신의 신체를 탐색하는 행위로 자신의 성기를 만질 수 있다. 그러다가 우연히 갖게 된 특별한 느낌과 좋은 느낌이 습관화로 이어지고, 놀이처럼 되기도 한다.

② 이와는 반대로 정서적으로 불안하거나 사랑과 관심을 받고 싶을 때, 놀이를 통해 즐거움과 만족을 느끼지 못할 때에도 이러한 행동은 나타날 수 있다.

③ 성인이나 TV 등 매체를 통해 성행위를 보고 모방하는 경우가 원인이 되기도 한다.

④ 영아기에 부모가 너무 자주 씻어 주어 성장하면서 자극이 쾌감이 되어 느껴지는 경우이다.

⑤ 꼭 끼는 바지를 입어서 성기에 압박이 되어 자극이 된 경우 때문일 수 있다.

(2) 지도방법

영유아의 자위행위를 부모나 교사가 보았을 때 가장 중요한 점은 영유아기 발달상 자연스러운 행동일 수 있다는 것을 인정하는 것이다. '나쁜 아이', '이상한 아이'로 단정짓거나 혼내고, 부끄러운 행동을 한 사람으로 취급한다면 유아의 호기심을 자극하는 이유가 되고, 결과적으로는 보이지 않는 곳에서 몰래 그 행동을 반복하게 될 것이다. 교사는 유아가 성적 행위를 하는 이유에 대해 함께 이야기해 보고, 성교육을 계획하여 실행할 수 있도록 한다.

① 어른들은 유아의 성적 행위를 부끄럽게 여기거나, 유아가 죄책감을 갖게 하는 언어나 행동을 하지 않는다. 자신의 행동을 몰래 숨어서 하는 원인이 되기도 한다.

② 손으로 할 수 있는 활동으로 관심을 다른 곳으로 유도한다. 혼자서 놀거나 심심하지 않도록 하고, 손으로 할 수 있는 다른 활동으로 관심을 바꾸어 준다.

③ 성기의 중요성에 대한 교육을 한다. 성기는 중요한 신체의 일부이며, 손으로 함부로 만지게 되면 세균이 생겨 위험할 수 있으므로 스스로 행동을 그만둘 수 있도록 지도한다. 성교육은 아주 어린 시기부터 가정의 일상생활 속에서 시작되는 교육의 하나이며, 끊임없이 계속되는 교육이기도 하다.

④ 유아의 몸이 반응하거나 관심을 갖는 것은 자연스러운 현상이라는 것을 유아 스스로도 받아들일 수 있도록 안내한다. 우리나라는 자위행위 자체보다 그 행위는 '하지 말아야 할 것', '해서는 안 되는 행동'으로 인식하고 있기 때문에 성인부터 사고의 전환이 필요하다. 이 시기에는 유아가 성기를 만지는 행동보다는 아이가 좋아하는 적절한 운동이나, 원만한 또래관계 등에 관심을 기울일 수 있도록 도와준다.

⑤ 성인의 관심을 끌기 위한 행동이 원인이라면 무시한다. 주변 사람들이 하지 못하게 하거나, 놀라는 행동을 보인다면 유아는 더 우월감과 재미를 갖게 되기 때문에 무시하는 태도를 보이는 것이 좋다. 그러한 행동으로 교사의 관심을 끄는 것은 도움이 되지 않는다는 것을 알게 되면, 행동을 중단하게 될 것이다.

⑤ 부모나 교사의 애정을 바라는 이유로 부적응 행동이 나타나는 경우라면, 아이의 이야기를 잘 들어주고 적극적으로 애정표현을 해주도록 한다.

7. 미디어 사용과 관련된 부적응 행동

1) 미디어 중독

2015년 타이완 의회는 2세 미만의 영아가 스마트기기 사용을 하지 못하도록 하는 법을 통과시켰다는 CNN 보도가 있었다. 유아들은 스마트기기를 새로운 놀잇감으로 접하게 되고, 일상생활에서 자연스럽게 스마트 기기를 사용하게 된다. 화면을 터치하기만 하면 되는 스마트기기는 유아들에게 접근의 용이성을 제공하며(이주연, 2011), 직접 만지고 조작하는 것을 좋아하는 아이들에게는 손가락으로 터치하기만 하면 화려한 화면과 다양한 반응들을 제공하는 스마트기기는 신기하고 매력적인 놀잇감이 된다(현소리, 2016).

유아의 스마트기기 사용은 유아의 일반적 특성 및 환경적 특성과 관련한다. 첫째 아이나 외동 유아는 부모에게서, 둘째 및 셋째 유아는 주로 손위형제에게 게임을 배우고 함께한다고 보고하고 있다(방효국, 2013). 2013년 육아정책연구소에서 실시한 아동의 스마트폰 실태 조사를 살펴보면, 주 양육자가 스마트폰을 이용하는 시간이 많을수록 아동은 스마트폰에 일찍 노출되고 스마트폰 사용시간도 많았으며, 부모가 미디어 사용이 정서발달과 정신건강에 미치는 영향과 예방에 대해서 잘 인지할수록 자녀의 스마트폰 이용시간은 적게 나타났다(이정림, 2013). 최근 스마트폰 사용이 대중화 및 일상화됨에 따라 가구당 스마트폰 보유율은 증가 추세이며, 만 3세 이상 인구 중 모바일 인터넷 이용자 비율은 88.5%로 조사되었다. 연령별 모바일 인터넷 이용자 비율을 살펴보면, 만 3~9세는 63.8%이고, 유·아동 보호자의 주 연령으로 볼 수 있는 30대와 40대는 각각 99.7%, 99.3%로 나타났다(2017년 인터넷이용실태조사, 과학기술정보통신부·한국인터넷진흥원). 이와 더불어 스마트폰 과의존의 위험성 역시 커지고 있는데, 특히 최근 3년간 연령별 과

의존 위험군의 변화를 살펴보면, 유아동의 과의존 위험률이 가장 큰 폭으로 증가함에 따라 저연령층의 과의존 예방의 필요성 및 보호자(부모, 교사 등) 지도의 중요성이 증대되고 있다(2017년 인터넷이용실태조사, 과학기술정보통신부 · 한국인터넷진흥원).

즉, 미디어의 기술적 특성, 방임적인 양육태도, 영유아 교육현장에서의 미디어 활용증가 등으로 인해 영유아들이 미디어에 노출되는 시간이 갈수록 늘어나면서 미디어 중독의 원인이 되고 있다(서현아 외, 2016).

유아기는 특성상 외부 환경자극에 큰 영향을 받을 수 있고, 적은 자극에도 중독되기 쉬운 중독 취약성을 가지고 있으며, 자신을 스스로 자제하기 어려우므로 유아들의 몰입현상이나 중독을 방지하기 위해서는 올바른 이용 습관을 기르는 것이 무엇보다 중요하다. 미디어 중독의 근본적인 원인은 미디어 사용량의 증가라기보다 올바른 미디어 활용과 미디어 중독예방을 위한 교육이 제대로 이루어지지 않아 무분별한 미디어 사용으로 이어지는 것 때문이다(서현아, 2016).

스마트미디어의 무분별한 과사용은 유아의 여러 발달에 부정적인 영향을 줄 수 있다. 오랜 시간 스마트기기를 사용하는 유아들은 어깨, 목, 손가락, 손목 등에 통증이 나타나고, 눈의 충혈, 안구 건조증, 시력저하와 같은 눈 질병을 유발시키는 등 유아의 신체발달에 부정적인 영향을 미치거나 인지발달 역시 부정적인 영향을 미칠 수 있다.

2) 지도방법(황선희, 2015; 박성옥 외, 2003)

- 하루 중 컴퓨터나 스마트미디어를 볼 수 있는 시간, 켜고 끄는 시간을 일정하게 정하고 꼭 지키도록 한다.

- 부모님과 함께 있는 동안만 스마트미디어를 사용하되, 혼자서 있는 동안에는 사용하지 않는다.
- 바깥놀이나 규칙적인 운동 등을 한다. 모니터 등 화면보다 바깥 풍경을 볼 수 있도록 한다.
- 미디어를 사용하면서 식사하지 않는다.
- 교사는 컴퓨터와의 다양한 경험과 활동을 통해 불안감을 감소시키고, 컴퓨터 활동을 하나의 놀이로써 즐겁게 상호작용하는 모델을 보여 준다.
- 유아의 내적 동기 유발을 촉진시키고, 발달적·문화적·지시적으로 적합한 소프트웨어를 선택하여 제공한다.
- 컴퓨터 소프트웨어를 현 교육과정에 통합시키는 데 있어서 창의적이고 계획적인 구성을 해야 한다. 또한 아동이 건강한 네티즌으로 성장하기 위해 부모와 교사는 컴퓨터와 관련된 환경적 요소, 보호단체, 법적 규제들을 이해하고 실천해야 한다.

표 5-7 스마트 폰 쉼(R·E·S·T): 스마트폰 바른 사용 실천 가이드

	• 1단계(R): 스마트폰 과의존 문제인식(Problem Recognition) • 2단계(E): 과의존 척도를 활용한 사용 상태점검(State check) • 3단계(S): 바른 사용 실천 방안 및 대안 제시(Suggest an alternative) • 4단계(T): 가족, 친구 등 주변 사람과의 관계 형성 강화(Connect)
R	1. 만 2세 전에 아이가 스마트폰 자극에 노출되지 않게 지도해 주세요. 아이 앞에서는 가능한 스마트폰을 사용하지 않도록 노력해 주세요. 2. 지나친 스마트폰 사용은 건강에 해롭다는 점을 가르쳐 주세요.
E	3. 아이와 보호자의 사용 습관을 함께 점검해 보세요.
S	4. 이른 시기에 노출됐다면, '서서히'가 아니라 '단번'에 끊는 것도 방법입니다. '일관적인' 태도로 '단호하게' 스마트폰에서 멀어지도록 지도해 주세요. 5. 안전하고 바른 사용을 위해, 스마트폰의 유해요소를 정리해 주세요. 불필요한 앱은 삭제하고, 보호자용 앱은 잠금(암호) 기능을 설정해 주세요. 자녀 사용관리 프로그램을 활용해 보세요. 6. 건강을 위해, 바른 사용 자세를 습관화해 주세요. 스마트폰 사용 자세를 바르게 하고, 사용 후 스트레칭 하는 습관을 만들어 주세요. 7. 교육용 '앱'보다는 '책'을 읽어주세요.

	8. 사용규칙은 아이의 발달 단계에 맞게 '구체적'으로 정하세요. 거실 등 열린 공간에서 보호자와 함께, 1회 10분 등 우리 가정만의 규칙을 정해주세요. 아이가 사용 규칙을 지키면 반드시 충분하게 칭찬해 주세요.
T	9. 아이의 오감을 꾸준히 자극시켜 주세요. 아이가 원하는 시간에 함께 공감하며 재미있게 놀아주세요.
	10. (보행 · 이동 시) 안전한 외출, 보호자의 손은 아이에게 '생명의 손'입니다. 보행 중에는 스마트폰을 가방이나 주머니에 넣어두고 자녀의 손을 꼭 잡아주세요. 이동하는 동안 수시로 아이와 다양한 대화를 나누며 관심을 표현해 주세요. 11. (공공장소 등) 안전한 외출, 부모가 먼저 스마트폰으로부터 자유로워지세요. 외출 시는 아이의 안전이 우선! 스마트폰을 가방에 넣어주세요. 식당 등에서는 함께 놀이할 수 있는 색종이와 색연필 등을 활용해 보세요.

출처: 스마트쉼센터(www.iapc.or.kr): 스마트폰 바른 사용 실천 가이드 - 영유아(0-5세) 보호자용.

표 5-8 유아 스마트폰 중독 체크리스트

번호	문항	전혀 그렇지 않다	그렇지 않다	그렇다	매우 그렇다
		1	2	3	4
1	식사나 휴식 없이 화장실도 가지 않고 스마트폰을 해요.				
2	스마트폰을 하다가 그만두면 또 하고 싶어서 조를 때가 많아요.				
3	스마트폰을 못하게 하면 초조해하고 안절부절 못해요.				
4	스마트폰을 하고 있을 때만 흥미진진해 보이고 생기가 있어 보여요.				
5	스마트폰을 안 할 때는 다른 것에 집중하지 못하고 불안해 보여요.				
6	다른 할 일이 있는데도 스마트폰만 가지고 놀아요.				
7	스마트폰을 못하게 되면 지루하고 재미없어 해요.				
8	스마트폰을 하는 시간이 하루 중 가장 편안해 보여요.				
9	과다한 스마트폰 사용으로 학습에 집중하지 못하고 산만함을 보여요.				
10	스마트폰 사용으로 생활이 불규칙해졌어요.				
11	정해진 시간만 사용하겠다고 약속하지만 대부분 약속을 지키지 않아요.				
12	스마트폰을 하느라 아이의 체중이 변한 것 같아요.				

13	스마트폰을 못하게 하면 화를 내거나 짜증을 부려요.				
14	정해진 사용 시간을 지키지 않아요.				

☞ 29점 이하라면?: 스마트폰을 적절하게 사용하고 있는 일반 사용자에 속해요. 하지만 스마트폰 중독은 늘 경계하는 것이 필요해요.
☞ 29점에서 43점 사이라면?: 스마트폰 중독으로 이어질 수 있는 잠재적 위험 사용자군에 속해요. 스마트폰 중독을 예방할 수 있도록 더욱 세심한 관리가 필요해요.
☞ 44점 이상이라면?: 스마트폰 중독이 심한 고위험 사용자군에 속해 전문가의 도움이 필요해요.

출처: 한국정보문화진흥원 인터넷중독 대응센터

〈인터넷 중독 장애(IAD)와 신조어〉

◆ 인터넷 중독 장애(IAD): 인터넷을 하지 않으면 금단 현상과 일상생활 장애 등의 증상을 보이는 질병
◆ 스몸비(Smombie): 스마트폰만 들여다 보는 행동
◆ 팝콘브레인(Popcorn Brain)
① 뇌 구조가 변형된 상태
② 디지털기기에 몰두하게 되면서 현실 적응에는 둔감한 반응을 보이도록 변형된 뇌구조
③ 팝콘처럼 곧바로 튀어 오르는 것처럼 즉각적인 현상에만 반응할 뿐, 다른 사람의 감정 또는 느리고 무던하게 변화하는 현실에는 무감각
④ 매일 습관처럼 컴퓨터 및 스마트폰 등 각종 디지털기기를 손에서 놓지 못하고, 사람과의 관계보다 스마트폰을 더 좋아하게 됨
⑤ 인터넷 장시간 사용자의 뇌를 MRI 촬영 후 분석한 결과 인간의 뇌에서 생각 중추를 담당하는 회백질의 크기가 줄어들었음. 최근 들어 유투브를 비롯, 장시간 영유아들이 '인터넷 중독'이라는 위험에 노출되고 있음.
⑥ CNN전문가의 의견을 인용하자면, 팝콘브레인을 막는 방법으로 '인터넷 사용시간을 2시간 이내로 줄이기, 최소 2분간 창밖 응시하기, 오후 6~9시까지 온라인에서 해방된 자유시간 만들기, 친구나 주변 사람들에게 문자나 메일 대신 전화하기 등'을 제안

출처: 네이버지식백과 시사상식사전, pmg 지식엔진연구소.

만 4세 '생활주제: 기계와 도구' 활동결과물

CHAPTER 06

부적응 행동의 지도

부적응 행동이란 사회적 통념이나 기준, 그들의 발달 상태를 벗어난 행동으로써 다른 사람과 나 자신에게 피해를 주는 행동을 말한다. 부적응 행동에 대한 교육의 목표는 사회적으로 수용될 수 있는 행동으로 영유아를 지원해주어 사회에 적응하며 살아가도록 하는 것이다.

부적응 행동에 대한 관점 역시 '처벌과 훈육'에서 '긍정적인 생활지도('가이던스'에 기초한)'로 변화해야 한다. 즉, 생활지도는 부적응 행동에 대해 사회에서 인정받을 수 있는 방법으로 안내하는 것, 문제를 해결할 수 있는 방법으로 코칭해 주는 것, 아이들에게 쌓인 것을 참으라고 가르치는 것이 아닌 쌓인 것을 풀어주려 하는 것으로 변화되어야 한다.

부적응 행동	생활지도로의 변화
작업을 하다가 하기 싫다고 교구를 던지거나 교재를 찢어버린다.	"그만 할래요, 그만 하고 싶어요", "나중에 하고 싶어요", 언어표현으로 안내한다.
동생과 놀고 있는 엄마를 보면 소리를 지른다.	"엄마, 나도 같이 놀아요. 나랑도 같이 놀아주세요"라는 언어표현을 지도한다.
언어표현의 어려움으로 갖고 싶은 물건이 있으면 손을 잡아끈다.	손가락으로 포인팅을 하게 한다거나 본인이 원하는 그림카드를 가져오게 한다.

출처: 고양보육교사교육원(2015: 87).

부적응 행동을 지도하기 위해 무엇보다 중요한 것은 영유아를 존중하는 마음이 우선되어야 한다는 것이다. 그러기 위해서는 영유아의 부적응 행동에 대한 교사의 관점 역시 변화해야 하는데, 부적응 행동에 대하여 교사는 다음과 같은 점을 고려하도록 한다(Dan Gartrell, 이은해 외 역, 2008: 129).

- **나쁜 아이는 없다.**
  심각한 문제를 보이는 아이들은 그 문제를 해결하기 위해 우리의 도움을 필요로 하고, 그것을 자신이 아는 행동으로 표현하고 있는 것이다.
- **심각한 부적응 행동을 자주 보이는 유아는 다른 아이들을 좋아할 수가 없기 때문에 신중한 성인의 도움이 필요하다.**
- **교실에서 심각한 부적응 행동을 보이는 유아는 자신의 삶에서 교실이 가장 안전한 장소라고 생각할 수 있다.**
  아이들은 자신의 문제에 대해 자신이 할 수 있는 방법으로, 심지어는 부적응 행동을 통해서 도움을 요청하고 있다는 것이다. 교사가 유아의 부적응 행동에 대해 가장 안전한 장소마저 빼앗고 있는 것은 아닌지 생각해 보자.
- **부적응 행동이 심할수록 지원방법은 포괄적인 방법으로 이루어져야 하고, 교사에게 도움을 줄 수 있는 사람도 늘어나야 한다.**
  부적응 행동이 심할수록 동료 교직원, 외부 전문가, 가족 등의 참여와 협조는 무엇보다 중요하다.
- **반복적으로 공격성을 보이거나 극단적인 행동을 하는 아이들은 또래와 성인에게 낙인찍힐 위험이 있다.**
  아이들에게 이러한 낙인은 다른 사람에게 자신이 거부된다는 패턴으로 내면화되어 일생동안 사회적·정서적 어려움을 겪게 되기도 한다(Nansel et. al, 2001).
- **교사는 부적응 아이들에게 다가가 그들의 삶을 바꾸도록 도와 줄 수 있는 힘이 있다.**

아이들과 안정적인 애착을 형성하고, 또래들과 관계 맺을 수 있도록 도우며, 민주적인 생활방법을 가르침으로써 사회의 구성원이 될 수 있도록 도울 수 있다.

기관에서 보게 되는 많은 갈등에 대해서도 갈등을 교육적으로 해결하고 학습의 기회로 이용할 수 있으려면 갈등에 대한 관점과 갈등해결 방법이 다음과 같이 변화되어야 한다(안영진, 2007).

첫째, 갈등은 잘못된 것이지만 중요한 학습의 기회가 될 수 있다.
둘째, 유아는 잘못되지 않았다. 다만 유아는 갈등을 다루는 방법을 배워야 한다.
셋째, 갈등을 바로잡는 것은 교사의 책임이 아니다. 그 대신에 교사는 유아가 갈등을 긍정적인 감정으로 바꾸도록 도와주고, 유아의 행동이 긍정적으로 변화될 수 있다고 믿어준다.
넷째, '갈등을 긍정적인 감정으로 바꾸는 것'은 교육과정의 일부로서, 유아들에게 계획적이고 직접적으로 가르칠 수 있고 가르쳐야 한다는 것을 교사는 자각하고 있어야 한다.

교사가 유아들이 갈등을 긍정적인 감정으로 변화시키도록 돕기 위해서는 우선 교사가 자신의 마음을 변화시켜야 한다. 갈등과 그 해결책을 어떻게 볼 것인가, 방해하는 행동과 훈육을 어떻게 볼 것인가, 갈등 상황에서 교사의 역할과 유아의 역할을 어떻게 볼 것인가 등에 대해서 마음과 생각을 바꿔야 한다.

1. 부적응 행동의 원인

영유아들이 부적응 행동을 하는 원인은 다양하다. 그렇지만 어떤 행동은 예측이 가능하여 주의를 기울이면 발생률을 감소시킬 수도 있다. 영유아들이 부적응 행동을 하는 원인에는 어떠한 것이 있는지 살펴보자(기순신 외, 2012/2014).

① 유아는 지루할 때 잘못된 행동을 한다. 기관에서의 작업이나 놀이에 싫증이 나거나 할 일이 없거나 하는 이유로 잘못된 행동을 한다. 교사는 하루 일과에 대한 계획 점검, 실내 외 환경의 변화 등을 고려하여 아이들이 싫증보다는 새로운 활동에 대한 기대로 생활할 수 있도록 한다.

② 유아가 느끼는 좌절감과 긴장이 유아의 부적응 행동을 만들기도 한다. 유아 개인차를 고려하지 않는 지적인 과업이나 부자연스러운 행동을 교사가 요구할 때, 집단활동에서 자신의 의견이 반영되지 않고 집단을 우선으로 생각해야 할 때 등 여러 가지 상황에서 아이들은 좌절감과 긴장을 겪는다.

③ 영유아는 타인의 관심을 끌기 위한 수단으로 잘못된 행동을 하기도 한다. 이럴 때는 잘못된 행동에 대한 훈육보다 교사의 관심을 얻을 수 있는 행동이 무엇인지에 대해 지도하는 것이 바람직하다. 바람직한 행동, 교사의 관심을 끌 수 있는 행동의 기준 역시 영유아 개개인에 따라 다양하고 융통성 있게 하는 것을 고려한다.

④ 피곤하고 불편할 때 부적응 행동을 자주 보인다. 피로와 불편함을 영유아나 교사들로 하여금 통제력을 잃고 공격적으로 행동하게 하며, 규칙을 무시하여 부적절한 행동을 하도록 한다.

⑤ 영유아는 다양한 반항의 이유로 부적응 행동을 하기도 한다.

영유아 반항의 이유로는, 영유아에게 권위 있는 인물에 대해 애정과 존중보다는 분노와 경멸을 느낄 때, 영유아에게 부과되는 규칙이나 기대에 맞게 생활하기가 지나치게 힘든 상황일 때, 영유아에게 규칙이 일관성이 없고 위협적일 때, 영유아 자신이 곤란한 처지에 놓여 있어 낙담하거나 우울할 때이다.

2. 부적응 행동의 지도방법

영유아가 부적응 행동을 보이는 원인을 살펴보았는데, 이러한 행동을 지도하기 위한 일반적인 생활지도 방법은 다음과 같다(기순신 외, 2012/2014).

① 교사가 어느 곳에서든 '함께 있음'을 알게 한다. 영유아들에게 기관 내에서 일어나고 있는 모든 활동들에 대해 교사가 잘 알고 있고, 그래서 아이들과 항상 함께 하고 있다는 것을 알게 한다.

② 부적응 행동에 대해 훈육할 때는 '행동 자체'에 대해서만 한다. 명백하고 확고한 기준에 따라 그릇된 행동 자체에 초점을 두고 훈육하도록 한다. 교사의 감정에 이끌려 화를 내는 것은 피하도록 한다.

③ 부적절한 행동은 긍정적인 행동으로 대체하여 행동할 수 있도록 사려 깊게 전환시킨다. '하지마!'보다는 '이렇게 해보도록 하자, 이런 방법이 있단다, 다음에는 이렇게 해보도록 하자'로 생활지도의 방향을 바꾸도록 한다.

④ 규칙은 함께, 지킬 수 있도록 만든다. 교사가 혼자 만든 규칙은 규칙이 아닌 '명령'이 된다. 기본적인 규칙을 알게 하기 위해서는 유아와 함께 다양한 활동들을 통해 하나씩 만들어 실천하고, 평가해 보는 과정이 필요하다. 규칙은 간단하고 일관성 있게 만들어 이해하고 기억할 수 있도록 한다.

⑤ 교사는 유아에게 기대하는 행동에 대해 분명하게 안내한다. '바르고,

착하게'보다는 무엇을 어떻게 해야 할지에 대해 구체적인 행동에 대해 이야기한다.

> · 아기를 만질 때는 (유아의 손을 아기몸에 살짝 가져다 대고 부드럽게 쓰다듬으면서) '예쁘다' 하고 만져주는 걸 아기는 좋아해.
> · 두 손으로 컵을 잡으렴.
> · 엉덩이를 의자에 붙이고, 발은 바닥에 붙여 앉도록 하자.
> · 앞의 친구가 끝까지 미끄럼틀을 내려 간 다음에 올라가서 타면 돼.

⑥ 교사가 영유아에게 기대하는 모든 기대치와 규칙의 실행은 합리적인 수준에서 융통성과 일관성이 있어야 한다.

⑦ 교사는 영유아에게 끊임없이 관심을 주도록 한다. 교사의 지속적인 관심은 유아가 자신을 신뢰하고, 긍정적인 자긍심과 자존감을 갖도록 하는 데 도움을 주기 때문이다.

레들과 와튼버크(Redl & Wattenberg)는 효과적인 집단행동에 대한 통제기법을 자기통제의 지원, 상황적 원조, 현실과 가치평가라는 세 가지 측면으로 설명하였다. 이 장에서는 레들과 와튼버크가 제시한 기법과 함께 다양한 갈등상황에 대한 부적응 행동을 지도할 수 있는 전략에 대해 자세히 알아보고자 한다(안영진, 2007).

1) 자기 통제를 위한 지원

유아가 자기 자신의 잘못된 행동에 대해 스스로 통제할 수 있도록 지도하는 것이다.

(1) 신호

교사는 문제행동을 하려고 하는 유아에게 신호를 보냄으로써 문제행동 발생을 방지할 수 있다. 신호가 성공적으로 전달될 때 유아는 스스로 자신의 행동을 통제할 수 있을 것이다. 이 방법은 문제행동의 초기 단계에서만 효과적이다.

예시)

① 헛기침을 한다.
② 문제행동을 일으키는 유아를 주시한다.
③ 말을 하다가 도중에 멈추고 응시한다.
④ 옳지 않다는 것을 나타내는 뜻으로 고개를 내젓는다.
⑤ 누군가가 집중할 수 없게 만들고 있다라는 식으로 말해준다.

(2) 접근

문제를 일으키는 유아에게 교사는 조용히 다가간다. 이 방법은 위의 신호를 이용한 통제지원을 좀 더 명확하게 나타내는 방법이다.

예시)

① 걸어가서 유아 옆에 선다.
② 어깨에 가볍게 손을 얹어 준다.
③ 머리를 가볍게 쓰다듬어 준다.
④ 등을 가볍게 두드려 준다.

(3) 문제행동에 대해 관심을 두기

초기 문제행동에 관심을 나타내는 것이다. 문제가 될 수 있는 행동을 수업과 관련시켜 신호를 보내는 방법이다.

예시)

① 수업과 관련되는 것을 유아에게 질문한다.
"경빈아, 듣고 있니?", "경빈이는 이렇게 생각하지 않니?"
② 유아가 하고 있는 것을 다가가서 살펴 본다. 그리고 나서 그것에 대해 관심을 보이며 계속적인 노력에 대해 격려하면 더욱 효과를 높일 수 있다.

(4) 유머

유머는 가장 훌륭한 기법 중 하나이다. 특히 긴장된 상황에서는 가장 효과이다. 유머는 유아를 비꼬거나 비아냥거리는 것이 아니라 부드럽고 자애를 기반으로 한 것이어야 한다.

예시)
"신우야, 제발 불쌍한 연필을 혼자 있게 해 줘. 지금 연필이 "나 좀 도와주세요" 하는 소리가 선생님 귀에는 들리는 것 같구나."

2) 문제가 되는 상황을 통제

문제가 될 수 있는 상황을 사전에 통제할 수 있도록 한다.

(1) 실행 수준에 적절치 않은 과제에 대한 조절

어떤 문제행동은 유아들이 스스로 해야 하는 것을 확실히 이해하지 못하거나 또는 혼자서 과제를 수행하기에는 능력이 부족하기 때문에 발생한다.

예시)
① 유아가 무엇을 해야 하는지 또는 할 수 있는지에 대해 분명히 알 수 있도록 한다.
② 적절한 수준의 과제를 통해 유아가 혼자서 할 수 있도록 한다.
③ 유아가 할 수 있는 다양한 활동을 준비해 준다.

(2) 일상적인 일을 구조화하기

교실에서의 문제나 집단생활 적응의 어려움들은 단순하게도 유아들이 자신에게 무엇을, 어떤 행동을 기대하는지 명백하게 구조화해 놓지 않았기 때문에 발생하기도 한다.

(3) 제지

유아가 자기 자신이나 다른 유아들에게 위험할 정도로 자신을 통제하지 못할 때 교사는 제지해야 할 경우가 있다. 이 때의 제지는 어린 유아에게 효과적인 방법으로 처벌이 아닌 보호적인 의미에서 이루어져야 한다.

예시)

한 소년이 매우 화가 나서 다른 유아를 때리려 한다면, 아이를 부드러우면서도 단호하게 다른 유아들로부터 떼어 놓고 그를 의자에 앉힌 다음 그의 어깨에 손을 얹는다.

(4) 문제행동의 원인제거

유아의 문제행동이 반복적으로 일어난다면, 그것이 어떤 물건이나 또래 때문이라면 유아로부터 문제행동을 야기시키는 원인을 멀리 배치시키거나 제거하도록 한다. 또한 유아가 문제행동을 일으키는 원인이 교실 내에 있다면 흥미영역의 구성이라든지 교실 내 환경 조건에서 문제가 될 만한 것을 제거하고, 예상되는 문제행동을 통제할 수 있도록 반복하여 강조함으로써 부적응 행동의 빈도를 줄일 수 있다.

예시)

① 유아교육기관에서 유아가 게임기, 그림책, 장난감 등과 같은 것을 가지고 놀기에만 집중한다면 그것을 아이가 보이는 곳에서 멀리 놓아두거나 제거하도록 한다.
② 방송국에 견학을 하려고 한다면 미리 문제가 될 사항에 대해 주의사항을 일러 주고, 중요한 내용은 자세하면서도 반복적으로 강조한다.

3) 현실에 대한 가치평가

부적응 행동을 하는 유아에게 그들이 하고 있는 행동의 결과에 대해 생각해보는 능력을 강화시켜 문제행동의 빈도를 줄이는 방법이다.

(1) 직접적 호소

유아에게 자신의 행동에 대한 결과가 어떻게 나타날지를 미리 알 수 있도록 지도하는 것은 좋은 방법 중 하나이다. 어떤 것을 해야 할지에 대하여 직접 안내하되, 간결하게 말하고, 자주 사용하지 않는 것이 효과적이다.

> 예시)
> "모두들 조용히 하면 이 일을 좀 더 빨리 끝내고 나가서 놀 수 있을 거야."

(2) 비평과 격려

간혹 특정한 유아를 훈육해야 할 때가 있다. 이런 경우에는 개별적으로 불러서 훈육하는 것이 바람직하다. 이 외에 다른 유아들에게 본보기를 보여주어야 하는 상황에서 공개적인 꾸중을 해야 하는 경우라면, 유아를 조소하거나 경멸하지 않도록 최선을 다해야 한다. 공개적으로 유아를 꾸중하게 된다면, 유아교육기관에 가기 싫어하도록 할 수 있고, 때론 반항을 하게 하거나 위축감을 느끼게 할 수도 있다. 훈육(꾸중) 후의 부정적 효과를 줄이기 위해서는 좀 더 긍정적인 행동으로 대처할 수 있는 방법에 대해 힌트를 주거나 격려를 해주는 것이 좋다.

(3) 한계의 설정

규칙과 규율에 대해 배울 때 유아들은 그 한계를 시험해 보는 경향이 있다. 걷고, 말하고, 사물을 다루는 방법을 알게 되는 2~3세가 되면 아이들은 자신의 독립심을 시험해보고 싶은 충동을 느낀다. 유아교육기관에서도 마찬가지이다. 특히 새로운 교사와 새로운 상황을 접했을 때는 더욱 그렇다. 한계를 설정하는 것은 규칙을 확립하는 것뿐만 아니라, 그 규칙을 실행하는 것에도 적용된다.

예시)

① 일반적으로 반 규칙을 유아와 함께 설정하거나 상황에 따른 구체적인 규칙에 대해 계획한다.

② 어떤 유아가 규칙의 한계에 대해 시험하고 있다면, 즉 규칙에 어긋나는 행동을 하면서 그렇게 해도 괜찮은 것인가 하는 생각을 하고 있을 수 있다. 이런 경우, 규칙이 실제로 적용되고 있으며, 해도 되는 일과 하면 안 되는 일 즉, 한계에 대해 점검해 주고, 한계를 넘어 문제행동을 하면 안 된다는 것을 알려주도록 한다.

(4) 상황에 대한 사후 검토

교실에서의 통제가 가끔은 고조된 감정으로 표현되거나 긴장된 분위기에서 이루어져 유아들에게 긴장과 불안감을 조성할 수 있다. 이런 경우에 한 사람의 개인에게 해당되면 사적으로, 그리고 집단적 상황에서 이루어진 경우는 전체 유아들과 함께 그 상황에 대한 사후가 어떻게 될지에 대해 논의할 수 있다.

예시)

"진우야, 아까는 너를 교실 밖으로 나가게 해서 미안해. 하지만, 교실에 네가 있었으면 너는 너무 감정이 격해서 감정조절이 잘 안되는 것 같았어. 교실에 네가 있었으면 어떻게 되었을지 다시 생각해 보자."

"진우야, 다음에도 같은 상황이라면 어떻게 하는 게 좋을지 다시 생각해 보자."

(5) 행동에 대한 해석의 활용

유아의 행동에 대해 분석하는 것이 때로는 유아가 행동하고 있는 동안에도 이루어질 수 있다. 이러한 방법은 유아들에게 문제 가능성을 미리 알리고, 자신의 행동에 대해서 유아가 정확하게 알 수 있도록 하여 문제행동을 줄일 수 있다.

예시)

점심시간이 가까워지자 유아들이 수업에 집중하지 않고 배고픈 듯하고 소란스러워진다.
"얘들아, 너희들이 지금 배가 고프고 싫증도 난 것을 알겠어. 하지만 우리 10분만 더 하고 끝내자. 선생님이 5분 일찍 끝내 줄게."

여기에 열거한 기법들은 유아들의 자제력에 호소하여 문제행동을 스스로 통제할 수 있도록 한다는 점에서 가치롭다. 교사와 유아 간의 신뢰관계 형성과 유아 스스로 자신의 행동에 대해 통제할 수 있는 방법을 사용함으로써 자신감을 갖게 하는 방법이 될 수 있다. 하지만 좋은 방법이라 할지라도 너무 자주 사용하면 비효과적일 수도 있으므로, 될 수 있는 한 많은 기법을 준비하여 다양하게 적용할 수 있는 것이 바람직하다.

4) 갈등해결 지도

갈등은 집단이 모여서 생활하고 일하는 데서 일어나는 일들 중의 한 부분이다, 유아기에 가정에서나 학급에서 갈등이 일어나는 것도 생활의 일부이며, 부모와 교사들은 유아와 유아들 간에 또는 유아와 어른 간에 매일 갈등이 일어나는 것을 경험하고, 갈등을 해결해 주거나 도움을 주어야 하는 상황에 직면하게 된다. 교사가 갈등을 다루는 방식은 유아들로 하여금 자신과 타인에 관하여 학습할 수 있는 기회를 제공하며, 유아기의 갈등을 긍정적인 감정으로 바꾸는 방법을 학습한 유아들은 성인기의 갈등, 즉 대인 간 또는 지역사회 간 그리고 국가 간의 갈등까지도 잘 변화시킬 수 있게 될 것이다.

유아들이 학습에서 경험하는 갈등의 종류는 소유 분쟁, 주의 끌기, 권력 투쟁, 성격차이나 질투심으로 인한 충돌, 집단활동 참여에 대한 분쟁, 별명 부르기, 책임 부인 또는 책임 전가로 인한 갈등 등이다. 지금까지 유아교육기관 교실에서의 갈등은 대부분 갈등이 일어나는 것을 막거나 갈등이 일어난 후 문제아에게 벌을 주는 방법이었다. 교사는 갈등을 부정적인 것으로 생각하여 갈등은 잘못되었고, 갈등은 중지시켜야만 하고, 갈등을 일으키는 유아를 훈육해야 한다고 생각하곤 했다. 예를 들면, 한 유아가 다른 유아의 장난감을 빼앗고 그 상대방 유아가 되받아 때리는 소유 분쟁의 경우, 교사는 다음 중 한 가지의 방법을 취할 수 있다.

첫째, 놀잇감을 옮기고 치움으로써 갈등의 근원을 없앤다,
둘째, 방해하는 유아를 다른 곳으로 이동하고 그들에게 다른 놀잇감을 가지고 놀게 한다. 혹은 상호 폭력인 경우에는 문제를 일으킨 아이가 사과할 때까지 '생각하는 의자(Time out chair)'에 남아 있게 한다.
셋째, 시간표를 만들어서 타이머나 다른 장치를 사용하여 유아들이 차례대로 가지고 놀게 한다.
넷째, 공격자에게 주먹을 사용하지 말고 말로 하라고 이야기해 준다.

이 모든 해결책들은 잠깐 동안 갈등을 중지시킬 수 있다. 그러나 이 모든 해결책은 어느 것도 갈등을 긍정적인 감정으로 바꾸지 못한다. 갈등의 해결과정이 후에 긍정적인 갈등관리 기술에 대한 학습으로 이어지기는 어렵다. 그렇기 때문에 갈등을 교육적으로 해결하고 학습의 기회로 이용할 수 있기 위해서는 갈등에 대한 관점과 갈등해결 방법을 변화시켜야 한다.

(1) 갈등을 긍정적인 감정으로 바꾸기

1 언제 개입하는가?

교사는 모든 유아 간의 갈등에 개입할 필요는 없다. 유아 역시 스스로 갈등을 해결할 수 있는 능력이 있기 때문에 스스로 해결해 볼 기회를 가질 수 있어야 한다. 그러나 갈등상황을 해결하는 데 도움이 필요한 유아들이 스스로 갈등을 해결할 기회를 주었는데도 갈등이 악화되거나 공격적인 행동으로 이어질 때는 교사가 개입해야 한다. 교사가 유아들의 갈등에 개입해야 할 때는 다음과 같은 경우들이다.

- 유아들이 상대방을 해치거나 기물을 파손할 때
- 때리기, 물기, 물건 던지기와 같은 공격적인 행동으로 갈등이 전개될 때
- 유아들이 소리 지르거나 울 때
- 갈등이 극단적인 방법으로 진행될 때

2 어떻게 개입하는가?

교사는 우선 조용하고 냉정하고 침착한 태도를 유지해야 한다. 갈등이 얼마나 난폭하고 시끄러운가에 관계없이 교사는 조용히 개입해야 한다. 유아들이 분노를 폭발하거나 시끄러울 때도 교사는 침착함을 유지해야 하며, 교사가 침착성을 유지하기 위해서는 교사 자신의 감정을 돌아보아야 한다.

교사가 유아들의 갈등에 개입하는 방법은 다음과 같은 것들이 있다.

- 유아들의 흥분을 가라앉히기 위해서는 유아들의 공격을 중단시키고, 유아들이 교사의 말에 순응할 때까지 유아들의 이름을 조용히 차분하게 반복하여 불러 준다.
- 유아들에게 진정할 시간을 준다.
- 유아들과 눈을 맞추고 온화한 표정으로 대한다.
- 문제를 일으킨 두 유아들에게만 집중한다.

갈등을 긍정적인 학습의 기회로 전환하기 위해서는 다음과 같은 질문으로 상황에 대해 이야기를 나눈다.

① 무슨 일이니? ㅇㅇ야!

각 유아들에게 무슨 일이 일어났는지를 차례로 조용히 묻고 대답을 듣는다. 이런 질문은 유아들에게 자신들의 행동을 정당화할 기회를 준다. 유아들의 대답은 전혀 다를 것이며, 두 유아는 모두 다 자신의 행동이 정당하고 상대방이 잘못했다고 느낄 것이다. 이때 교사는 유아의 말을 판단하지 말고

잘 경청해야 한다. 유아들의 말을 듣고 나면 교사가 들은 내용을 객관적으로 다시 한 번 설명해 준다.

② ○○가 어떻게 느낄까?

이런 질문을 받으면 유아들은 당황하거나 대답하는 방법을 모를 수도 있다. 유아가 대답을 하지 못하면 교사가 "정빈이의 얼굴을 보렴, 어떤 기분인 것 같으니?" 또는 "경빈이가 어떻게 느끼고 있는지 물어 보렴" 등과 같은 보충질문을 하여 유아가 상대방의 감정을 읽는 것을 도와주고 똑같은 질문을 상대 유아에게도 하고 대답할 기회를 준다. 이때 교사는 유아들의 대답을 다시 한 번 반복해 준다. "경빈이는 정빈이가 너를 때렸을 때 네가 싫었을 거라고 말하는구나. 맞니?" 이 과정을 통해서 유아들은 상처받은 마음을 발산할 기회를 갖게 된다. 이런 방법은 유아들에게 감정이입을 배우도록 돕는다.

③ ○○를 기분 좋게 해주려면 어떻게 해야 할까?

유아들은 이런 질문을 통해 다시 한 번 상대방에게 초점을 맞추어 생각하게 된다. 같은 질문을 상대 유아에게도 한 후 두 유아가 동의한 해결책이 있다면, 교사가 다시 한 번 큰 소리로 말해 준다. 유아들은 긍정적인 방법으로 갈등을 해결하는 것을 배울 기회를 가짐으로써 타인 존중의 태도를 배우게 된다.

(2) 소유 분쟁

유아들이 가정에서만 생활하다가 유아교육기관에 입학하게 되면 많은 놀잇감들을 접하게 된다. 유아들은 자기중심적이기 때문에 놀잇감들이 모두 자신만을 위한 것이라고 생각하고, 다른 유아들도 놀잇감을 원한다는 것을 생각하지 못하기 때문에 유아교육기관 교실에서는 소유 분쟁이 자주 일어난다.

① 소유권 싸움을 감소시키기

유아들 간의 갈등이 끊임없이 활동을 방해한다면 문제상황을 해결할 수 있도록 이를 변화시켜야 한다. 성인들이 유아들의 싸움을 막을 수는 있겠지만 성인이 개입하였을 경우, 유아의 의존심을 유발할 수 있고 유아는 대인간의 문제해결 기술을 발달시키는 데 실패하게 된다. 유아들은 갈등 속에서 대인관계 기술을 배우기 때문에 유아 자신이 스스로를 통제하고 선택할 기회를 주어야 한다. 교사들이 유아의 행동을 통제하지 않고도 소유 분쟁을 줄일 수 있는 방법은 다음과 같다.

② 교실에서 소유 분쟁을 감소시키는 법

- 활동영역에 적절한 공간을 제공한다.
- 공간과 물건에 대한 순서와 자기통제 계획을 세운다.
- 각 학습영역에 여러 유아가 동시에 사용할 수 있는 충분한 놀잇감을 제공한다.
- 좋아하는 장난감, 도구 혹은 극놀이 영역을 하나 이상을 제공한다.
- 전체 그룹에서 새로운 장난감이나 물건을 소개하고 순서를 협의한다.

(3) 권력 분쟁

유아들이 교실 상황에 익숙해짐에 따라 갈등의 유형은 변화된다. 사물에 대한 소유 분쟁에서 유아들 간의 행동을 주도하고 싶어 하는 힘 싸움으로 바뀐다. 유아들은 첫 번째가 되고 싶어 하고, 가장 큰 것을 가지고 싶어 하고, 가장 좋은 것을 가지고 싶어 한다. 유아들은 또한 다른 또래들이 노는 방법 등 또래의 행동을 통제하고 싶어 한다. 또한 유아들은 자신이 다른 사람에게 중요하게 인식되고 인정받기 위해서 노력한다. 자아존중감에 대한 갈등은 긍정적인 힘의 형태일 수 있고, 항상 부정적인 것은 아니다.

권력 분쟁은 인간 생활에서 볼 수 있는 부분 중에는 타인에게 영향을 주고 대인관계에서 자신의 중요성을 인식시키고자 하는 힘에 대한 욕구와 그런 힘에 대한 욕구가 좌절되었을 때 보이는 무기력함의 양면으로 나타난다. 자기 확신을 표현하는 것을 거부당한 유아들은 무시되고 학대받고 응석받이인 모습을 보이고, 힘에 대한 욕구를 표현하지 못한다. 자신이 힘이 없다고 느끼는 유아들은 무기력함과 무관심을 보인다. 유아들의 무기력감은 교실에서 일어나는 힘 싸움의 원인이 된다. 유아가 자신이 통제력을 지니고 있다고 생각한다면 또래를 통제하기 위해 싸우거나 논쟁하지 않는다. 교사는 유아들의 힘에 대한 욕구 표현을 중요하게 생각해야 하며, 유아가 교실에서 통제력을 지닐 수 있도록 도와주어야 한다.

① 유아들의 통제력을 회복할 수 있도록 도와주는 활동

- 참여할 수 있도록 하라.
- 책임을 지게 하라(예: 금붕어를 맡겨라).
- 학습영역표를 나누어 주게 하라.
- 간식 및 점심시간에 당번을 맡겨라.
- 놀이기구 타기의 순번을 감독하는 일을 맡겨라.
- 다른 사람을 돕게 하라.

이러한 책임을 유아에게 맡기기 위해서는 유아들이 좋아하는 것과 싫어하는 것을 알아야 하고, 유아들을 기분 좋게 할 수 있는 일에 대해서 알아야 한다.

② 힘을 추종하는 유아를 저지하기

힘을 표현할 대상을 찾지 못한 유아는 공격적인 행동을 하기가 쉽다. 울고, 소리 지르고 부모나 교사를 위협함으로써 힘을 행사하려고 할 수 있다. 그러나 교실에서 다른 유아들이 아무런 저항 없이 난폭한 유아에게 항복한다면, 이는 난폭한 유아가 폭력적인 전략을 사용하도록 고무하는 결과가 된다. 힘을 행사는 유아의 요구에 반대할 수 있는 방법들은 다음과 같다.

- 단순하게 “아니야”라고 말하기

- 반대하는 이유를 말하기(내가 지금 그것을 사용하고 있잖니?)
- 반대 제안하기(대용품을 제공하기)
- 타협하기(5분 후에 네가 그것을 가져.)
- 회피하기(또 다른 활동을 상대에게 지시한다.)

(4) 성격 충돌

유아들끼리의 성격 충돌 원인과 형태는
첫째, 남들이 자신과 다르다고 느끼기 때문에
둘째, 남들이 자신보다 우월하기 때문에
셋째, 남들이 사람들을 잘못 대하기 때문이다.

자기 자신과 다르다고 느껴지는 존재 때문에 유아들은 불편함을 느낀다. 유아들은 아직 서로가 다르다는 것에 대해서 그 차이를 개념화할 만큼 성숙하지 않았기 때문에 많은 편견을 지니지는 않으나, 자라면서 점차로 차이에 대한 인식이 발달한다.

① 교실에서의 성격 충돌을 감소시키기

- 자기와 다른 유아들과 편하게 지내도록 도와주고 이야기, 노래 등의 활동을 통해 유아들사이에 있는 차이점보다는 유사성을 존중한다는 것을 보여준다.
- 이야기나 연극을 통해서 남들이 더 우월한 존재가 아니라고 느낄 수 있도록 도와준다(자기 존중과 타인 존중).
- 유아들과 감정에 대한 역할극을 함으로써 감정이입을 통해 남을 괴롭히는 것을 못하게 한다.

② 성격 충돌 행동을 지도하기

- 모든 유아들에게 골고루 관심을 보이고 좋은 태도로 대해 준다.
- 자신이 좋아하지 않는 유아들의 장점을 발견하여 기록한다.

- 유아들에게 말과 미소로 사랑한다는 것을 보여준다.
- 질투, 경쟁 등을 다룬 동화 속의 주인공의 기분에 관해 이야기하는 시간을 가진다.

(5) 참여 갈등

유아들은 한 번에 혼자 혹은 둘씩 또는 집단으로 놀이에 참여했다가 그만두고 다른 집단에 참여하는 행동을 반복한다. 왜 유아들은 한 집단에 머무르지 않고 이동할까? 왜 어떤 유아들은 집단에서 받아들여지고 어떤 유아들은 받아들여지지 않는가? 유아들의 집단 참여 활동에서 일어나는 일상적인 갈등은 유아들이 자신을 조절하는 방법을 배울 수 있는 기회가 된다. 유아들은 어떻게 기다릴 것인가, 어떻게 관망할 것인가, 언제 접촉을 시도할 것인가, 놀이에서 무슨 일이 진행되고 있는가, 집단에 어떻게 융화될 것인가, 거절당하지 않으려면 무슨 말을 해야 하는가, 거절당하면 어떻게 해야 하는가 등을 갈등을 통하여 배우게 된다.

① 유아의 집단활동 참여 전략 관찰표

- 놀이 집단에 참여하려고 시도하는 유아를 관찰하여 나타나는 행동에 표시한다.
- 놀이 집단 근처에서 조용히 서성거린다.
- 놀이 집단이 하고 있는 놀이 행동을 모방한다.
- 집단 위주의 말을 한다.
- 집단에 성공적으로 참여한다.
- 질문을 하거나 자신에 대해 언급한다.
- 집단에게 거절을 당하나 다시 시도한다.
- 소리 내어 주장하거나 공격적인 말을 한다.
- 놀이를 물리적으로 방해한다.
- 집단에게 거절을 당하면 다시 시도하지 않는다.

- 교사에게 고자질하고 불평하며 교사에게 중재를 요구한다.
- 기타

② 효과적인 집단활동 참여 전략

유아들의 놀이 집단 참여활동을 관찰한 결과, 유아들의 절반 이상이 놀이 집단에 참여하려는 시도가 거절당하는 경험을 하였으며, 놀이 집단 참여 전략 중 효과적인 전략은 다음 세 가지로 나타났다.

- 놀이 집단 근처에서 조용히 서성거린다.
- 놀이 집단의 놀이 행동을 모방한다.
- 놀이 위주의 말을 한다.

③ 비효과적인 집단활동 참여 전략

- 질문을 통해 요청하거나 자신에 대해 언급한다.
- 어떻게 하자고 주장하거나 공격적인 말을 한다.
- 놀이를 물리적으로 방해한다.

④ 교사의 역할

- 자유놀이활동이나 극놀이활동을 위한 시간과 자료를 제공한다.
- 유아들의 집단활동의 참여가 강제적인지 비강제적인지 관찰한다.
- 놀이 집단에 참여하는 데 교사의 도움이 필요한 유아들에게 자문을 한다.
- 신체적·언어적으로 공격적인 행동을 함으로써 놀이를 방해하는 유아들에게는 갈등 전환 전략을 사용한다.

(6) 별명 부르기로 인한 갈등

유아들의 별명 부르기는 감정을 자극한다. 불쾌감을 주는 이름을 유아들에게 상처를 주기도 한다. 별명 부르기로 인한 갈등을 다루기 위해서는 교실에서 일어나는 별명 부르기에 대한 관찰이 먼저 이루어져야 한다. 별명 부르기에 대한 관찰을 하려면 다음의 사항들을 보아야 한다.

- 별명 부르기가 어떻게 이루어지는가?
- 별명을 누가 부르고 누가 불리우는가?
- 언제 어디서 별명 부르기가 일어나는가?
- 유아들이 별명이 불러지는 것에 대해 어떻게 반응하는가?
- 별명 부르기로 인해 어떤 일이 일어나는가?

별명 부르기의 종류와 예방책으로는 다음과 같다.

① 재미로 놀리거나 괴롭히기

별명 부르기를 주제로 한 동화책을 읽어주기, 동화책의 내용 재구성하기, 동물 손 인형을 통한 표현활동 등을 통하여 별명 부르기를 객관적으로 바라볼 수 있는 활동 기회를 제공한다.

② 주의 끌기

나약한 자아상을 가진 유아들은 힘의 욕구가 좌절된 경험 때문에 다른 아이들을 괴롭히고 불쾌하게 부름으로써 다른 아이들을 지배할 수 있다고 생각한다. 이들은 부적절한 방법으로 주의를 끌려고 하는 것이다. 이런 경우는 유아가 별명을 부르는 것을 무시하거나, 과제를 통해서 성취감을 갖도록 함으로써 자기 자신의 능력에 대해 긍정적인 감정을 가지도록 하며, 유아들이 성취한 것에 대해 격려와 칭찬을 해주는 것이 바람직하다.

③ 욕구 좌절

유아들은 욕구가 좌절되거나 화가 났을 때 별명을 부르기도 한다. 이때는 별명을 부르는 유아들에게 별명을 부르는 것이 상대방에게 상처를 준다는 것을 깨닫도록 도와주어야 한다. 이런 경우는 별명 부르기를 대체할 수 있는 행동이나 언어를 사용할 수 있도록 도움을 준다.

(7) 책임 회피, 갈등

유아들은 무언가를 잘못했을 때 자신의 잘못을 부인하거나 남을 탓한다. 유아들은 왜 자신의 행동을 부인하는가, 정말 자신이 하지 않은 것이라고 믿는가, 자기 잘못을 인정하면 벌을 받을 것이 두려워서인가, 단지 자기 자신을 방어하기 위해서인가, 정말 다른 아이가 한 일이라고 믿는 것인가, 단지 희생양을 찾는 것인가, 문화의 차이에 관계없이 나타나는 이 같은 유아들의 행동은 유아의 발달 과정이라고 볼 수 있다. 유아들의 도덕성 발달, 정의(justice)의 개념 발달, 감정 이입, 수치심, 죄책감의 발달 등이 잘못된 것에 대한 책임을 전가하는 유아들의 태도에 영향을 미친다.

① 교사의 역할

- 색, 소리, 동작들을 통해 자신의 감정을 표현하도록 한다.
- 남을 탓하는 갈등에서 타인의 느낌을 인정하도록 돕는다.
- 도덕적으로 갈등을 느낄 수 있는 상황을 제공하여 타인의 감정을 조망할 기회를 준다.
- 타인에 대한 존중을 위해 남을 탓하는 갈등을 전환하는 방법을 찾도록 돕는다.
- 갈등 상황은 여러 가지 경우가 있을 수 있으나, 교사는 갈등을 해결하려는 대화에서 책임자를 찾거나 비난하는 데 초점을 맞추지 말고 갈등 상황을 학습의 기회로 이용할 수 있도록 도와준다.

3. 긍정적 행동지원

긍정적 행동지원(PBS: Positive Behavior Supports)이란, 문제 행동이 일어난 다음에 중재를 하는 전통적인 방법과는 달리 문제행동이 일어나지 않도록 사전에 환경을 변화시키고 문제 행동을 사전에 예방할 수 있는 적절한 대체 행동을 포함하여 지도하는 방법을 말한다. 인간의 행동은 환경의 영향을 많이 받기 때문에 문제 행동을 변화시키기 위해서는 주변 환경의 변화 역시 수반되어야 한다. 따라서 영유아의 문제행동 자체에만 중점을 두어 지도하는 것이 아닌 교육기관, 가정, 지역사회의 개선노력을 함께 필요로 한다. 긍정적 행동지원의 목적은 문제행동 자체의 감소뿐 아니라 문제행동을 가진 개인과 그 가족의 삶의 질 향상이다. 그렇기 때문에 문제아동 자신과 가족의 참여, 가정을 포함한 주변환경의 변화를 중요하게 여기고, 부모의 적극적인 참여가 영유아의 문제행동의 지도 성공 여부에 중요한 지침이 된다는 특징을 갖는다.

긍정적 행동지원을 위한 방법을 살펴보자(조윤경·김수진, 2014/2019).

단계 1. 문제행동의 정의와 지원에 대한 우선순위 결정하기

문제 행동을 정의하기 위해 주의해야 할 점은 영유아의 행동에 대해 관찰자의 주관적 견해를 담아 라벨링(labeling)을 하지 않아야 한다는 것이다. 문제행동을 잘 정의하기 위해서는 주의 깊게 영유아의 행동을 관찰하고 그 행동을 '그대로' 기록해야 한다. 이 때, 몇몇 행동이 동시에 발생했을 경우에는 반드시 그 행동 모두를 기록하도록 한다.

문제행동을 관찰가능한 용어로 기술하고 문제행동이 여러 가지인 경우 우선적으로 지도해야 할 행동을 결정하도록 한다.

표 6-1 문제행동 지원의 우선순위

우선순위	문제행동	문제행동의 예시
1	파괴행동	아동이나 주위사람의 건강이나 생명을 해칠 수 있는 행동으로 최우선순위(예: 물기, 때리기, 아무거나 먹기, 눈 찌르기 등)
2	방해행동	집, 교육기관, 지역사회에서 일상생활 참여를 방해하고, 학습을 방해하는 행동. 외향적인 행동뿐 아니라 울기, 남을 밀치기, 말 안하기 등의 행동 포함
3	분산행동	귀찮은 행동이나 해가 되지 않는 행동. 공공장소에서 손을 계속 흔들기, 반향어 하기, 책 찢기 등. 일반적으로 이러한 행동에 대해 중재 전략을 계획하지는 않지만 사회적·의사소통적·자기조절적 행동 등 대체적인 행동을 지도함

출처: 조윤경·김수진(2014/2019). p. 318 재인용.

단계 2. 문제행동에 대한 정보를 수집하기

정보수집을 위해서는 첫째, 문제행동에 영향을 주는 환경에 대한 이해가 필요하고, 둘째, 환경의 평가를 위해 ABC('선행사건 Antecedents – 행동 Behavior – 후속결과 Consequences')분석을 사용하여 인간 행동과 환경 사이의 관계를 분석한다. 셋째, 영유아의 생육사, 건강, 또래와 성인과의 관계, 좋아하는 것과 싫어하는 것, 사회적 기술, 의사소통적 기술등에 대한 정보를 수집한다. 세 번째의 경우 특히 부모에게서 얻는 정보가 매우 중요하다. 이때, 영유아의 문제 행동이 가정에서만 관련된 것인지, 교육기관에만 관련된 것인지, 두 장소 모두와 관련된 것인지에 대해 조사하도록 한다.

단계 3. 가설세우기

관찰된 선행사전(A), 행동(B), 후속결과(C) 사이의 관계를 밝히는 가설을 설정한다. 가설설정을 위한 질문으로는,

- 왜 이 행동을 지속하는가?
- 어떠한 선행사건이 문제행동을 일어나게 하는가, 문제행동을 일어나지 않게 하는가?
- 문제행동이 사용되는 목적은 무엇인가? (예:관심끌기, 회피, 원하는 것 얻기, 감각 조절하기, 무료함 등)
- 행동 후에는 어떠한 후속결과가 일어났는가?

선행사건	행동	후속결과	목적	가설문장
경빈이는 혼자 해야 하는 과제를 받는다.	과제를 하는 대신 친구에게 말을 걸거나 떠든다.	친구들이 웃는다. 교사는 가까이 와서 조용히 하라고 주의를 준다.	과제를 회피하기 위해	경빈이는 혼자해야 하는 과제를 받으면 과제수행을 회피하기 위해 친구에게 말을 걸거나 떠든다.

단계 3. 긍정적 행동 지원 계획 실행하기

① 문제행동을 예방하기 위한 선행사건을 중재하기

- 사람을 변화시키기: 교사의 수 조정, 교사배체 조정, 다른 또래 그룹, 그룹의 수를 조정
- 활동을 변화시키기
    - 좀 더 기능적인 교수활동으로 변화시키기
    - 쉽고 어려운 과제, 선호하는 과제, 선호하지 않는 과제를 균형있게 제공하기
    - 좌석배치 변화시키기
    - 난이도를 변화시키기
    - 활동 선택 기회 제공하기
    - 문제가 일어나는 환경을 피하기(공간이 너무 넓은 환경, 시끄러운 공간 등)
    - 시작과 끝을 분명하게 표현해 주기(우리는 3개를 더 하고 이 활동을 마칠 거야)
    - 시각적인 촉진방법을 사용하기(시간표, 활동과제 순서 조직도등을 활용하여 보여주기)
    - 환경을 좀 더 구조화하거나 구체적으로 제시하기

② 대체행동을 지도하기

문제행동을 하지 않아도 자신이 요구하는 욕구를 충족시킬 수 있는 대체행동을 지도한다. 예를 들어, 과제를 하다 하기 싫을 경우 도망간다면, 도망가는 대신 의자 크림 카드를 짚게 하여 소파에 5분간 앉아 잠깐 쉴 수 있도록 한다.

단계 5. 긍정적 행동지원 계획실행에 대한 평가하기

긍정적 행동지원 계획을 실행했다면 지원계획이 적절한지 평가를 통해 계획을 수정하면서 영유아의 문제행동을 도울 수 있다.

표 6-2 긍정적 행동지원 계획서 작성 예시

선행사건	행동	후속결과	목적	행동지원 (중재) 계획 및 실행	평가

4. 부적응 행동을 지도하는 교사의 역할

부적응 행동을 담당하는 교사는 교과학습을 지도하는 일과는 달리, 유아들의 정신건강을 촉진하는 역할을 맡지 않으면 안 된다. 교사가 지녀야 할 몇 가지 역할에 대하여 생각해 보면 다음과 같다.

1) 부적응 행동을 지도하는 교사의 역할

(1) 지지적 역할

교사는 부적응 행동에 대해 제한하고, 통제하고, 강요하는 역할보다는 적극적으로 실천하고, 시도하고, 솔선해 보이는 지지와 격려하는 역할을 해야 한다. 열등감, 불안전감, 죄책감 등의 감정이 부적응 행동에 영향이 있다면, 교사는 이와 반대되는 지지, 격려, 칭찬 등을 할 수 있는 역할을 해야 한다.

(2) 수용적 역할

대상 유아를 받아들이고 따뜻하게 대하여 주는 역할이다. 거부하고, 책망하는 입장보다 상대의 감정을 이해하고, 받아들이는 입장에서 아이들을 지도하도록 한다.

(3) 치료적 역할

문제를 분석하고 진단하여 그 원인을 발견하고, 지도방법을 모색하는 일에 힘쓰는 역할을 한다.

(4) 긍정적 역할

대상 유아를 하나의 인간으로, 성장, 발달할 수 있는 존재로 보아야 한다. 긍정적으로 사람을 대한다는 것은 인간은 누구나 자기를 개선하고, 성장하려는 특성을 지니고 있으므로 그들의 발달과 성장의 가능성을 긍정적으로 바라보고, 발전적인 입장에서 대하는 역할을 수행해야 한다.

2) 부적응 행동지도에 있어 교사의 대화방법

교사-유아 관계에서 효과적이며 생산적인 인간관계가 형성되려면 먼저 상호 간에 신뢰관계가 형성되어야 한다. 따라서 교사는 유아가 교사에 대한 믿음과 편안한 마음으로 유아 자신의 얘기를 할 수 있는 분위기를 형성하는 것이 중요하다. 이렇게 '편안한 믿음의 관계'를 '라포(rapport)' 또는 '신뢰 관계', '촉진 관계'라고 한다.

유아가 선생님과는 말하기가 불편하다고 느끼거나, "이런 말을 하면 선생님은 나를 나쁜 아이로 생각할 거야", "이 말을 하면 선생님은 나를 꾸중하실 거야" 등의 생각이나 감정을 가지게 된다면, 교사와 유아 간에는 신뢰관계가 형성되지 않았다고 볼 수 있다.

유아가 "선생님은 내 말을 잘 들어 주신다"고 생각하거나 "이런 말을 해도 선생님은 나를 꾸중하지 않을 거야", "선생님은 내가 무슨 말을 해도 잘 받아 주신다"라고 생각하여 교사에게 쉽게 얘기를 할 수 있다고 여기면, 교사와 유아 간에는 신뢰 관계가 형성되었다고 말할 수 있다. 이러한 신뢰 관계에서 유아는 자신의 행동이나 문제를 부담 없이 교사에게 말할 수가 있으며, 이러한 과정에서 교사는 유아의 성장을 위한 촉진자의 역할을 할 수 있게 되는 것이다. 그러므로 효과적이고 생산적인 인간관계를 형성하기 위해서는 교사와 유아 간의 바람직한 대화 방법을 알아야 할 것이다.

교사가 유아를 도와주기 위해서 한 말도 때로는 유아에게 상처를 주거나 유아가 대화를 포기하도록 할 수도 있다. 유아 교사들이 유아들과의 대화를 효율적으로 이끄는 데 도움을 주는 대화 방법을 살펴보기로 하자.

(1) 나 - 전달법(I-Message)

'나-전달법(I-Message)'이란, 자신의 생각이나 감정을 표현할 때 주어를 '나'로 나타내어 그러한 생각과 느낌을 가지게 된 책임을 상대방에게 돌리지 않고, 자기 자신에게 있음으로 나타내는 표현 방식이다. 이와는 달리 생각과 느낌의 책임을 상대방에게 전가하는 표현방식이 '너-전달법(You-Message)'이다.

표 6-3 '나-전달법'과 '너-전달법' 비교

구분		나-전달법 (I-Message)	너-전달법 (You-Message)
표현방식		상황+결과(예상 결과)+느낌	지시, 평가, 비꼬기, 비난, 경고의 표현
예시		(상황) 교실에서 주어진 활동을 하지 않고 돌아다니는 유아	
	전달	"지우야, 네가 돌아다니고 있으니 다른 친구들에게 방해가 될까봐 걱정이 되는구나."	"지우야, 너는 지금 무엇을 해야 하지?, 그렇게 돌아다니면 어떡하니?"
	아이의 생각	· '선생님이 나를 걱정해 주시는구나.' · '선생님은 나에게 관심이 많구나.'	· '선생님은 나를 꾸중하시는구나.' · '선생님은 내가 잘못하고 있다고 야단을 치시는구나.'
전달해석		· 걱정하는 마음이 그대로 전달된다. · 행동 변화에 대한 결정권이 상대방에	· 걱정, 염려하는 마음을 미워함, 비난, 비판, 질책으로 받아들인다.

	게 있다.	· 죄의식을 갖게 하거나 자존심을 상하게 한다.
책임소재	느낌의 책임을 자신에게 돌린다.	느낌의 책임을 상대방에게 전가한다.
효과	· 상대방에 대하여 부정적인 평가를 하지 않으므로 방어심리나 거부감이 일어나지 않는다. · 관계를 저해하지 않는다. · 청자로 하여금 자성적 태도와 변화하려는 의지를 높일 가능성이 크다.	· 청자는 배려 받지 못하고 무시당하고 있다는 생각을 하기 쉽다. · 반항심, 거부감, 공격성, 방어를 야기하여 자성적인 태도가 형성되기 어렵고 행동변화를 거부하려는 심리가 일어난다.
관계구조	수평적인 만남	수직적인 만남

출처: 안영진(2007).

표 6-4 격려하는 학급구성을 위한 교사의 다섯 가지 의사소통 기술

의사소통 기술	목적	방법
생활 경험 듣기	유아의 긍정적이고 생산적인 행동을 방해하는 학급 이외의 스트레스 수준 줄이기	① 유아를 개인적으로 맞이하여 안정-스트레스 수준 평가하기 ② 요구가 있는 유아는 기관 도착 즉시 시간을 내어 이야기 들어주기 ③ 유아의 사고와 감정을 확인하는 반영적 경청하기
개별적 대화	교사와 유아가 교실에서의 일상적 일과에 대해 서로 알기	① 출석부를 사용하여 모든 유아들과 규칙적으로 개별 대화하기 ② 편안한 방식으로 이야기할 수 있도록 물리적 근접성 유지하기 ③ 유아가 대화를 주도하기: 유아가 흥미 있어 하는 내용에 대해 논의하기
칭찬 샌드위치	기존의 분명한 노력과 과정에 대해 격려하고, 더 진보할 수 있도록 지도함으로써 개인을 생산적 행동으로 안내하기	① 유아가 보여준 노력이나 과정에 대한 한 가지(둘이면 더 좋음) 긍정적 언급으로 시작하기 ② 한 가지의 구체적인 안을 제시하거나 주어진 각각의 칭찬에 대해 계속 진행하도록 요구하기 ③ 한두 가지 칭찬으로 마무리하기
우호적 유머	유아, 성인들과 함께 즐거운 순간들을 경험하고 공유하기	① 말이나 행동, 상황에서 기대하지 않던 내용을 즐겨 찾기 ② 함께 웃는 우호적인 방식으로 성인, 유아와 함께 행복한 순간 공유하기

우호적 접촉	유아에게 말로는 전할 수 없는 확신과 지지를 전달하기	① 신체접촉과 관련하여 기관 프로그램을 유아와 함께 의논하고, 설정하며, 알려주고, 따르도록 하기 ② 신체접촉에 관해 부모와 의논하고 합의하기 ③ 신체접촉과 개인적 공간에 대한 아동 개인의 욕구 존중하기

출처: Dan Gartrell, 이은해 외 옮김(2008).

(2) 확인하기

확인하기란 상대방이 한 말을 바르게 듣고 이해했는지를 알아보는 것을 의미한다. 이러한 확인하기 기법은 의사소통에 있어 정확도의 증가 및 활성화에 도움을 준다. 즉, 상대방의 말을 이해하고 있는지의 여부를 확인함으로써 그가 말하고 있는 것을 제대로 이해하려고 노력하고 있다는 사실을 전달할 수 있을 뿐만 아니라, 열심히 듣고 있음을 언어적으로 나타내 보이게 되어 상대방이 보다 적극적으로 말을 하게 하는 효과가 있다.

확인하기 기술에는 반복하기, 바꾸어 말하기, 요약하기가 포함된다.

① 반복하기

유아와의 대화에서 부모나 교사가 유아의 말을 그대로 반복해 줌으로써 유아가 표현한 말을 있는 그대로 듣게 하여, 그들로 하여금 자기가 한 말을 더 깊이 생각하고 느끼도록 하는 효과를 내는 것이 반복하기의 기법이다. 이러한 반복하기, 즉 재진술의 기법을 사용하면 유아는 부모나 교사가 자기의 이야기를 아주 열심히 듣고 있다는 것을 알게 되어 적극적으로 이야기를 하게 되며, 유아는 자기가 표현할 말의 의미를 더 깊이 생각하게 된다. 예를 들면, 다음과 같다.

▶유아 1: 종수가 장난감을 뺏어 갔어요.
▶교사: 종수가 장난감을 뺏어 갔다는 말이구나.

▶유아 2: 나는 현정이가 싫어요.
▶교사: 너는 현정이를 싫어하는구나.

② 바꾸어 말하기

바꾸어 말하기란 유아가 말한 내용과 같은 의미를 가진 다른 말로 전환하여 표현하는 방법으로서, 대개 유아가 표현한 말의 수보다 적은 수의 말로 간결하게 표현된다. 바꾸어 말하기 기법은 교사나 부모가 유아가 말한 전체적인 내용을 확인할 때나 유아로 하여금 자기 자신의 내면세계의 심리적인 특징을 이해하도록 돕기 위해서 활용된다. 따라서 교사나 부모는 유아가 말하고자 하는 요점을 명확하게 이해하고, 그 이해한 바를 쉬운 말로 정확하게 표현하되 교사의 의견이나 판단에 대한 말은 하지 않도록 한다. 예를 들면, 다음과 같다.

▶유아: 현정이는 나쁜 애에요. 조금 전에 현정이가 나에게 욕을 했어요. 현정이는 욕쟁이에요. 지난번에도 나보고 욕을 했어요.
▶교사: 현정이가 너보고 욕을 하니? 현정이가 싫기도 하고 밉구나.

③ 요약하기

요약하기는 유아의 장황한 말이나 많은 내용의 이야기에 대해 '핵심적인 말', '중심내용'을 파악하는 데 활용되는 방법이다. 이 방법은 유아가 자신이 한 말의 중심내용을 파악하도록 하여 대화의 진행을 보다 원활하게 하는 효과가 있다. 예를 들면, 다음과 같다.

▶교사: 수민이는 주말에 무엇을 하고 지냈는지 이야기해 보자.
▶유아: 저는요, 어제 엄마 아빠하고 백화점에 갔는데요, 너무 즐거웠어요. 김밥도 먹고 옷도 샀어요. 엄마가 친구도 만났어요. 사고 싶은 장난감도 너무 많았어요.
▶교사: 수민이는 주말에 부모님과 함께 백화점에 가서 여러 가지를 보았구나.

(3) 공감하기

공감(empathy)이란 상대방(유아)의 경험, 감정, 사고, 신념 등을 상대방의 관점과 입장에서 듣고 이해하는 것을 말하는데, 특히 감정이나 기분에 초점을 두어 이해하고 있다는 사실을 상대방(유아)에게 말로 표현하는 것이다.

인간관계에 있어서 상대방(유아)이 하는 말의 내용을 이해하는 것도 중요하지만, 이야기를 듣고 상대의 말 속에 담겨 있는 기분이나 감정을 상대의 입장에서 이해하고 받아들이는 일은 신뢰관계의 형성과 대화의 촉진을 위해서 특히 중요한 일이다. 그러므로 공감표현은 상담 및 심리치료에서 매우 중요한 기법으로 여겨지고 있다. 유아와의 관계에서 공감표현을 잘 하기 위해서는 먼저 유아가 당면하고 있는 상황에서 그 유아가 어떻게 생각하고 느끼고 있는지를 주의 깊게 듣고, 유아의 생각과 감정을 이해해야 한다. 그런 다음에 느끼는 감정을 적절한 말로 표현하여 상대 유아에게 전달해주는 것이다.

공감은 표면적인 공감과 심층적인 공감으로 구분할 수 있다. 표면적인 공감은 상대방의 말에서 겉으로 드러나는 감정이나 말 속에 들어 있는 심정을 이해하여 나타내는 것이다. 예를 들면, 다음과 같다.

▶유아 1: 선생님, 준수하고 안 놀래요. 준수가 나를 자꾸 괴롭혀요.
▶교사: 그래, 화가 나겠구나.

▶유아 2: 엄마가 나한테 곰인형을 사주겠다고 했는데 안 사주었어요. 우리 엄마는 약속을 잘 안 지켜요.
▶교사: 그래, 너의 기분이 안 좋겠구나.

심층적인 공감은 상대방(유아)의 감정뿐만 아니라 상대가 말하려는 의미, 그리고 말하지 않지만 내면적으로 생각하고, 느끼고 있는 바를 알아차리고 표현하는 보다 깊은 수준의 공감이다. 예를 들면, 다음과 같다.

▶부모: 선생님, 우리 경민이 때문에 신경이 많이 쓰이지요. 아버지 없이 혼자 직장에 나가면서 애를 키우다 보니 애에게 신경도 잘 못쓰게 되고, 요즘은 말도 잘 안 듣고, 거짓말도 잘하니 어떻게 지도를 해야 할지 모르겠어요.
▶교사: 어머니께서는 일을 하시니까 자녀에게 제대로 신경도 쓰지 못하고, 더구나 애가 바르게 자라지 않을 것 같아 걱정이 되고 안타까워하는 그 심정이 이해가 되는군요.
▶유아: 엄마가 나에게 곰 인형을 사주겠다고 했는데 안 사주었어요. 우리 엄마는 약속을 잘 안 지켜요.
▶교사: 그래, 너의 기분이 안 좋겠구나. 그래서 엄마가 밉구나.

그런데 공감을 동정과 혼동하는 경우가 있는데, 공감은 상담자(교사)가 자기 자신의 입장을 유지하면서 상대방이 느끼는 감정을 그의 입장이 되어 이해하는 반면, 동정이란 자기 자신의 입장을 유지하지 못하고 상대방의 심정으로 동화되어 같은 감정을 경험하는 것이다. 그러므로 동정의 상태에서는 상대방으로 하여금 자신이 처한 어려움이나 갈등의 문제에 대한 통찰 그리고 그 문제를 직면하게 하고 해결하는 데 도움을 주지 못하거나 악영향을 미칠 수가 있다.

(4) 효과적인 질문하기

유아와의 대화중에서 교사는 질문을 하게 되는 경우가 많은데, 질문을 어떻게 하느냐에 따라 대화가 촉진될 수도 있으며 대화가 어려워질 수도 있다.

유아와의 대화에서 효과적인 질문은 다음과 같다.

① 폐쇄적 질문보다는 개방적 질문 사용

폐쇄적 질문은 유아에게 '예' 또는 '아니요'의 대답을 요구하는 질문이므로 대답의 범위가 좁고 한정된 대답을 요구하는 질문이다. 그러므로 유아의 여러 가지 생각이나 감정, 의견 등 다양한 반응을 끌어내어 유아가 보다 더 깊이 알거나 이해할 수 있도록 하고, 나아가 촉진관계를 형성할 수 있도록 하는 개방적인 질문이 보다 효과적이다.

> "어제 재미있게 지냈니?"(폐쇄적 질문)
> "어제 어떻게 지냈는지 궁금하구나."(개방적 질문)
> "너는 민영이기 좋으니? 아니면 싫으니?"(폐쇄적 질문)
> "너는 민영이와 사이가 어떤지 궁금하구나."(개방적 질문)

② '왜' 라는 질문보다 '무엇을', '어떻게' 질문 사용

'왜'라는 질문은 유아에게 따지는 듯한 인상을 주게 되어 유아는 꾸중이나 질책의 의미로 받아들이기 쉽기 때문에, '왜'라는 질문 대신에 '무엇을', '어떻게'라는 질문을 사용하는 것이 효과적이다. 예를 들면, 다음과 같다.

- "너는 동생을 왜 미워하니?" ('왜' 질문)
- "너는 동생이 어떻게 할 때 밉니?" ('어떻게' 질문)
- "왜 빈이와 싸웠니?" ('왜' 질문)
- "어떻게 해서 빈이와 싸우게 되었니?" ('어떻게' 질문)

③ 직접적인 질문보다 간접적인 질문 사용

직접적인 질문이란 직접 의문문으로 질문하는 것이고, 간접적인 질문이란 상대방이 간접적으로 대답할 수 있도록 우회적으로 질문하는 것이다. 직접적인 질문은 물음표의 형태로 나타나고, 상대방으로 하여금 자기가 생각하고 느끼는 것을 여러 가지로 부담 없이, 자유롭게 대답할 수 있게 해 준다. 예를 들면, 다음과 같다.

> "얘들아, 어제는 일요일이었어요. 어떻게 지냈나요?" (직접적인 질문)
> "얘들아, 어제는 일요일이었어요. 어떻게 지냈는지 알고 싶어요." (간접적인 질문)
> "이 그림은 아기 코끼리예요. 어때요?" (직접적인 질문)
> "이 그림은 아기 코끼리예요. 너의 생각은 어떤지 알고 싶구나." (간접적인 질문)

④ 이중 질문의 사용금지

이중 질문이란 동시에 두 가지의 질문을 하는 것이다. 유아에게 두 가지 질문을 하게 되면 질문의 내용을 완전하게 이해하지 못하는 경우가 많을 뿐만 아니라, 질문의 내용을 이해하였더라도 두 가지 질문 중에서 어느 것을 먼저 대답해야 할지 몰라 대답을 하지 못하는 경우가 많기 때문에 질문은 한 번에 하나씩 하는 것이 좋다. 예를 들면, 다음과 같다.

> "영수와 싸운 이유가 뭐니? 지난번에는 금비를 울렸지?" (이중 질문)
> "너는 무슨 놀이를 하고 싶니? 친구들하고 사이좋게 놀아야 되지 않겠니?" (이중 질문)

⑤ 유아가 대답을 할 수 있는 충분한 시간 부여

가끔 부모나 교사는 유아에게 대답할 시간을 주지 않고 계속해서 질문을 하는 경우가 있는데, 이는 부모나 교사의 조급한 마음 때문에 유아를 다그칠 때 자주 나타난다. 부모나 교사의 일방적인 질문 공세는 의사소통에 전혀 도움이 되지 않고, 윗사람에 대한 불신감만 갖게 되며, 대화를 회피하게 하는 원인을 제공하는 결과를 낳게 되므로 삼가야 한다.

질문은 한 가지씩 하고 생각해서 대답할 수 있는 충분한 시간을 주어 생각이나 감정, 그리고 그러한 행동의 원인이 무엇인지에 대해 찾을 수 있는 기술이 필요하다. 성인의 부적절한 질문의 예를 들면, 다음과 같다.

> "예은이에게 욕한 이유가 무엇인지 말해봐. 너 왜 말을 못하니? 친구끼리는 사이좋게 지내야 되지 않니? 또 욕을 하고 친구들을 괴롭힐 거야? 응? 말해봐."

(5) 직면하기

직면하기(confrontation)란 상대방(유아)이 잘못하고 있는 경우나 유아의 행동과 말에 모순점이 있을 때, 그 점을 지적하여 직면하게 하는 것을 말한다.

촉진 관계에서는 주로 상대방(유아)의 말을 듣고 이해해주는 데 초점이 맞춰졌지만, 문제의 근원이나 책임이 유아에게 있는 경우에는 그 문제를 이해하는 것만으로는 문제가 해결되지 않는 경우가 있으므로 문제점을 적절히 지적하여 변화할 수 있도록 도울 필요가 있다. 그러나 직면하기 기술은 자칫 상대방에게 심리적으로 큰 상처를 주거나 반발을 초래할 수 있으므로, 깊은 신뢰 관계가 형성되고 상대의 동의가 전제되어야 가능하다.

직면하기에 적용되는 상황은 다음과 같다(설기문, 1998).

① 평소에 하는 행동과 말이 불일치할 때
② 스스로 인식하는 인식 내용이 타인들과 불일치할 때
③ 평소의 언행이 일반적으로 기대되는 방향, 예컨대 도덕, 윤리, 규칙 등과 불일치할 때
④ 생각, 감정 또는 행동이나 표현내용 속에서 무엇인가 일치하지 않는 점들이 있을 때이다.

직면하기 기술을 사용할 때 유의할 상황은 다음과 같다.

① 피드백의 경우와 마찬가지로 구체적인 증거를 바탕으로 해야 한다.
② 변화를 강요해서는 안 된다.
③ 사전에 충분한 신뢰관계를 형성하여 상대방이 어떠한 지적도 감수할 수 있는 분위기를 조성해야 한다.
④ 일단 시작했으면 가능한 한, 끝까지 마무리하도록 한다. 그러나 상대가 처음부터 또는 순간적으로 다소 반발이 보이더라도 소신껏 마무리 지어야 한다.
⑤ 가능하면 부정적인 평가를 내리지 않는 범위 내에서 해야 한다.

(6) 피드백

피드백(feedback)이란 상대방의 행동이 나에게 어떻게 비쳐지는지를 상대

방에게 솔직하게 알려 주거나 지적해주는 것을 말한다. 그러므로 피드백을 통해 자기 자신은 잘 자각하지 못하는 개인적 행동특성이나 대인 관계에서의 언행에 대해서 타인에게 비쳐진 모습이 어떠한가를 알게 됨으로써, 자신의 이해와 타인 이해의 폭을 증진할 수 있도록 도울 수 있다.

피드백은 긍정적인 것일 수도 있지만 부정적일 수도 있는데, 특히 부정적인 피드백의 사용은 상대방의 연령, 성격, 상대의 현재 심리의 안정 정도, 분위기 등 상황을 고려하여 신중하게 사용되어야 한다. 그러므로 피드백의 사용은 다음과 같은 몇 가지 점에서 유의하여야 한다.

① 평가적인 말은 피하고 서술식으로 표현되는 것이 바람직하다.
② 처음에는 긍정적인 피드백을 사용하는 것이 좋다.
③ 주관적인 판단이나 심증만의 표현은 피하고, 객관적인 근거를 바탕으로 이루어져야 한다.
④ 행동변화를 강요하는 피드백을 하지 않는다.
⑤ 주관적인 판단의 피드백인 경우에는 그 근거를 제시하고, 그럴 경우 그것을 절대시하지 않고, 그 가능성을 얘기하는 것임을 표현해야 한다. 그래서 최종적인 판단은 상대방에게 유보해야 한다.

(7) 긍정화

긍정화란 상대방(유아)의 말이나 행동, 태도 등 상대방의 언어적·비언어적 메시지에서 긍정적인 면을 찾아내어 그 점을 강조하는 기법이다. 인간(유아)의 행동을 변화시키는 데에는 두 가지의 방법이 있다.

첫째, 상대방의 바람직하지 않은 행동 또는 부정적인 면을 지적하여 그 행동을 제거하도록 하는 방법이다. 그러나 상대방이 예기치 않게 강한 지적을 당한 경우에는 심리적 상처를 줄 수 있으므로, 상대방과의 신뢰감이 충분히 형성된 후에 조심스럽게 이루어져야 한다.

둘째, 상대방의 긍정적인 면, 바람직한 면을 찾아서 그 점을 부각시키는 방법이다. 이 방법은 좋은 측면을 계속 증진시킴으로써 상대적으로 부정적인 측면이 사라지게 하는 긍정지향의 교정 방법이라 할 수 있다. 즉, 유아의 부정적인 면을 꾸중하지 않고 다른 긍정적인 행동을 찾아서 그 점을 칭찬하여 변화시키는 방법이다. 이와 같은 긍정화의 기법을 사용하기 위해 교사는 유아의 강점을 찾을 수 있도록 영유아에 대한 긍정적인 관점을 갖도록 노력해야 할 것이다.

부정적인 표현		긍정적인 표현
"너는 도무지 말이 없구나."		"너는 과묵하구나."
"너는 하는 일이 느리구나."		"너는 일을 천천히 열심히 하는구나."
우리 민수는 엄마 말을 잘 듣지 않아요. 무엇이든지 하고 싶은 일은 꼭 하려고 하고 떼를 잘 씁니다. 어떻게 지도를 해야 할지 모르겠어요.	➡	민수는 다른 아이들보다 자기주장이 강하다고 볼 수 있지 않을까요? 또한 하고 싶은 일이 아주 강렬한 것 같군요.

유아를 대상으로 한 대화에서는 자아 존중감의 형성을 통한 행동의 변화를 도모하는 것이 바람직하므로, 긍정적인 표현에 초점을 두어 대화가 이루어져야 할 것이다. 그리고 지적이나 부정적인 표현을 해야 할 경우에는 긍정 표현과 더불어 부정적인 표현을 하는 것이 바람직하다. 왜냐하면 인간은 긍정적인 생각이나 정서 상태에서 학습과 성장 및 변화가 가장 빠르고, 확실하게 이루어지기 때문이다. '칭찬 샌드위치(표 6-2, 격려하는 학급구성을 위한 교사의 다섯 가지 의사소통 기술 중에서)'의 의사소통 기법과 유사하며, 예를 들면 다음과 같다.

- ▶"너는 욕설을 자주하는 것이 문제야." (부정적인 표현)
- ▶"네가 다른 친구들과 쉽게 사귀고 친구들을 잘 도와주는 것은 너의 좋은 점이라고 생각한단다. 그러나 친구들에게 욕설을 자주하는 것은 고쳤으면 좋겠구나." (부정 표현 + 긍정 표현)
- ▶"네가 친구들과 쉽게 사귀고 또 친구들을 잘 도와주는 것이 너의 좋은 점이라고 생각한단다." (긍정 표현)

PART IV 영유아 생활지도를 위한 부모상담

CHAPTER 07

영유아 부모상담의 이해

1. 영유아 부모상담의 목적

현대의 부모들은 과거의 부모들에 비해 다양한 방법으로 자녀양육에 필요한 정보를 접할 수 있다. 하지만 자녀를 양육하는 과정에 있어 부모들은 일반적인 자녀양육에 대한 정보보다 자신의 자녀를 양육하는 데 필요한 개인적이고 특수한 정보를 유아교육기관으로부터 제공받길 원하게 되었다(김현주 외, 2004). 유아교육기관에서의 부모상담은 유아의 문제를 해결 및 예방하고 성장을 돕기 위해 부모를 대상으로 이루어지는 상담으로, 교사와 부모가 일대일 또는 일대 소수로 유아의 문제를 두고 함께 해결하기 위해 노력하는 과정이다(천성문 외, 2009; 하수연 · 정재은 · 김명지 · 김연옥 · 김보경, 2017). 부모상담은 교사와 부모가 나눌 수 있는 가장 적극적인 의사소통의 방법중의 하나로(교육과학기술부, 2009), 부모상담을 통하여 교사는 부모로부터 유아가 가정에서 보여주는 일상적인 생활태도, 가정환경, 부부관계 및 부모와 자녀관계 등에 대한 정보를 얻을 수 있고, 부모는 교사로부터 기관에서의 생활습관 및 태도, 친구관계 등에 대해 알 수 있는 좋은 기회가 된다. 그렇기 때문에 부모상담은 모든 유아를 대상으로 진행하는 것이 바람직하며, 문제행동을 가진 유아의 경우에는 더욱 세심하고 지속적인 관찰 후 상담이 이루어지는 것이 바람직하다(임경심, 2018). 문제행동 지도에 있어 실제로 유아 문제행동의 원인은 유아 자신이기보다는 오히려 환경, 부모인 경우가 많다. 부모 양육태도, 부모 자신의 심리적 문제로 인해 유아의 기본적인 발달 욕구가 충족되지 못했을 때 유아 문제행동이 나타나기도 한다. 부모상담을 통해 교사는 유아의 문제행동으로 인한 가족 및 유아의 상황에 대한 분명한 인식과 부모의 자기 인식을 통해 부모의 심리적 중압감을 감소시킬 수 있으며, 안정감을 갖을 수 있도록 부모의 문제를 조력할 수 있다(하수연 외, 2017). 특히 생애 초기에 부모와의 관계에서 겪는 유아의 경험은 그 이후의 삶에 지대한 영향을 주기 때문에, 유아의 다양한 문제를 이해하고 돕기 위해서는 부모상담이 필수적인 것이다.

부모상담은 유아와 부모, 그리고 교사가 처한 문제를 성공적으로 해결하는 데 도움이 될 수 있다. 특히 유아가 문제행동을 보일 때 부모와 교사의 협력적인 대화는 유아의 문제행동을 해결하기 위한 가장 중요한 시작이 되며(Koch & MaDonough, 1999), 부모와 교사는 유아의 지도에 관한 서로 의견을 나누면서 가능한 해결방법을 함께 모색할 수 있다. 또한 부모상담을 통해 잘못된 습관이나 교육 또는 좋지 않은 환경으로 인해 건전한 성장에 저해를 미치는 유아들을 건강하게 성장하도록 하며, 사회적응을 잘 할 수 있도록 도울 수 있다(Rowental & Sawyers, 1996).

결론적으로 교사나 부모 모두 유아의 바람직한 성장과 발달이라는 공통된 목적에 대해 유아에 대한 구체적이고 개별적인 도움을 주고받기 위해 유아 부모상담은 반드시 필요하다 하겠다(하정빈, 2014).

상담에서 다루는 문제와 기대할 수 있는 도움

유아나 부모는 매우 다양한 문제로 교사에게 상담을 요구할 수 있다. 김영숙과 이재연(1993)은 유아 상담의 문제를 다섯 가지로 구분하였다.

① 대인관계 갈등에 관련된 문제: 유아들은 자기의 부모, 형제, 교사 및 또래 유아들과의 관계에서 어려움을 겪고 있으며, 좀 더 좋은 관계를 원한다.
② 개인 내적인 갈등 혹은 자기 자신에 대한 갈등 관련 문제: 유아는 의사결정상의 문제

를 가지기도 하고, 그 갈등의 결과와 대안을 명료하게 하는 데 도움을 필요로 한다.
③ 자기 자신에 대한 정보에 관한 문제: 유아는 자신의 능력, 장점, 관심, 가치에 대해 학습이 필요하다.
④ 환경에 대한 정보를 요구하는 문제: 유아는 성공적인 기관에서의 생활과 관련된 정보나 교육이 필요하다.
⑤ 기술 부족과 관련된 문제: 유아는 효율적인 학습 방법, 자신의 의견을 주장할 때의 방법, 경청 기술이나 친구 사귀는 방법 등에 대해 구체적인 기술을 학습할 필요가 있다.

출처: 안영진(2007).

2. 부모상담의 기본 원리

부모는 교사와 함께 유아의 사회화를 담당하는 가장 강력한 자원이라고 할 수 있다. 부모상담에 있어 교사는 부모를 가르치는 입장이 아닌 동등한 협력적 관계를 형성하고, 서로에게 도움이 되는 생산적인 체계를 만들어 나갈 수 있어야 한다. 부모상담을 위한 기본 원리를 살펴보도록 하자(하수연 외, 2017: 265-267).

1) 동반자적 관계로 부모를 인정하고 존중하기

유아교육에 있어 전문가로서 교사는 부모를 존중하는 마음을 갖고, 유아의 바람직한 성장·발달을 돕기 위한 조력자로서, 동반자적 관계로 부모를 존중할 수 있어야 한다.

2) 부모와 친밀한 관계 맺기

유아교육기관에 부모가 가장 바라고, 궁금해 하는 것은 교사의 '내 아이에 대한 관심'이다. 그러므로 교사는 유아에 대한 관심과 사랑을 평소에 유아에게뿐만 아니라, 부모에게도 표현하여 친밀한 관계를 맺음으로써 상담 시 서로 신뢰를 바탕으로 진정한 상담이 이루어질 수 있도록 한다.

교사가 유아의 행동에 대해 걱정하고 있을 때, 가정과 유아교육기관 간의 친밀하고 긍정적 관계가 이미 형성되었다면 부모와 이야기하기에 훨씬 수월할 것이다. 유아에 대한 문제는 부모와 교사 간 신뢰와 상호 존경이 바탕이 될 때 좋은 결과를 얻게 될 수 있다.

3) 부모의 마음을 공감해 주기

부모는 상담을 통해 교사로부터 내 자녀에 대한 부정적인 말을 들을까봐 불안·초조해하기도 하고, 수치심과 죄책감까지 갖게 될 수 있다. 교사의 부정적인 말은 부모를 방어적으로 만들거나 상담을 회피하게 할 수 있기 때문에, 그러한 부모의 마음을 헤아리고 공감적으로 부모가 자녀를 양육함에 있어 어려움을 이해하는 데 초점을 맞추도록 한다.

부모들은 교사가 접촉해 주기를 원한다.

· 나는 우리 아이의 선생님이 나에게 연락해 주는 것이 좋아요.
· 나는 워킹맘이기 때문에 저녁에 선생님과 의논하는 것이 좋아요.
· 나는 적어도 한 달에 한 번 정도는 선생님을 만나길 원해요.
· 너무 전문적인 의사소통보다는 분명하고, 짧고, 단순하게 이야기해 주세요.
· 문제가 있을 때만 연락하지 말고, 좋은 소식도 알려주세요.

— '부모들이 알기를 원하는 것' 중에서(Gestwicki, 2000)

4) 양방향의 주고받는 대화하기

부모상담의 진행과정에 있어 교사는 일방적으로 기관의 생활을 설명하기보다 자녀에 대해 부모와 서로의 생각과 느낌을 주고 받을 수 있도록 '주고받는 대화'를 해야 한다. 부모와의 대화에 있어 교사는 부모의 언어적 표현은 물론, 비언어적인 표현까지도 민감하게 살피며 부모의 다양한 욕구와 생각을 읽어내려 노력해야 한다.

5) 부모 유형에 따라 상담하기

부모상담 시 교사는 부모의 유형에 따라 상담접근 방법을 다르게 하는 것이 효과적이다(박향아 외, 2003).

(1) 자녀의 필요나 교사의 노력에 무관심한 부모 유형

교사는 이러한 부모들을 만날 때 위축되고 부모와의 관계 역시 소원해지기 쉽다. 무관심하거나 비협조적인 부모를 대할 때는 함께 교류할 수 있는 길을 찾아야 한다고 생각하고, 이해하고자 노력하는 모습을 보인다. 부모 자신이 너무 힘든 시간을 보내고 있다면, 그들은 인간관계에 있어 방어적이거나 거칠어지기 쉽다는 것을 이해하자.

(2) 자녀에 대해 모든 걸 알고 있다고 생각하는 부모 유형

자녀에 대해 모든 것을 알고 있다고 생각해 교사와 의견을 나누려 하지 않고, 협조하지 않는 부모와 해결책을 찾아가는 것은 어려운 일이다. 부모와 함께 지도전략을 수립하여 조금씩 지속적으로 개선해 나가는 것이 도움이 된다. 특히 교사는 부모에게 유용한 정보제공자라는 것을 인식시키기 위해 상담에 대해 철저하게 준비한다. 부모에 대해 방어적으로 대처하지 말고, 융통성을 가지면서 가능한 한 부모의 아이디어를 수용하도록 한다. 부모가 교육기관에 참여하고 도울 수 있는 기회를 제공하는 것도 좋은 방법이 된다.

(3) 자녀를 과소평가하는 부모 유형

자녀를 과대평가하거나 내 아이만을 위한 지도를 요구하는 부모도 많지만, 반대로 내 자녀를 과소평가하는 부모를 만나게 된다면, 부모의 자녀에 대한 인식과 표현이 자녀에게 도움이 되지 않는다는 것을 이해시키도록 노력하고, 자녀의 긍정적이고, 발전적인 성과를 지속적으로 알린다.

(4) '부모역할까지 대신해 주세요' 하는 부모 유형

최근 영유아교육을 어린이집과 유치원에 모두 떠넘기고 그 시간을 자신을 위한 시간으로 보내려는 부모가 점점 많아지고 있는 것은 심각하게 우려해야 할 현상이다. 자녀양육에 있어 일차적인 책임과 의무를 갖는 것은 부모이다. 교육기관이 모든 것을 다 해줄 수 없다고 한계를 알려줄 수도 있지만, 무엇보다 자녀의 건강한 성장을 위해 부모와의 시간과 역할이 필요하다는 것을 전문적인 지식을 활용하여 이해시키는 것이 우선되어야 한다.

(5) 기관에 대해 권리만을 주장하는 부모 유형

교육기관에서 부모가 원하는 것을 받으려고만 하는 부모들이 있기도 하다. 그러한 부모는 내 자녀의 발달을 위한 공동의 협력적 목표를 계획하려 하지 않는다. 교사는 시간을 가지고 부모와 교사 모두 영유아를 위한 최선의 선택을 할 수 있도록 노력해야 할 책임이 있다는 것을 안내하도록 한다.

(6) 까다롭고 완고한 조부모 유형

최근 맞벌이 부모의 증가로 인해 조부모가 영유아를 양육하는 경우가 많다. 조부모가 양육을 돕는 경우에 편안하고 이해를 잘 해 줄 것이라는 생각과는 달리, 완고하고 까다로우며 자신의 생각만을 주장하는 경우 많이 곤혹스럽다. 교사는 노인기의 연령적 특성상 수평적인 대화가 어렵고, 조율 역시 어렵다는 것을 인정하도록 한다. 정보의 제공이나 양육 태도에 대한 안내에 앞서 조부모의 수고에 대해 표현하고, 인정하는 등 수용적인 태도를 보이는 것이 도움이 된다. 영유아교육에 관한 중요한 결정을 할 때는 부모와 함께 참여할 수 있는 방안을 모색해 볼 수 있다.

부모상담에서 가족과 교사가 서로의 의견에 동의하지 않을 때 효과적인 상호작용방법

영유아의 부적응 행동을 다루기 위해 부모와 상담을 하는 동안, 가족과 교사가 동의하지 않거나 가족이 효과적인 의사소통을 어렵게 하는 태도를 보이는 등 어려운 관계를 가진 가족과 효과적으로 상호작용하는 방법을 알아보자.

▶ 가족에 대해 부모 자신이 느끼는 감정은 타인이 자신의 자녀를 어떻게 바라보는가와 밀접하게 연관되어 있다는 것을 기억한다. 그렇기 때문에 교사가 자신의 자녀에 대해 문제가 있다고 이야기할 때, 가족은 공격적이고 폐쇄적일 수 있다.

▶ 가족은 문제가 있다는 사실을 부인하고 어려움을 유발한 원인이 유아교육기관, 교사 또는 다른 유아들이라고 말하기도 한다. 이런 상황에서 교사는 억울함을 느낄 수도 있게 되지만, 부모의 말이 옳을 수도 있기에 경청하도록 한다. 또한 이 때, 부모들이 제안한 제안들을 기록해 두도록 한다.

▶ 화를 내거나 공격적인 가족들이 있을 수도 있는데, 이러한 감정과 행동은 교사나 자녀인 영유아들과는 무관할 수도 있다. 교사는 의도치 않게 부모 자신이 갖고 있는 여러 가지 분노의 대상이 될 수도 있다. 이럴 때 교사는 가족이 더욱 어려운 문제에 직면하고 있을 수 있다는 것을 기억하고, 그들의 문제에 대해 공감해 줄 때 가족의 적대감을 푸는 데 도움이 될 것이다.

▶ 만일 가족이 자신의 자녀에 대해 갖는 생각과 교사의 견해가 일치하지 않는다면, 가족의 관점에 대해 이해하려고 노력한다. 가족의 말에 적극적으로 경청하는 모습을 보이도록 한다.

▶ 효과적인 가족-교사 의사소통을 방해하는 행동들을 기억하자.
① 특정 결과에 대해 기대하고 상담에 임하지 않는다.
② 교사는 전문가이고 지식과 이해에 있어 가족보다 월등하다는 인상을 주지 않는다. 전문용어보다는 일상용어로 대화한다.
③ 공개적이든, 비공개적이든 가족에 대해 비판하는 말을 하지 않는다.

출처: Eva Essa, 정갑순 · 김현경 · 김성원 옮김(2010).

3. 상담자로서 교사의 역할

부모상담을 위한 교사의 자세와 상담자로서의 교사 역할에 대해 살펴보자(심성경 외, 2017).

1) 부모상담을 위한 기본자세

① 경청하자: 부모의 언어적, 비언어적 메시지를 경청하려고 노력한다.
② 존중하자: 부모가 지나친 요구를 한다고 하더라도 하나의 의견으로 수용하도록 한다. 모든 사람을 소중히 여기며 바라보려고 한다.
③ 비판단적 태도를 유지하자: 부모가 어떤 요구를 하든, 영유아에게 어떤 행동을 취하든 그런 요구와 행동의 내면에 잠재되어 있는 부모의 기대나 요구를 이해하려고 노력하는 자세를 갖는다.
④ 솔직해지자: 교사는 상담 중 부모의 문의사항에 대해 솔직하게 알려주어야 한다. 알리기 곤란한 상항이라면 양해를 구하는 것이 거짓된 정보를 주는 것보다 낫다.
⑤ 동반자적 관계를 형성하자: 교사와 부모는 경쟁적인 관계가 아니라, 상호 보완적인 역할을 수행하는 동반자적 관계라는 것을 기억한다.

2) 상담자로서의 교사 역할

① 교육전문가로서 부모를 교육하는 교사이면서, 면담의 내용이 영유아의 성장에 도움이 되도록 재구성하는 연구자여야 한다.
② 부모를 도와주는 지원자이면서 부모에게 자문을 하는 자문자이어야 한다.
③ 부모에게 정보를 제공하는 안내자이어야 한다.
④ 부모가 스스로 변화할 수 있도록 돕는 조력자이면서 촉진자이어야 한다.
⑤ 부모와 부모, 부모와 교사, 영유아와 영유아 등 여러 관계에서 나타나

는 갈등을 조정하는 조정자이어야 한다.

4. 부모상담을 위한 과정

교육기관에서 부모상담을 진행하기 위한 과정은 다음과 같다(하수연 외, 2017).

1) 상담 전: 준비하기

① 가정통신문을 통해 부모와 교사 모두가 가능한 상담 날짜와 시간을 정한다(함께 정한 상담일 전에 다시 한 번 상담일을 안내하도록 한다).
② 교육기관에서의 유아 생활 및 발달 정도를 관찰, 분석, 평가, 기록한 자료(관찰일지, 포트폴리오, 활동사진, 발달 기록 체크리스트 검사결과지, 생활기록부 등)들을 근거로 상담할 내용과 상담과정에서 얻어야 할 정보, 질문 등을 미리 계획해 둔다.
③ 생활기록부나 가정환경조사서에 나타난 부모의 연령, 직업, 교육적 관점, 양육 태도 등을 통해 부모에 대해 사전 지식을 가진 후, 상담 계획을 구상하도록 한다.
④ 상담 장소를 정한다. 상담에 적합할 수 있도록 조용한 곳으로 정하고 입구에 상담 장소 안내판을 붙여둔다. 교사와 부모의 좌석 배치는 서로 마주 보게 배치하되, 70cm 정도의 간격을 유지하도록 한다.
⑤ 교육기관에서 영유아가 수행한 교육과정 관련 자료 등을 부모가 볼 수 있도록 배치해 두고, 교사용 유아 개인 상담지와 필기도구, 부모용 메모지, 간단한 음료 및 간식을 준비한다.

2) 상담

① 부모를 따뜻하게 맞이하며 인사하고, 수용적이고 온화한 태도로 깊은 관심을 나타낸다.
② 날씨나 오늘 유아의 기분 상태 등에 관한 이야기를 시작으로 부모-교사 간의 래포를 형성하도록 한다.
③ 상담의 목적은 유아의 부적응이나 문제행동에 대해 부모를 질책하려는 것이 아니라 자녀의 바르고 건강한 성장을 위해 교사와 부모가 함께 협조하여 최선의 방안을 마련하기

위함이라는 것을 알린다.

④ 상담내용은 비밀 보장이 된다는 것을 안내하여 부모와의 신뢰감을 형성한다.

⑤ 유아의 문제행동에 대해 상담하기 위해서는 우선 긍정적인 점에 대해 먼저 말한 후 문제에 대해 이야기하도록 한다. 자녀의 나아진 점을 먼저 인정해 줄 때 부모들은 나은 발전을 위한 제안을 더 쉽게 받아들일 수 있게 된다.

⑥ 부모가 무엇을 원하는지, 어떤 목적으로 왔는지 부모 욕구의 핵심이 무엇인지를 잘 파악한다.

⑦ 교사는 유아의 문제만을 나열하지 않도록 하며, 문제 자체가 자녀의 전부라는 형태의 표현을 하지 않도록 주의한다. 부모가 자녀의 문제에 대해 알고 있다고 하더라도 교사로부터 그런 말을 듣게 된다면 심한 모욕감과 죄책감 등을 느낄 수 있기 때문이다.

⑧ 교사는 유아에 대한 표현을 함에 있어 긍정적인 표현의 어휘를 사용하도록 한다.

⑨ 교사는 편안하고 개방적인 자세를 취하되, 손이나 다리를 꼬거나 턱을 고이거나 팔짱을 끼는 등의 행동은 하지 않는다.

⑩ '왜'라는 질문은 '왜 그렇게 하지 않았느냐' 등의 질책이나 심문을 당하는 느낌을 줄 수 있기 때문에 '어떻게' 또는 '무엇을'로 바꾸어 질문하도록 한다.

⑪ 부모가 자녀양육에 있어 어려움을 이야기할 수 있도록 배려한다.

⑫ 부모와 교사가 함께 목표할 것을 기억하고 지도할 사항에 대해 의논한다. 자녀의 일관성 있는 지도를 위해 가정과 교육기관의 연계성을 고려하여 의논한다.

⑬ 교사의 충고나 제안보다는 다양한 해결책 중에서 부모가 의사결정을 하게 하고, 유아에 대한 중요한 결정은 부모의 몫임을 기억하여 부모 대신 교사가 결정을 내리지 않도록 한다.

⑭ 상담에 대한 내용은 기록하는 것이 좋으나, 기록에만 열중하게 되면 상담에 방해를 줄 수 있으므로 짧게 메모 정도만 하였다가 빠른 시간 내에 정리하도록 한다.

⑮ 상담 마무리를 위해 서두른다는 인상을 주지 않도록 하며, 적당한 시간(약 30분가량) 후에 상담을 종료한다. 종료 전, 상담 중에 언급된 사항이나 필요한 사항을 기록하고 교사에게 부탁하고 싶은 말을 할 수 있도록 한 후, 상담을 끝낸다.

3) 상담 후: 사후지도

① 부모가 돌아간 후, 상담 내용에 대해 기록한다.

② 상담의 목적 및 상담 전 과정에 대해 평가하도록 한다.
긍정적인 상담 분위기였는가?
부모는 편안하고, 신뢰로워했는가?
교사는 부모의 의견을 받아들이는 데 개방적이었는가? 의견을 경청하였는가?
부모의 의견을 말할 수 있는 충분한 시간과 토의가 이루어졌는가?
유아의 강점과 약점에 대한 상담이 모두 이루어졌는가?

교사는 상담을 위해 모든 자료들을 충분히 그리고 적절하게 준비하였는가?
상담 결과에 따라 유아를 위한 지도계획을 수립하였는가?
추후 상담 계획 시 보충하거나 수정해야 할 것은 무엇인가?

③ 상담 후에는 개개인에 대한 상담 내용에 따라 관찰 지도하여 전화, 가정통신문 활용, 메일 사용 등의 방법으로 부모와 긴밀히 연계하도록 한다.

표 7-1 부모상담 후 교사 자기 평가

문항	내용	평가
1	영유아의 가정적 배경에 대해 미리 숙지하였는가?	
2	학기초부터 말까지 다양한 방법을 사용하여 영유아에 대한 다양한 정보를 수집하였는가?	
3	기다리는 동안 부모가 볼 수 있도록 영유아들의 작품이나 학습의 결과물 등을 전시해 놓았는가?	
4	기다리는 동안 마실 음료나 볼 책을 준비해 놓았는가?	
5	교실을 영유아들의 작품과 결과물 등으로 꾸며 놓았는가?	
6	부모를 따뜻하게 환영하면서 맞이하였는가?	
7	긍정적인 언어로 시작하였는가?	
8	부모의 욕구와 이해 수준에 맞춰 면담을 조정하였는가?	
9	면담을 위한 목표가 분명하였는가?	
10	어려운 말이나 전문적인 용어는 부모가 이해할 수 있는 말로 풀어 주었는가?	
11	반영적으로 경청하였는가?	
12	의사소통이 원활하게 양방향으로 이루어졌는가?	
13	다른 부모나 영유아와 비교하지 않았는가?	
14	함께 발전 방향에 대해 의논하였는가?	
15	사후점검을 하였는가?	
16	정해진 시간에 시작하고 끝났는가?	

출처: 박은혜 외(2010). 유치원 교사를 위한 교직실무. p. 324.

5. 영유아 생활지도를 위한 부모코칭

1) 부모코칭의 필요성

부모코칭이란 자녀로 하여금 잠재력을 최대한 발휘하여 행복한 성공을 이룰 수 있도록 지지하는 양방향적 커뮤니케이션 시스템이다(한국부모코칭센터, 2005; 민선옥, 2013). 지도자가 토의나 대화로 부모의 양육행동이나 태도가 변화할 수 있도록 부모역할 훈련을 통해 부모의 역량을 개발하고, 긍정적인 자녀양육을 할 수 있도록 격려하여 피드백을 제공하는 것이다(송정애 · 정해은 · 김미경, 2008).

유아교육기관에서 부모역할을 돕는 부모코칭의 필요성에 대해 살펴보면 다음과 같다(민선옥, 2013).

첫째, 영유아기 자녀를 둔 부모들은 영유아기 발달에 있어서 핵심적인 역할을 하는 중요한 존재로, 자녀의 성장과 발달에 큰 영향을 주기 때문에 부모역할지원 부모코칭이 필요하다.

둘째, 바람직한 부모역할에 대하여 서로 다른 많은 정보가 존재하므로, 부모가 자신에게 가장 필요한 정보를 찾아 활용하는 것을 돕는 부모코칭이 필요하다. 영유아기는 자녀와 부모의 상호작용을 극대화하기에 적절한 시기이며, 이 시기의 부모와 자녀의 원만한 상호작용은 자녀의 발달을 돕는 데 긍정적인 환경이 될 수 있기 때문에 부모를 대상으로 하는 부모역할의 지원은 매우 중요하다(김경미, 2009).

셋째, 현대사회는 사회, 정치, 경제, 문화의 모든 면에서 급속한 변화와 대가족에서 핵가족으로의 가족구조 변화라는 특징을 갖는다. 이러한 변화로 현대사회의 부모에게 있어서는 영유아기 자녀를 양육하기 위한 적절한 모델 부재가 생겼고, 이로 인해 부모역할 지원 부모코칭이 어느때보다 필요하게 되었다.

넷째, 부모코칭을 통해 부모는 부모로서 성장할 기회를 얻는 동시에 인간으로서의 가능성을 실현할 수 있는 기회를 갖게 된다. 또한 직면하고 있는 스트레스와 다양한 도전을 이겨나가기 위하여 그들이 가지고 있는 능력을 인정해주고 강조해줄 수 있는 부모역할지원 부모코칭이 필요하다.

다섯째, 가정과 유아교육기관의 연계를 통해 일관성 있는 교육을 하기 위해 부모역할지원 부모코칭이 필요하다.

부모코칭은 자녀로 하여금 잠재력을 최대한 발휘하여 행복한 성공을 이룰 수 있도록 지지하는 양방향적 커뮤니케이션 시스템으로서, 자녀의 성장과 발달에 핵심적인 역할을 하는 부모들이 자녀들의 특성에 맞는 부모역할을 알고 미래사회에 적합한 인재로 성장시킬 수 있도록 부모들을 위한 코칭이 필요하게 되었다.

2) 부모코칭 프로그램

부모코칭 프로그램은 다른 코칭분야와 달리 현재 연구 단계에 있으며, 체계화된 모델이 완성되어 있지 않아 이소희, 도미향(2008)이 개발한 부모코칭 단계를 도식화하여 살펴보고자 한다.

1단계	2단계	3단계	4단계	5단계
초점 맞추기	가능성 발견하기	실행계획 수립하기	장애요소 제거하기	마무리
마음을 열어요	적극적인 부모	· 협동심 구하기 · 책임감과 훈육	· 자녀행동 이해하고 교정하기 · 분노 다루기 · 품성 길러주기	적극적인 가정

간격을 좁히기 위한 코칭
코칭 스킬 · 맥락적 경청(contextual listening) · 발견적 질문(discovery quwstioning) · 메시징(messaging) · 인정, 축하(acknowledge & celebrating)

그림 7-1 부모코칭 모델

출처: 이소희 · 김도향(2008).

① 1단계, 초점 맞추기: 부모와 교사는 신뢰감을 형성하고, 충분한 경험에 대해 공유하며, 프로그램의 목표, 대화의 주제를 선정하는 '마음을 열어요'라는 주제가 진행된다.

② 2단계, 가능성 발견하기: 부모와 자녀 간의 상호존중의 개념을 이해하고 선택권 주기, 보살피는 사람으로서의 부모 자신 돌보기에 대한 현재 실태를 파악하고 부모코칭의 가능성을 발견하도록 한다.

③ 3단계, 실행계획 수립하기: 문제점보다는 기대하는 성과에 초점을 맞추고 계획을 세부적으로 구체화하여, 활용할 수 있는 자원을 토대로 계획한 내용을 시행하는 것이다. 즉, 문제의 소유 파악, 실행 내용에 대한 순서와 방법 정하기, 자녀와의 의사소통 과정에서 협동심을 구하기, 부모 자신의 의사를 자녀에게 효과적으로 전달하기 위한 정중한 요청, 나-전달법, 단호한 지시 과정에 대해 익힌다.

④ 4단계, 장애요소 제거하기: 문제 상황에서 자녀 행동의 이유와 목적을 이해하고, 자신의 경험을 공유해 봄으로써 문제를 해결하는 데 있어 장애요소인 부모 자신의 분노의 원인과 분노 상황, 분노를 긍정적으로 표출하는 방법 및 문제 해결하는 방법에 대해 알아본다.

〈부모의 분노 이해하기〉

현대 부모는 자녀양육에 대한 준비가 미흡하고, 과거의 전통사회처럼 양육의 책임을 함께 나눌 수 있는 공동 양육자가 부재함으로써 양육에 대한 책임을 부모 자신이 온전히 도맡게 되었다. 이러한 상황은 양육 스트레스를 가중되게 한다. 하지만, 우리나라 정서상 부모는 자신의 분노를 억제하려고 노력하다가 어느 한 순간 폭발적으로 자녀에게 표현함으로써 자녀와의 관계가 악화되어지고, 자녀양육에 있어 어려움을 겪게 되는 것이다. 부모는 부모로서의 역할을 잘 수행하지 못하는 상황에서 자녀와 부모 자신에 대한 분노를 느끼고, 그에 대한 표현을 짜증, 격분, 좌절감, 분노, 자녀에 대한 협박 등으로 나타낸다.
출처: 김미옥(2011).

⑤ 5단계, 마무리: 전체 회기에 대한 평가가 이루어지는 단계로, 이제까지 배운 내용들을 확인하고 앞으로의 실천 의지를 확인하도록 한다. 목표에서 누락된 내용이 없는지 확인하는 과정을 가지며 프로그램의 효과를 다시 평가할 일정을 계획한다.

부모코칭의 장점(송정애 외, 2008)은 다음과 같다.
첫째, 부모-자녀 간 대화의 틀을 제공한다.
둘째, 현재 초점에서 목표까지의 과정 전체를 예측할 수 있다.
셋째, 대화의 목적과 방향을 잃지 않도록 하는 효과적인 방법이다.
넷째, 명확한 단계적 과정으로 간단하고 즉각적으로 활용이 가능하다.
다섯째, 부모-자녀 간의 욕구, 관심, 현재의 감정상태 등에 대해 충분한 정보를 가지는 데 효과적이다.

부모코칭은 모든 과정이 대화로 이루어져 있기 때문에 부모코칭 프로그램으로 인한 부모-자녀관계 개선의 효과 도출의 정도 또한 대화를 얼마나 효과적으로 사용하느냐가 관건이 된한다. 코칭기술인 경청하기, 질문하기, 공감하기, 인정과 칭찬하기에 대해 구체적으로 정리해보면 다음과 같다(도미향 외, 2011).

첫째, 경청기술이란, 상대를 이해하고 공감하기 위한 기술로, 상대의 말을 잘 들음으로써 실제로 하는 말 뒤에 숨어 있는 의도나 실제적인 관점, 말하는 사람의 삶 속에 들어 있거나 삶을 배경으로 하여 나타난 사실들을 듣고 보기 위해 전후관계의 단서들을 놓치지 않고 이해하는 것뿐만 아니라, 말하는 사람의 감정까지도 들으려 하는 것이다.

둘째, 질문하기는 상대가 문제해결의 가능성을 발견하도록 돕는 기술이다. 질문은 코칭의 중심이기도 한데, 그 이유는 질문을 통해 평소에 생각하지 못했던 것을 생각하게 함으로써 스스로 자신의 잠재의식 속에 있는 충분한 자원을 통해 해답을 찾아 자신의 무한한 잠재력을 발견할 수 있는 계기를 제공하기 때문이다(김민숙, 2014). 코치는 질문을 통해 상대의 사고 단계를 이해하고, 그 수준을 높일 수 있는 질문을 하는 것이 중요하다(정대현 · 신원애, 2012).

셋째, 정보주기이다. 정보주기는 상대가 문제해결을 위하여 진전할 수 있도록 하는 기술로, 코치하는 사람이 말하고자 하는 것을 적절한 시기에 간결하고 중립적인 언어(객관적인 언어)로 바꾸는 것을 의미한다(한국코치협회, 2004; 도미향, 2008). 정보주기의 형식은 요청하기(requesting), 확인하기(identification), 정보제공(informing)이 있다.

넷째, 인정 · 칭찬하기는 상대가 실제적이고 구체적인 행동을 할 수 있도록 격려하고 지지하는 기술이다(이미선, 2014). Brayton Bowen(2000)은 '인정과 보상의 기술'에서 인간은 누구나 인정받고 칭찬받고 싶기 때문에, 인정은 개인뿐 아니라 그가 속한 조직으로 하여금 놀라운 에너지를 내는 힘이 있다고 하였다. 따라서 인정 · 칭찬하기는 스스로 문제를 해결하고 자신의 무한한 가능성을 발견해 가는 데 매우 중요한 기술이라고 할 수 있다.

3) 부모-자녀 긍정적인 생활지도를 위한 전략: APN 부모코칭 프로그램에서의 부적응 행동 이해하기와 부모의 코칭기술

팝킨(Popkin, 1993)의 '현대의 적극적 부모역할 훈련(Active Parenting Today: APT)' 프로그램 핵심내용을 그대로 사용한 '적극적인 부모역할, Now!(Active Parenting Now: APN)는 드라이커스(Dreikurs)의 심리적 욕구와 행동의 목적에 관련한 이론, 아들러(Adler)의 개인 심리학 이론과 가족구도에 바탕으로 하고 로저스(Rogers)와 칼크허프(Carkhuff)의 의사소통 기법, 고든(Gordon)의 부모효율성 훈련 이론 그리고 엘리스(Ellis)의 합리적 정서적 이론을 바탕으로 개발되었다(홍경자 역, 2007). APN 부모코칭 프로그램의 목적은 현대의 부모들이 APN 부모코칭 프로그램을 통해 자녀 교육에 대한 목표를 명료화하고, 효율적인 자녀훈육의 방법을 배워 일관성 있는 자녀와의 상호작용을 통해 자녀의 긍정적인 성격 발달에 영향을 끼치는 효율적인 부모역할을 해낼 수 있도록 기술과 지식을 제공하고자 하는 데 목적이 있다. 그리하여 부모의 권위가 존중되고, 또한 자녀를 인격적으로 존중해주면서 현대사회에서 필요한 품성과 용기와 책임감을 길러주는 것, 문제해결을 위한 대화기술에 대해 안내한다(홍경자 역, 2007).

(1) APN 부모코칭 프로그램에서의 자녀 부적응 행동 이해하기와 부모행동전략

자녀가 부적응 행동이나 그릇된 행동을 하는 것은 그 뒤에 숨겨진 어떤 욕구나 목적을 충족하기 위한 동기가 있을 수 있는데, 부모는 자녀를 대하면서 이러한 동기를 무시한 채 자주 문제를 더 악화시키는 행동을 하게 된다. 자녀가 문제행동을 하는 동기에는 부모의 부당한 관심을 끌기 위해서, 부모에게 반항하기 위해서, 부모에게 앙갚음하기 위해서, 부모로부터 회피하기 위해서이다. 자녀의 문제행동의 목적과 그에 따른 부모행동전략 및 자녀가 긍정적 행동을 하도록 지원할 수 있는 부모의 행동전략을 비교하여 살펴보면 표 7-2와 같다(Michael H. Popkin, 홍경자 역, 1995/2000: 67 내용을 이 장과 관련하여 APN 프로그램의 바탕이 된 APT 프로그램의 내용을 기본으로 편집함).

표 7-2 자녀의 문제행동을 이해하고 긍정적 행동으로 변화시킬 수 있는 부모행동전략 비교

자녀 문제행동과 부모행동전략					자녀의 긍정적 행동을 위한 부모역할			
문제 행동의 목적	자녀의 반응	부모의 감정	부모 행동전략		행동의 목적	자녀의 반응	부모의 감정	부모 행동전략
부당한 관심 끌기	부당한 관심끌기를 중단한다. 그러나 빠른 시간 후 다시 시작한다.	짜증	• 자녀의 행동을 무시한다. • 다른 경우에 자녀에게 충분한 관심을 준다. • 논리적, 자연적 결과를 사용한다. • 행동으로 보여주되 설득하려 하지 않는다.	➡	인정받기	협동과 공헌	친밀감	협동을 격려하고 자녀의 공헌을 인정한다.
반항하기	악순환적 행동이 계속되고 다만 차후에 다시 싸우기 위해서 일시적으로 양보한다.	분노	• 갈등에 끼어들지 않는다. • 냉정을 되찾은 후에 그것에 대해 이야기한다. • 싸우지도 않고 양보하지도 않는다. • 초연한 태도를 보인다.	➡	독립심을 갖기	책임감을 가지고 자기-동기적 행동하기와 학습	감탄	• 책임감을 부여한다. • 계속해서 격려한다.
앙갚음	계속해서 상처를 주거나 잘못된 행동을 더 증가한다.	상처	• 상처받기를 거부한다. • 갈등상황에서 벗어난다. • 복수적인 자녀에게 사랑을 보여준다. • 상처를 되돌려주고 싶은 마음을 자제한다.	➡	나와 다른 사람을 위해 주장하기와 용서하기	긍정적으로 접촉한다.	사랑	• 당신 자신의 긍정적 감정을 표현한다. • 당신 자신의 관계에서 주장하기와 용서를 보여준다.
회피	수동적이 된다. 어떤 노력을 시도하는 것을 거부한다. 포기한다.	무력감	• 인내한다. • 자녀를 격려할 방법을 찾아 본다.	➡	자기만의 시간갖기	준비가 되어 있을 때 접촉을 다시 하도록 한다.	존중	• 자녀가 홀로 있고 싶어하는 소망을 존중해 준다. • 압력을 가하지 않으며, 추후에 능동적 의사소통을 사용한다.

6. 가정통신문을 활용한 부모의 생활지도 지원

유아를 사회화시키는 구체적인 틀은 가정에서 부모와의 관계를 통해 이루어지며, 신체적 적응을 위한 자기조절 행동 및 기본 신뢰감을 갖을 수 있도록 지도하고, 성장함에 따라 유아 교육기관과 이웃, 지역사회가 사회적 역할을 담당하게 된다(채경란, 2007). 가정과 유치원의 일관성 있는 교육환경의 제공은 유아교육의 효율성을 높이기 때문에, 유아 교육기관은 가정과의 연계를 통해 가정에서 교육적 환경이 제공될 수 있도록 부모역할을 지원해야 한다. 가정연계란 가정과 유아 교육기관이 연계되어 함께 실시하는 교육활동으로 다양한 방법으로 이루어진다. 그중 가정통신문을 활용하여 부모가 영유아의 생활지도를 지원할 수 있는 방법을 살펴보고자 한다.

가정통신문은 부모에게 유아교육기관의 운영계획과 월별, 주별, 일별 교육활동과 준비물, 부모교육의 계획과 운영, 유아교육에 관한 정보 등의 제공은 물론 대부분의 부모가 관심을 갖는 자녀지도의 문제 등을 알리기 위해서도 활용되고 있다. 가정통신문은 가정과 교육기관간의 연계를 촉진시키는 주요 매체의 역할을 하기 때문에, 부모역할에 관한 지식과 기술제공은 물론 자녀와 부모의 대화에 필요한 상호작용 능력을 촉진시키는 데 도움을 준다(채경란, 2007).

〈예시 1〉 가정통신문을 활용한 '영유아 교육기관-가정' 연계 생활지도

출처: 채경란(2007). 가정통신문을 통한 가정과의 연계가 기본생활습관지도에 미치는 영향. 강남대학교 교육대학원 석사학위논문에서의 프로그램.

협 조 문

학부모님께
안녕하십니까? 온 가정에 행복이 가득하시기를 바랍니다.

우리 유치원에서는 유아의 기본생활습관을 위한 교육의 성과를 높이기 위해 유치원-가정 연계교육 프로그램을 운영하고자 합니다. 유아기는 인간이 살아가는 데 삶의 기초적인 바탕이 되는 기본생활습관을 올바르게 길들이는 가장 중요한 시기입니다.
유치원에서 보내드리는 가정통신문을 통해서 유치원에서 진행되고 있는 교육을 학부모님께 알려드리고, 학부모님께서는 자녀의 행동 하나하나를 주의 깊게 관찰하시어 가정에서의 실천 정도를 피드백 해 주시는 방법으로 연계교육을 실시하고자 합니다.

구체적인 협조사항은 아래와 같습니다. 자녀의 기본생활습관을 형성시키고자 하는 이번 프로그램에 참여하시고자 할 경우 보내드리는 〈참여 동의서〉를 작성하시어 원아편에 보내 주시기를 바랍니다.

– 아 래 –

1. 유아의 기본생활습관을 형성, 촉진시키기 위하여 유치원-가정 연계교육을 실시하고자 합니다. 유치원에서는 체계적인 교육과정에 따라 매일 교육을 실시하고, 가정에서는 유아들이 이를 계속적으로 실천하고 있는지를 확인하여 그 결과를 피드백 하는 형태로 프로그램은 이루어집니다. 그리고 연계교육의 매체로서 가정통신문을 활용하고자 합니다.
2. 기본생활습관의 형성은 유아기 때부터 이루어져야 합니다. 부모님의 적극적인 협조를 당부 드리며, 연계교육의 참여 여부를 동의서를 통해 밝혀 주시면 감사하겠습니다.

BN 유치원

4월 기본생활지도 및 평가표

4월 우리 유치원의 약속: 나의 일은 내가 하는 어린이 –절제 •예절 •청결 •질서교육

◈ 목표

기본이 바로 된 어린이로 성장하는 데 필요한 기본실천사항입니다. 가정에서도 유아들이 실천할 수 있도록 부모님께서 함께 도와주세요. 아이들 스스로 실천했을 때는 잘한 일에 대해 칭찬을 아끼지 말고 해 주세요.

♡ 평가방법: 약속을 잘 지킨 날에는 예쁜색으로 색칠해 보아요.

① 약속을 아주 잘 지킨 날에는 노란색으로 색칠하세요(5점).
② 약속을 조금 잘 지킨 날에는 초록색으로 색칠하세요(3점).
③ 약속을 아주 잘 안 지킨 날에는 주황색으로 색칠하세요(1점).

내 일은 내가	일(질서)	월(예절)	화(질서)	수(절제)	목(예절)	금(절제)	토(청결)
1-6일		어른을 만나면 공손하게 인사해요.	계단이나 복도에서 뛰지 않아요.	음식은 남기지 않고 다 먹어요.	어른께 존대말을 사용해요.	이를 닦을 때 컵에 물을 받아 사용해요.	목욕해요.
7-13일	횡단보도로 건너요.	집을 나갈 때와 들어올 때 부모님께 인사해요.	의자에 바르게 앉아요.	내 물건을 소중히 다루어요.	친구를 만나고 헤어질 땐 인사를 잘 해요.	물건을 아껴서 써요.	흘린 음식을 깨끗하게 정리해요.
14-20일	차를 타면 안전벨트를 해요.	옷을 단정하게 입어요.	신발을 바르게 신어요.	다른 친구의 놀이를 방해하지 않아요.	전화예절을 지켜요.	밖에서 오랫동안 놀지 않아요.	화장실은 깨끗이 사용해요.
21-27일	에스컬레이터에서는 장난하지 않아요.	식탁에서 바른 자세로 식사해요.	놀이를 할 때는 차례와 규칙을 잘 지켜요.	물 사용 후 수도꼭지를 잠구어요.	국기에 대한 경계를 바르게 할 수 있어요.	적당량의 음식을 먹어요.	손톱 발톱을 깨끗이 깎아요.
28-30일	공공장소에서 소리지르지 않아요.	입었던 옷은 잘 정리해요.	내가 사용한 놀잇감은 스스로 정리해요.				

♡ 부탁의 말씀: 자녀가 일상생활 속에서 절제 · 예절 · 청결 · 질서의 4가지 덕목을 스스로 지켜 나갈 수 있도록 도와주시고, 가정에서도 함께 지켜나갈 수 있도록 도와주시기를 부탁드립니다. 자녀가 직접 자신의 실천 내용을 되돌아보고 평가할 수 있도록 합니다. 평가를 한 후, 유치원으로 가지고 옵니다.

◆ 부모님 평가:

◆ 교사 평가:

유치원-가정 연계교육 참가 동의서

반명: 원아 이름:

본인은 상기 원아의 학부모로서 유치원에서 계획하고 있는
유치원-가정 연계교육 프로그램에 참여하여,
아이의 기본생활습관 형성을 촉진시키는데 함께 노력할 것임을 약속합니다.

학부모 성명: (인, 또는 서명)

BN 유치원 원장 귀하

〈예시 2〉 가정통신문을 활용한 우리 아이 스마트폰 중독 예방 지도

출처: 나민영(2017). 유아의 스마트미디어 중독 예방을 위한 부모연계 집단 상담 프로그램 개발. 한국교원대학교 교육대학원 석사학위논문 한국정보화진흥원, 2015.

우리원에서는 스마트폰을 접하지 않은 유아에게도 스마트폰에 대한 바른 인식을 심어주고 조절할 수 있는 능력을 길러주어 언젠가는 사용하게 될 스마트폰을 바르게 사용하도록 도와주는 프로그램을 가정과 연계하여 교육하고자 합니다. 본 프로그램은 스마트폰 중독 예방 효과와 더불어 유아의 사회성 향상과 적응력, 창의적 표현력을 길러줄 수 있는 것을 목적으로 합니다. 가정에서도 기관에서의 프로그램 운영에 항상 관심 가져주시고, 학부모님과 가정에서 함께 한 내용과 방법을 가정통신문을 통해 전달해 주시면 프로그램에 반영하도록 하겠습니다. 오늘의 교육 내용은 '**자녀와 함께 기억하고 주의할 수 있는 스마트폰 사용 가이드라인**'입니다.

스마트폰 사용 가이드라인

▶ 스마트기기가 허용되는 장소와 시간을 정해주세요.
- 거실 등 열린 공간에서 보호자와 함께 1회 20분 미만으로 스마트미디어를 사용하는 등 우리 가족만의 규칙을 정해 주세요.

– 스마트기기 사용 제한 시 '20분까지만 하자!' 보다는 '한 번(게임)만 더 하자'라고 긍정적 대화로 약속해 주세요.

▶ 자녀가 스마트폰을 이용할 때는 반드시 보호자가 함께해 주세요.
– 스마트폰은 부모와 자녀가 상호작용하는 도구로 활용해 주세요.

▶ 스마트폰은 자녀가 스스로 사용을 끝낼 수 있도록 하고, 사용 후에는 자녀가 좋아하는 활동, 놀이를 함께 해 주세요.
– 사소한 행동이지만, 스스로 사용을 끝내는 행동을 통해 아이는 조절능력을 기르고 성취감을 느낄 수 있습니다.

▶ 스마트폰 사용 시 사용 목적을 분명히 해 주세요.
– 스마트폰은 장난감이 아니며 전화통화를 하거나 중요한 정보를 메모할 때, 급하게 검색을 해야 할 때 등 스마트폰을 왜 사용해야 하는지 목적을 아이와 함께 정해서 지키는 것이 좋습니다.

▶ 부모부터 스마트기기 사용을 줄여주세요. 자녀 앞이나, 자녀가 보는 곳에서 스마트기기 사용을 자제해 주세요.
– 부모님의 스마트미디어 사용습관은 그대로 자녀에게 영향을 미칩니다.

▶ 자녀와 신체적인 활동을 하는데 보다 많은 시간을 보내세요.
– 따뜻한 부모와의 관계를 통해 아이의 지능과 정서가 충분히 발달할 수 있도록 보호가 필요합니다.

PART

V 영유아 생활지도의 실제

간식, 도시락 바르게 준비하기(식사예절)

활동목표

식사하기 전에 도시락, 수저, 물컵, 수건의 위치를 제자리에 놓는 훈련을 통하여 바른 식사예절을 습득하도록 한다.

활동자료

도시락, 수저, 물컵, 수건, 도시락 위치를 정한 그림자 판

활동방법

1. 일상생활 영역에 준비되어 있는 도시락을 바르게 정리하는 활동바구니를 꺼낸다.
2. 그림자 판 위에 도시락, 수저, 물컵, 수건 등을 올려놓고 완성하여 본다.
3. 반복 훈련을 통해 식사하기 위한 도시락 정돈하기를 익힌다.

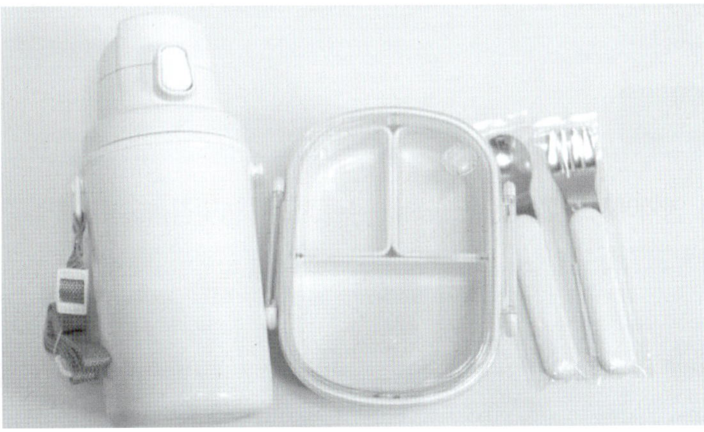

인형 옷 입히기(자조기술)

활동목표

- 단정하고 바르게 옷 입는 방법을 안다.
- 소근육이 발달한다.

활동자료

인형, 인형 옷, 신발, 빗, 의생활 훈련 틀(단추 끼우기, 지퍼 올리기, 끈매기 등)

활동방법

1. 소꿉 영역에 각종 인형 옷을 준비한다.
2. 각 인형에 맞는 옷을 선택한다.
3. 옷이 단정하고 바르게 입혀졌는지 논의하여 잘못된 점을 지적하고 바르게 입힌다.
4. 의생활 훈련 틀도 준비하여 조작해 보는 기회를 준다.

유의점

소꿉놀이 영역에서 인형 옷을 입혀볼 수 있도록 놀잇감을 충분하게 준비한다.

이 닦기 (청결)

활동목표

이의 중요성을 알고 깨끗이 닦는다.

활동자료

물컵과 물컵 놓는 선반, 개인 칫솔, 치약(절약할 수 있는 올림기), 칫솔꽂이, 이 닦기 순서 그림 카드

활동방법

1. "이를 왜 닦아야 할까"에 대해 이야기를 나눈다.
2. 그림 카드를 보면서 이 닦기 순서를 익히고 재미있게 소리도 만들어 본다(치약 짜는 방법과 뚜껑을 닫는 것).
3. 화장실에 가서 이 닦기를 다 함께 한다.
4. 칫솔은 칫솔꽂이 통에 놓고 물컵은 스펀지로 닦아서 제자리에 놓는다.
5. 입 주위를 깨끗이 닦는다.
6. 이를 닦고 '하' 하고 냄새를 맡아보고 기분이 어떤지 이야기 해본다.

숟가락, 포크, 젓가락 사용하기(자조기술)

활동목표

숟가락, 포크 젓가락 등 여러 도구를 사용하여 옮기는 활동을 통해 음식물을 흘리지 않고 옮기는 도구 사용법을 익히게 돕는다.

활동자료

접시 2개, 쟁반 1개, 숟가락(대, 중, 소), 젓가락(굵은 나무젓가락, 가는 나무젓가락, 쇠 젓가락), 포크(대, 중, 소), 뽕이(대, 중, 소), 음식물(대추, 밤, 도토리, 콩)

활동방법

1. 숟가락으로 대추가 담겨 있는 접시에서 빈 다른 접시로 한 개씩 떠서 옮긴다.
2. 젓가락 또는 포크를 사용하여 옮기기를 반복한다.
3. 숟가락으로 조금 작은 도토리, 다음에는 콩 등 점점 작은 물건을 옮긴다.
4. 포크나 젓가락으로도 점점 작은 물건 옮기기를 한다.
5. 숟가락이나 포크, 젓가락 크기를 작은 것으로도 활동해 본다.

화장실에서의 손 씻기 안내(청결)

활동목표

- 화장실에 다녀온 후 손을 씻어야 함을 안다.
- 올바른 손 씻는 방법을 안다.

활동자료

- 세면대 앞에서 물장난을 하는 그림
- 차례대로 서서 손 씻는 그림
- 종이 수건 뽑아 쓰고 휴지통에 버리는 그림

활동방법

1. 자유선택활동 중 소집단(약8~9명)으로 모여 화장실로 이동한다.
2. 세면대 앞에 모여 서서 이야기를 나눈다.
   - 무엇을 하는 곳일까?
   - 언제 손을 씻을까?
     : 화장실 다녀온 후, 간식 먹기 전
3. 손을 씻는 방법에 대해 이야기 한다.
   - 손은 어떻게 씻을까?
     옷 소매 걷기 → 마개로 세면대 구멍 막기 → 수도꼬지 틀기 → 비누로 손 씻기 → 다 쓴 물 버리기 → 종이 수건으로 손 닦기 → 옷 소매 내리기
4. 거울에 붙은 그림을 보여주며 어떤 그림인지 이야기하고 손 씻을 때 지켜야 할 약속에 대해 이야기 나누다.

- 거울에 붙은 그림은 어떤 그림일까?
  : 물장난 하는 그림, 차례차례 줄 서서 손 씻는 그림
- 우리가 손을 씻을 때 물로 장난을 치거나 앞 친구를 밀면 어떻게 될까?
- 어떻게 손을 씻어야 할까?

5. 유아가 손 씻기 활동을 자연스럽게 할 때까지 지도한다.
   (식사 전후, 외출한 후, 화장실 다녀왔을 때, 놀이한 후 등)

놀이터에서는 안전하게 놀아요(안전)

활동목표

- 실외 놀이기구를 안전하게 사용한다.
- 놀이터에서 지켜야 할 규칙을 안다.

활동자료

실외 놀이터에서 안전하게 활동하는 여러 가지 그림, 남에게 피해를 주는 여러 가지 그림, 여러 가지 실외 놀이기구 그림판 또는 작은 모형

활동방법

1. 여러 가지 활동 그림을 보며 이야기 나눈다.
   - 놀이기구를 누가 바르게 타고 있을까?
   - 놀이기구를 누가 위험하게 타고 있을까?
2. 안전한 실외 놀이 활동을 위해 필요한 방법과 규칙을 생각해 본다.
3. 각자의 여러 가지 생각을 모아 규칙을 정한다.
4. 규칙에 따라 생활하여 본다.
5. 생활하고 놀이하다 불편한 점은 고친다.
6. 고친 규칙에 따라 생활한다.
7. 교사가 안전수칙을 만들어 붙여준다(그림을 활용한다).

횡단보도를 건너요(안전)

활동목표

횡단보도를 건널 때 유의할 점을 안다.

활동자료

그림 자료

활동방법

1. 큰 길 건널 때는 어떻게 해야 할지 이야기 나누어 본다.
   - 횡단보도를 이용하여 신호동이 초록불이 되면 좌우를 살핀 후에 건넌다.
2. 교통 표지판에는 어떤 것들이 있는지 어떤 의미가 있는지 알아본다.
3. 유아들이 직접 눈으로 보고 느껴 볼 수 있도록 직접 견학을 하도록 한다.
4. 운동장에 횟가루로 횡단보도를 그리고 신호등 막대(빨간불이 켜진 신호등 막대, 초록불이 켜진 신호등 막대)를 준비하여 유아들이 직접 횡단보도를 건넌다.

급식 시간(식사 인사예절)

활동목표

올바른 식생활 습관을 갖는다.

활동자료

도우미 목걸이, 식기 소독기(식판, 국그릇, 수저), 급식대, 보조책상, 음식찌꺼기통, 빈 바구니

활동방법

1. 교사는 급식대와 보조 책상에 음식을 준비한다.
   - 급식대 맨 위 - 반찬 3종류
   - 중간 - 빈 바구니
   - 아래 - 앞치마, 머리 수건
   - 보조책상 - 밥, 국
2. 도우미가 식탁 준비와 급식 받을 준비가 된 모둠을 불러준다.
3. 식기 소독기에서 급식판, 국그릇, 수저를 가지고 온다.
4. 급식대에서 먹을 만큼의 반찬과 밥을 담는다(국은 뜨거우므로 교사가 떠준다).
5. 급식을 받고 "감사합니다" 인사말을 한다.
6. 제자리에 가서 반 친구들이 다 받을 때까지 기다린다.
7. 도우미가 나와 '감사의 기도'를 친구들과 함께 한다.
8. 유아들이 "선생님 먼저 드세요"라고 말하면, "맛있게 먹자" 또는 "맛있게 먹어라"하고 대답을 해 준다.

9. 유아들은 “잘 먹겠습니다”라는 말과 더불어 “친구야 맛있게 먹어”라고 인사를 하고 즐겁게 식사를 한다(더 먹고 싶은 유아는 앞의 급식대로 나와 직접 가져간다).

10. 다 먹으면 급식대로 가져와 정리한다.
    - 먼저 국그릇을 정리한 후 바구니 옆의 공간을 예쁘게 정리하여 놓는다.
    - 숟가락으로 급식판에 남은 음식물을 맨 위에 준비된 찌꺼기 통에 넣는다.
    - 급식판은 바구니 속에 예쁘게 정리하여 놓는다.
    - 수저는 맨 위에 준비된 쟁반에 정리한다.
    - “잘 먹었습니다.” 인사말을 한 후 양치질을 한다.

차례 지키기 안내(질서)

활동목표

질서 있게 차례를 지켜봄으로써 기본생활습관을 형성할 수 있다.

활동자료

줄 서기 도우미 표시판

활동방법

1. 기다리는 이유와 필요성에 대해 이야기를 나눈다.
   - 왜 줄은 서야 할까?
   - 줄 서는 방법에는 어떤 것들이 있을까? - 서로 도와주기, 도우미 정하기
2. 줄 서기 도우미의 역할에 대해 알아본다.
   - 순서대로 줄 설 수 있도록 도와준다.
   - 줄서기가 끝나면 한 명은 줄 앞 쪽에, 다른 한 명은 줄의 뒤쪽에 서며 뒤쪽 도우미는 뒤처지는 유아나 문제가 생기는 친구들을 도와준다.
   - 교실에서 나오면 불을 끄고 어느 곳으로 이동하는 지 장소를 알리는 안내 표지판을 방문에 걸어 놓는다.
   - 귀가 시에는 현관의 혼잡을 막을 수 있도록 두 명이 현관 앞에 나란히 서서 5명씩 귀가하는 것을 도와준다.
3. 당번 표시판의 사용 방법을 알아본다.
   - 하루에 2명씩 도우미를 정한다.
   - 하고 싶은 사람은 위쪽에, 다음날 하고 싶은 사람은 아래쪽에 붙인다.
   - 다음 날 아래쪽에 있던 사람은 위쪽으로 가고, 도우미를 하지 않았던 칸의 유아를 다시 아래쪽에 붙인다.
   - 왼쪽에는 도우미를 하지 않은 사람이 붙어 있고 도우미를 한 사람은 오른쪽에 붙인다.

화장실 사용법(청결)

활동목표

화장실 사용을 바르게 할 수 있다.

활동자료

상황 그림 카드, 현장(화장실), 화장지, 비누, 세면기, 수건

활동방법

1. 화장실에서 지킬 예절을 알아보기
2. 화장실의 바른 사용 방법을 알아보기(변기에 바로 앉고 서기)
3. 대변기와 소변기 구별하기
4. 용변 후 처리과정 익히기(옷 입기, 물 내리기)
5. 소변 볼 때, 대변 볼 때 화장지 사용하기
6. 손 씻기(용변 후)
7. 화장실 사용한 경험을 이야기 해보기
8. 화장실에 가서 직접 활동을 해 본다.
    - 문 두드리기(왜 문을 두드려야 할까요?)
    - 사람이 많을 때 줄 서기(급한 사람에게 양보하기)
    - 변기 중간에 바르게 앉기
    - 용변 보고 물을 내리기
    - 낙서하지 않기
    - 문을 쾅쾅 소리 나게 닫지 않기
9. 변기 밖으로 배설물이 튀지 않게 용변을 본다.

화장지를 알맞게 사용해요(절약)

활동목표

- 물건을 잘 간수하고 아껴 쓰는 습관을 형성할 수 있다.
- 다른 사람의 물건이나 공공물건을 구분하고 소중하게 다룬다.

활동자료

코끼리 코를 길게 그리고 눈금을 표시한 하드보드판, 두루마리 화장지

활동방법

1. 소그룹의 유아들과 교사가 화장지를 살피면서 상호작용한다.
   (코끼리 코를 내 보이면서) 만일, 소변을 보았다면 화장지의 점선을 기준으로 몇 장을 떼어 사용하면 좋을까?
2. 소변을 볼 때와 대변을 볼 때의 사용량이 다른 것을 알 수 있도록 한다.
3. 코를 풀 때 필요한 화장지의 양을 알아본다.
4. 화장지를 어떻게 접어 사용할지를 알아본다.

유의점

화장실 벽에 코끼리 코를 부착하여 유아들이 화장실을 사용할 때 상기할 수 있다.

바르게 인사해요

활동목표

상대, 때, 장소에 따라 바르게 인사할 수 있다.

활동자료

동시 '아침 저녁', 막대인형(엄마, 아빠, 햇님, 나팔꽃, 분꽃)

활동방법

1. 인사를 왜 해야 하는지, 유아와 함께 이야기를 한다.
   - 우리는 언제 인사를 할까?
   - 누구와 인사를 하니?
   - 어떻게 인사를 하니? (예: 어른께 인사할 때, 친구, 형제, 주변에 계신 이웃분께 인사를 어떻게 할까?

2. 동시를 함께 읽는다.
   - 동시를 읽어 준다.
   - 막대인형을 이용하여 다시 한 번 들려준다.
   - 아침에 일어나서 저녁에 잠들 때까지 부모님께 어떤 인사를 했는지 경험한 것을 이야기해 보도록 한다.
   - 유아가 말한 것 외에 또 언제 인사할 수 있는지 다양한 상황에 대해 이야기한다(아침에 일어나서, 잠자기 전에, 외출하기 전에, 집에 돌아와서, 식사 후 등)
   - 동시를 '인사말 바꾸기', '시간 바꾸기' 등의 다양한 내용으로 다시 짓기 해 본다.

〈아침 저녁〉

엄마 보고 안녕, 아빠 보고 안녕
아침 일찍 깨어 햇님 보고 안녕
나팔꽃도 일어나 우리 보고 안녕

엄마 보고 안녕, 아빠 보고 안녕
잠자리에 들 때 달님 보고 안녕
분꽃들도 졸면서 우리 보고 안녕

유의점

막대인형 대신 손가락 인형으로 활용할 수 있다. 손가락 인형을 사용할 때 왼손에는 1절에 해당하는 엄마, 아빠, 햇님, 나팔꽃 인형을 끼고 오른손에 유아 인형 하나를 끼고 동시 내용을 표현한다. 2절을 읽을 때는 햇님은 달님으로 나팔꽃은 분꽃으로 바꾸어 끼고 읽어 준다.

반말? 존댓말?

활동목표

- 가족들 사이에도 지켜야 할 예절이 있음을 안다.
- 웃어른께 사용하는 예의바른 말이 있음을 알고 실천한다.

활동자료

동화 〈반말쟁이 민지〉, 막대인형(또는 손인형)

〈반말쟁이 민지〉

민지는 그림, 노래, 친구들과도 잘 지내는 예쁜 아이랍니다. 그런데 예쁜 민지에게는 한 가지 아주 나쁜 버릇이 있었어요. 그것은 어른들에게 반말하는 것이었어요.
어느 날 아침 일찍 일어나신 할아버지께서 민지를 불렀어요.
할아버지: 민지야~, 민지 일어났니?
민지: 응, 할아버지 일어났어! 왜 불렀어?
할아버지: ... ...
민지: 할아버지 왜?
할아버지: 어~ 우리 민지 밥 먹으라고 불렀지!
민지: 으~응 밥 먹을께!
할아버지: (혼잣말) 저런 저런 할아버지에게 반말을 하다니.. 쯧쯧쯧...
* 밥을 먹은 후 유치원 갈 시간...
엄마: 민지야~ 유치원 가야지. 준비는 다했니?
민지: 응! 엄마, 그런데. 내 가방 어디 있어?
엄마: 민지 네 방에 있지 않니?
민지: 아! 맞다. 알았어. 엄마
엄마: 민지야! 어른껜 "네 알았어요." 라고 해야지
민지: 알았어! 아니 알았어요. 어휴~ 매일 잔소리야! 유치원 갔다 올게.
엄마: 아니 저 녀석이... 에휴~
아빠: 여보 왜 그래요!

엄마: 민지가 자꾸 어른들께 반말을 하네요. 고칠 수 있는 방법이 없을까요?
아무리 이야기해도 듣질 않네요.
할아버지: 얘 애미, 애비야.
엄마, 아빠: 예, 아버님!
할아버지: 민지의 말버릇 때문에 큰일이구나.
엄마: 아버님 죄송해요. 민지의 말버릇 다 제 잘못이에요.
할아버지: 그나저나 그 버릇을 고쳐야 할 텐데! 어쩐담...
아빠: 아버님 좋은 방법이 있어요. (귓속말로 이야기)
할아버지: 오냐! 알았다.
민지; 나 유치원 갔다 왔어! 어 왜 아무도 없지? 나 왔다니깐!
할아버지: 어이구! 우리 민지 유치원에 잘 다녀오셨습니까!
민지: 하하하! 뭐야~~~ 아이 우스워, 엄마 배고파 간식 줘!
엄마: 네~ 얼른 차려 드릴께요!
민지: 하하~~ 근데 이상하다. 어른들이 이상하게 말하네.
할아버지: 민지, 잘 다녀오셨습니까?
민지: 어어 왜 자꾸 이상하게 말 하는거야! 어엉~ 하지마! 하지 말란 말이야.
아빠: 그건 민지가 어른들에게 반말을 하니까 그러는 거야.
아빠: 할아버지, 엄마, 아빠 나 이제부터는 존댓말로 얘기 할께요. 이제 저한테 그러지 마세요.
엄마: 어머나 금방 존댓말로 바꿨네!
민지: 할아버지, 엄마, 아빠! 제가 잘못했어요.
할아버지: 암 그래야지 허허허.
그 후 민지는 어른들께 존댓말을 사용하는 예의바른 어린이가 되었답니다.

〈할아버지〉

〈아빠〉

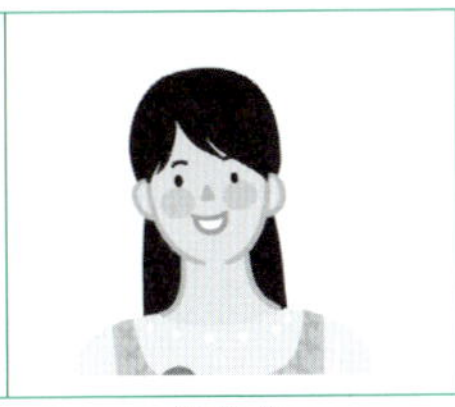
〈엄마〉

〈민지〉

활동방법

1. 가족의 구성원에 대해 이야기한다.
   • 우리 가족은 누구 누구이니? 누구와 함께 살고 있니?

2. 어른들게 인사말을 할 때는 어떻게 해야 하니? 친구들과 인사 할 때와 어떻게 다르니?
   - 엄마, 아빠에게 유치원 다녀 올 때에는 어떻게 인사할까?
   - 유치원을 다녀와서는 어떻게 인사하니?
   - 간식이나 밥을 먹을 때는 어떻게 이야기하니?
3. 〈반말쟁이 민지〉 동화를 듣는다.
4. 동화 내용에 대해 이야기 나눈다.
   - 민지는 유치원에 다녀와서 어떻게 인사했니? 엄마께는 무엇이라고 말했지?
   - 민지의 말투와 우리가 부모님이나 할머니, 할아버지께 하는 인사는 어떻게 다르니?
   - 너희들도 엄마, 아빠, 할아버지, 할머니에게 반말을 하니?
   - 어른들에게 왜 존댓말을 사용해야 하는지 생각해 보자.
   - 존댓말을 사용했을 때, 어떤 느낌이니?
   - 만약, 어른들게 존댓말을 사용하지 않고, 민지처럼 반말을 하다면, 어떤 느낌일까?
   - 존대말에는 어떤 것이 있는지, 언제 하는지 알아보자.

유의점

동화의 내용을 잘 이해하게 되면, 유아와 동극으로 활동하여 일상에서 존댓말을 자연스럽게 사용할 수 있도록 한다.

내용 및 삽화 출처:
교육과학기술부. 5세 누리과정 교사용 지도서 - 나와 가족. p. 118-121.

존댓말에도 여러 가지가 있어요.

활동목표

- 대상과 상황에 적합한 존댓말을 알고 사용한다.
- 존댓말 카드를 통해 웃어른께 예의 바르게 행동한다.

활동자료

상황과 대상에 따른 다양한 존댓말 그림 카드

〈고맙다〉

〈고맙습니다〉

〈먹는다〉

〈드신다〉

〈물어본다〉

〈여쭈어본다〉

〈아프다〉

〈편찮으시다〉

활동방법

1. 상황그림 카드를 보며 이야기를 나눈다.
   - 이 그림은 무엇을 하는 그림일까?

- 그림 속엔 어떤 사람들이 있니?
  - 다른 그림 속 어른에게는 어떤 말을 사용해야 할까?
  - 어른께 존댓말을 사용해 본 적이 있니?
  - 어떤 존댓말들을 사용해 보았니?

2. 상황그림 카드를 보여 주며 상황에 맞는 존댓말을 알아본다.
   - 어떤 존댓말들이 있는지 한 번 읽어볼까?
   - 이 그림은 뭘 하는 그림일까?
   - 이럴 때 친구에게는 뭐라고 할까?
   - 어른들에게는 어떤 존댓말을 써야 할까?
3. 상황그림 카드에 맞는 존댓말 단어를 찾아 짝을 맞춘다.
4. 상황그림 카드를 다 맞춘 후에는 존댓말을 읽어본다.

유의점

1. 글자 읽기를 어려워하는 경우 존댓말 단어를 미리 붙여 놓은 후 사용하거나 교사의 도움을 제공한다.
2. 유아들이 다양한 높임말들을 생각해 볼 수 있도록 충분한 상호작용을 나눈다.

내용 및 삽화 출처:
교육과학기술부. 5세 누리과정 교사용 지도서 - 나와 가족. p. 122-123.

음식을 골고루 먹어요

활동목표

1. 음식을 골고루 먹어야 하는 이유에 대해 관심을 가진다.
2. 다양한 음식을 골고루 먹어 보는 경험을 한다.
3. 몸에 좋은 음식을 골고루 먹을 수 있다.

활동자료

농사하는 농부아저씨, 영양선생님 사진. 여러 가지 야채, 음식 사진, 점심시간에 음식을 깨끗이 먹은 식판 사진 또는 식사하는 모습 사진

활동방법

1. 좋아하는 음식과 싫어하는 음식에 대해 이야기 나눈다.
   - 우리 친구들이 좋아하는 음식은 무엇인가요? 또 싫어하는 음식은 무엇인가요?
   - 좋아하는 음식(싫어하는 음식)을 먹으면 기분이 어땠나요?
   - 좋아하는 음식만 먹으면 몸이 어떻게 될까요?
2. 음식과 우리 몸의 관계에 대해 알아보고, 골고루 먹어야 하는 이유에 대해 알아 본다.
   - 밥이 우리 몸속으로 들어가면 어떤 일을 할까요? (불끈 불끈 힘을 나게 해준다.)
   - 생선은 어떤 일을 할까요? (몸의 근육과 살을 만든다.)
   - 시금치는 어떤 일을 할까요? (감기에 걸리지 않게 하고, 아픈 곳이 없도록 병을 이기게 만든다.)
   - 멸치는 어떤 일을 할까요? (키가 쑥쑥 커지고, 뼈를 튼튼하게 만들어 준다.)

- 땅콩은 어떤 일을 할까요? (추울 때나 더울 때 잘 견디게 해줌)

3. 음식을 먹을 때 바른 태도와 식습관에 대해 알아본다.
   - 음식을 골고루 먹을 수 있는 방법은 없을까요? 어떻게 하면 골고루 먹을 수 있을까요?
   - 음식을 남기면 어떻게 될까요? 음식을 남김없이 먹을 수 있는 방법은 없을까요?
   - 음식을 천천히 꼭꼭 씹어 먹을 수 있는 방법은 없을까요?
   - 어떻게 하면 천천히 먹을 수 있을까요?
4. 음식을 만드는 사람은 누구인지 알아본다.
   - 우리가 먹는 음식은 누가 만들었을까?
   - 음식이 오기까지의 과정을 이야기 해본다.
   - 농부 아저씨가 우리가 먹는 음식을 자라게 하도록 키운다.
   - 조리사님이 우리가 먹을 수 있도록 조리하시는 것을 이야기 해본다.
5. 음식을 골고루 먹어야 하는 이유에 대해 알아보면서 이야기 나누어 본다.
   - 음식을 골고루 먹어야 하는 이유는 무엇일까요?
     1) 키는 쑥쑥 커지고, 뼈는 튼튼해진다.
     2) 병을 이기게 해준다.
     3) 추울 때나 더울 때 견딜 수 있게 해준다.
     4) 불끈불끈 힘이 나게 해준다.
   - 우리가 음식을 남기고 버리게 되면 농부아저씨, 영양선생님이 속상해 할 것을 이야기 해 본다.
   - 쌀 하나도 힘들게 만들었는데. 그것을 먹지 않고 남기면 농부아저씨 마음은 어떨까?
   - 영양선생님께서 맛있게 음식을 만들어 주셨는데 남겨 놓으면 영양선생님 마음은 어떨까?
6. 점심 시간에 음식을 골고루 먹기로 약속해본다.

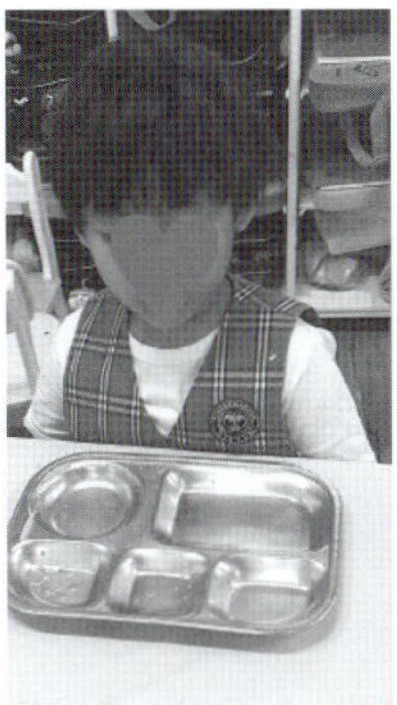

유의점

유아기는 기본생활습관이 형성되는 중요한 시기이므로 지속적, 반복적으로 지도한다.

놀이터에서 놀이할 때 차례를 지켜요.

활동목표

1. 우리 유치원에서 함께 사용하는 공간을 안전하게 이용하는 방법에 대해 안다.
2. 안전 약속을 정해본다.
3. 안전 약속을 지키며 친구들과 함께 즐겁게 놀이에 참여한다.

활동자료

우리 유치원의 실외놀이터 시설물 사진(미끄럼틀, 시소, 그네 등)

활동방법

1. 우리 유치원의 안전 약속 활동에 대해 회상한다.
   - 어제 우리가 이야기 나누기 시간이 무엇을 했나요?
   - 어떤 약속을 정해 보았니요?
   - 유치원에서 안전 약속이 필요한 곳은 어디일까요?
2. 실외놀이터에서 놀이했던 경험에 관해 이야기 나눈다.
   - 실외놀이터에서 어떤 놀이가 재미있나요?
   - 친구와 함께 어떻게 놀이했나요?
3. 실외놀이터 사진을 보며 이야기 나눈다.
   - (미끄럼틀 사진을 보며) 이 기구의 이름은 무엇인가요?
   - 우리 친구들은 미끄럼틀(암벽타기, 그네)을 어떻게 사용했나요?
   - 미끄럼틀(암벽타기, 그네)을 타다 다쳤거나 위험했던 경험이 있었나요?
   - 어떻게 하다 그랬나요?
4. 실외놀이터 안전 약속을 정한다.

- 실외놀이터에서 즐겁게 놀이하기 위해선 어떤 안전 약속이 필요할까요?
- 실외놀이터에 가기 전에는 어떻게 가면 좋을까요?
- 미끄럼틀은 어떻게 이용하면 좋을까요?
- 암벽 등반하기, 그네 타기를 할 때 왜 줄을 잡아야 할까요?
- 줄을 서서 활동을 하면 어떤 점이 좋을까요?

5. 정해진 약속을 지킬 수 있도록 다시 한 번 이야기 나눈다.
   - 우리가 어떤 안전 약속을 정해 보았나요?
   - (실외놀이터 갈 때 줄서기, 미끄럼틀은 계단으로 올라가기, 미끄럼틀 차례로 내려오기 등)

유의점

놀이기구 이용시 안전에 유의해서 이용할 수 있도록 사전에 유아들과 충분한 상호작용을 반복적으로 나눈다.

안전하게 유치원에 등원해요.

활동목표

1. 안전하게 유치원에 등원하는 방법에 대해 안다.
2. 횡단보도를 건너는 방법을 이해한다.
3. 안전한 교통생활 방법을 실천하는 마음을 갖는다.

활동자료

유치원에 등원하는 사진, 신호등이 있는 길을 건너는 사람 사진, 횡단보도 건너기 PPT, 색종이

활동방법

1. 유치원에 오는 등원 방법에 대해 이야기 나눈다.
   - 우리 친구들은 유치원에 올 때 어떻게 오나요?
2. 횡단보도에 대한 경험을 나눈다.
   - 사진 속 이것을 본 적이 있나요?
   - 어디에서 보았나요?
   - 횡단보도에서는 어떻게 했나요?
3. 횡단보도와 신호등에 대해 알아본다.
   - 횡단보도는 무엇을 말하는 것일까요?
   - 왜 길에 횡단보도가 있는 것일까요?
   - 횡단보도에는 무엇이 있나요?
   - 신호등은 왜 있을까요?
   - 신호등에 있는 색깔은 무엇이 있었나요?

- 빨간색 불이 들어 왔을 때는 어떻게 해야 할까요?
- 그럼, 초록 색 불일 때는 어떻게 해야 할까?

4. 횡단보도를 건너는 올바른 방법에 대해 알아본다.
   - 왜 우리는 횡단보도를 건널 때 조심해야 할까요?
   - 우리 친구들은 횡단보도를 건너는 방법을 알고 있나요?
   - 녹색 불이 켜지면 제일 먼저 무엇을 해야 할까요?
   - 왜 그렇게 생각하나요?
   - 초록 불이 켜지면 일단 멈추기!,
     오른쪽, 왼쪽을 살펴보고 차가 완전히 멈출 때까지 기다리기. 차가 멈추면 천천히 손을 들고 횡단보도를 건너기! 할 수 있겠나요?
5. 횡단보도를 건너기를 직접 활동해본다.
   - 오늘은 우리가 교실에서 횡단보도 건너기를 활동해 볼거예요.
     횡단보도를 건너는 방법을 잘 기억하고 건너보도록 해요.
6. 활동을 회상한다.
   - 횡단보도를 건너는 방법에 대해 알아보았는데 어땠나요?
   - 횡단보도 약속을 잘 기억해서 우리 안전하게 길을 건너도록 해요.

계단에서는 조심히 걸어서 다녀요

활동목표

1. 계단을 이용하는 방법을 안다.
2. 질서를 지켜야 하는 이유를 이해한다.
3. 다른 사람과 함께 생활하는 방법에 관심을 갖고 실천하는 태도를 기른다.
4. 계단에서 안전하게 이동하며 위험한 행동을 하지 않는다.

활동자료

계단을 이용하는 방법 PPT

활동방법

1. 계단에 대한 경험에 대해 이야기 나눈다.
   - 계단을 본 적이 있나요?
   - 계단은 어디에 있을까요?
   - 계단을 언제 이용해 보았나요?
   - 이용하면서 어떤 생각이 들었나요?
2. 계단을 안전하게 이용하지 않았을 때의 위험성에 대해 알아본다.
   - 그림 속 친구는 무엇을 하는 것 같나요?
   - 계단에서 뛰어 내려오면 어떻게 될까요?
   - 그럼 이 친구는 어떤 것 같나요?
   - 계단에서 친구의 손을 잡고 내려오면 무슨 일이 생길까요?
3. 계단을 안전하게 이용하는 방법에 대해 알아본다.
   - 계단을 이용할 때 지켜야 할 규칙에 대해 알아보자.

- 올라가는 사람과 내려가는 사람이 부딪치지 않도록 하려면 어떻게 해야 할까요?
- 계단에서는 빨리 뛰어가는 것이 좋을까요? 천천히 걸어가야 할까요?
- 계단에서는 무엇을 잡고 가면 좋을까요?

4. 계단을 이용하는 방법을 다시 한 번 회상한다.
   - 손잡이를 잡고 오른쪽으로 천천히 한 칸씩 다닐 수 있겠나요?
5. 계단으로 이동하여 계단을 올라가보고 내려가본다.

전기에너지는 소중해요.

활동목표

1. 필요하지 않는 전등은 끄는 습관을 갖는다.
2. 전기를 아껴서 사용해야 함에 대해 안다.
3. 전기의 소중함을 알고 아껴 사용한다.

활동자료

전기를 아껴 쓰는 그림자료, 에너지절약 마크 그림자료

활동방법

1. 교실에서 전기가 필요한 물건에는 어떤 것들이 있는지 함께 찾아본다.
   - 우리 교실에 전기가 필요한 물건에는 어떤 것들이 있을까요?
2. 전기를 낭비하는 모습을 보면서 어떻게 해야 할지 방법에 대해 알아본다.
   - 외출할 때 집에서 불을 켜놓은 적이 있나요?
   - 불을 켜지 않아도 실내가 밝은 때는 어떻게 하는 것이 좋을까요?
   - 방안에 아무도 없는 곳에 불을 켜고 나오면 어떻게 될까요?
   - 엘리베이터를 타면서 닫기 버튼을 눌러본 적이 있나요?
     여러 층의 단추를 눌러본 적이 있나요?
   - 엘리베이터를 사용할 때, 전기를 아껴 쓰려면 어떻게 해야 할까요?
3. 전기를 절약하는 방법에 대해 알아본다.
   - 냉장고 문을 어떻게 하나요? 냉장고 문을 자주 여닫으면 어떻게 될까요?
   - 방안에 아무도 없을 때 불이 켜져 있다면 어떻게 해야 할까요?
   - 텔레비전을 오랫동안 보면 어떻게 될까요?

- 엘리베이터를 탈 때 가고자 하는 층만 눌러야 하는 이유는 무엇일까요?
- 전기를 아껴 쓰려면 어떻게 해야 할까요?
  1) 냉장고 문을 자주 여닫지 않는다.
  2) 방안에 아무도 없을 때 불을 끈다.
  3) 텔레비전은 꼭 필요한 프로그램만 본다.
  4) 엘리베이터 작동 단추를 여러 번 누르지 않는다.
- (에너지 절약마크 보여주며)이런 그림을 본 적이 있나요?
- (에너지 절약마크)이 마크는 어떨 때 사용하는 마크 일까요?
- 에너지 절약마크는 우리들이 전기처럼 에너지를 사용할 때 아껴서 사용하라고 알려주는 거예요

4. 우리 생활에서 전기가 없다면 어떤 일이 일어날지 상상해보면서 전기의 소중함에 대해 이야기 나눈다.
   - 우리 생활에서 전기가 없다면 어떤 일이 일어날까요?
   - 전기는 어떻게 사용해야 할까요?

유의점

유아들과 함께 실생활에서 에너지를 절약하는 습관을 지속적으로 지도한다.
전기를 끄고 켜는 활동을 할 때 유아들이 전등 스위치로 장난을 치지 않도록 지도한다.

바른 교통생활을 해요

활동목표

1. 횡단보도의 여러 상황에 관심을 가진다.
2. 횡단보도를 안전하게 건너는 방법을 알아본다.
3. 규칙을 지켜 횡단보도를 안전하게 건널 수 있다.

활동자료

신호등이 있는 횡단보도(횡단보도 모형과 신호등 모형), 우산, 건너가는 길 음원, 가사판

활동방법

1. '건너가는 길' 노래를 함께 부른다.

> 건너가는 길
> (김성균)
>
> 건너가는 길을 건널 땐
> 빨간불 안돼요 노란불 안돼요
> 초록불이 돼야죠 신호등이 없는 길에선
> 달려도 안돼요 뛰어도 안돼요
> 손을 들고 가야죠

2. 우리 유치원 가는 길에 대해 생각해 보며 이야기를 나눈다.
   - 유치원 가는 길에 무엇이 있었나요?
   - 골목길에서는 어떻게 가야 할까요?
   - 횡단보도에서는 어떻게 해야 할까요?
3. 신호등이 있는 횡단보도와 없는 횡단보도를 안전하게 건너는 방법에 대해

이야기 나눈다.

- 차가 다니는 길을 안전하게 건너기 위해서는 어떻게 해야 할까요?
- 신호등이 있는 횡단보도라면 어떤 색깔일 때 건너야 할까요?
- 신호등이 없는 횡단보도라면 어떻게 건너야 할까요?

4. 안전하게 길을 건너는 방법에 대하여 이야기를 나눈다.
   - 일단 멈춘다.
   - 왼쪽, 오른쪽을 살핀다.
   - 오른손을 높이 든다.
   - 운전자와 눈을 맞춘다.
   - 화살표 방향이 있는 횡단보도로 멈춘 자동차를 보며 조심히 건넌다.
5. 비가 올 때 안전하게 건너는 방법에 대해 알아본다.
   - 비가 오는 날 길을 건널 때 지켜야 할 점은 무엇일까요?
6. 횡단보도 앞에서 여러 가지 상황을 고려하며 안전하게 횡단보도 건너보는 활동을 한다.
   - 신호등이 있는 곳에서는 무엇을 조심해야 할까요?
   - 신호등에 초록색 불이 켜졌어요.
   - 주변을 잘 살피고, 화살표가 있는 방향으로 길을 건너보세요.
   - 신호등이 없는 곳에서는 어떤 점을 조심해야 할까요?
   - 안전하게 길을 건너보세요.
   - 우산을 쓰고 있을 때는 어떻게 건너야할지 직접 건너볼까요?
7. 활동을 회상하고 평가한다.
   - 직접 나가서 안전하게 길을 건너보니 어떤가요?
   - 어려운 점은 없었나요?
   - 안전하게 길을 건널 수 있을 것 같나요?

식사도구를 바르게 사용해요.

활동목표

1. 생활 속에서 활용하는 식사도구를 안다.
2. 눈과 손을 협응하여 소근육을 조절하며 젓가락을 사용한다.
3. 식사도구를 바르게 사용하는 태도를 기른다.

활동자료

젓가락, 작은 뿅뿅이 여러 개, 그릇 4개, 신호 악기

활동방법

1. 수수께끼를 통해 활동에 필요한 자료 중 한 가지를 알아본다.
   - 나는 몸이 길쭉해요. 나는 짝꿍이 있어요. 밥을 먹을 때 사용해요. 나는 누구일까요?
2. 젓가락을 사용하는 방법에 대해 이야기 나눈다.
3. 활동자료를 보며 오늘의 활동을 알아본다.
   - 여기에 어떤 물건들이 보이나요?
   - 이 물건들을 사용해서 무엇을 할 수 있을까요?
   - 오늘은 이 젓가락을 이용해서 뿅뿅이를 옮기는 게임을 해 볼 거예요.
4. 활동방법을 알아본다.
   - 두 팀으로 나누어 앉는다.
   - 출발선에 서서 교사의 출발신호에 맞추어 출발한다.
   - 반환점에 위치한 책상 위에 있는 젓가락을 사용하여 그릇에 담겨있는 뿅뿅이를 빈 그릇에 옮긴다.

- 출발점으로 다시 돌아와 교사의 손바닥을 마주친다.

5. 활동에 필요한 규칙을 정한다.
   - 이 게임을 할 때 어떤 약속을 지켜야 할까요?
   - 젓가락으로 집은 뽕뽕이가 떨어졌을 때는 어떻게 할까요?
   - 뽕뽕이를 손으로 잡았을 때는 어떻게 할까요?
   - 게임을 하지 않고 앉아서 응원을 하고 있는 친구들은 어떤 약속을 지키면 좋을까요?
   - 다리를 뻗고 앉으면 어떤 일이 생길 수 있을까요?
   - 우리가 함께 정한 약속을 지키며 게임을 해보도록 해요.
6. 시범을 보인다.
7. 게임 결과를 알아본다.
8. 활동을 평가하고 마무리한다.
   - 젓가락을 이용하여 뽕뽕이를 옮겨보니 어땠나요?
   - 음식을 먹기 위해 젓가락을 사용하는 것과 어떻게 달랐나요?
   - 또 어떤 것을 젓가락으로 옮길 수 있을까요?

나의 몸을 깨끗이 해요(건강-청결)

활동목표

1. 우리 몸을 청결히 유지해야 하는 이유와 방법에 대해 안다.
2. 건강을 위해 몸을 깨끗이 하는 태도를 기른다.
3. 목욕하는 과정에 대해 알고 습득한다.

활동자료

'목욕은 정말 싫어'(앰버 스튜어트 지음, 로라 랭킨 그림, 민유리 옮김. 베틀북)

활동방법

1. 몸이 더러운 아기 인형을 보며 이야기 나눈다.
   - 아기 인형의 모습이 어때 보이나요?
   - 왜 이렇게 더러워졌을까요?
   - 어떻게 하면 아기 인형이 다시 깨끗해질 수 있을까요?
2. 동화의 표지를 보며 이야기 나눈다.
   - 동화의 제목은 무엇인가요?
   - 어떤 그림이 보이나요?
   - 무슨 내용일 것 같나요?
3. 동화를 감상한다.
4. 동화의 내용을 회상하며 이야기 나눈다.
   - 아기 토끼는 어디를 씻는 것을 싫어하였나요?
   - 아기 토끼네 집에 놀러온 사촌 형이 재미있게 놀이한 후 무엇을 하였나요?

- 사촌 형 토끼가 귀를 씻는 모습을 보고 아기 토끼는 무슨 생각을 하고 어떤 행동을 하였나요?

5. 목욕할 때 필요한 것과 주의할 점을 이야기 나눈다.
   - 목욕을 할 때는 어떤 물건이 꼭 필요할까요?
   - 비누는 어떨 때 사용하는 것인가요? 미끌미끌한 비누를 가지고 장난을 치면 무슨 일이 생길 수 있을까요?
   - 그런데 목욕을 할 때 물을 계속 틀어 놓으면 나중에 어떤 일이 생길 수 있을까요?
6. 다양한 목욕 용품을 이용하여 아기 인형을 목욕시키도록 한다.
   - 그러면 우리가 아까 보았던 더러워진 아기 인형도 다시 깨끗해 질 수 있을까요?
   - 아기 인형을 깨끗이 목욕시킨 후에는 어떻게 해야 할까요?
7. 우리 몸을 청결히 유지해야 하는 이유와 생활 속에서 실천 할 수 있는 방법에 대해 이야기 나눈다.
   - 왜 우리는 몸을 깨끗이 씻어야 할까요?
   - 씻지 않으면 어떤 일이 생길 수 있을까요?

유의점

물을 바닥에 흘릴 수 있으므로 목욕통 주변에 깨끗한 걸레를 바닥에 깔아놓고, 인형 목욕시키기 활동을 하는 유아는 옷이 젖지 않도록 앞치마를 착용하도록 한다.

선생님, 친구들과 인사하고 소개해요.

활동목표

1. 인사말을 듣고 뜻을 이해해본다.
2. 바르게 공수 인사를 할 수 있다.
3. 친구들에게 인사하고 자신을 소개할 수 있다.

활동자료

토끼, 사자 손인형, 인사 장면 그림 자료, 모형마이크

활동방법

1. 우리가 인사할 때 사용할 수 있는 인사말에 대해 알아본다.
   - 도입 시 토끼와 여자 아이 손인형 활용한다.
   - 사자: 있잖아 토끼야, 우리 지난번에 여러 가지 인사 방법에 대해 알아보았던 거 기억나니?
   - 토끼: 그럼! 그러니까, (고민하는 말투로) 안녕하고 이야기하는 게 인사지.
   - 사자: 안녕 말고도 인사는 많이 있단다. 00반 친구들아~ 친구들이 알고 있는 인사말에는 어떤 것이 있는지 토끼에게 알려줄 수 있나요? (안녕, 반가워, 고마워, 잘가 등)
   - 토끼: 히히. 고마워 00반 친구들아. 그런데 선생님이나 할머니, 할아버지 같은 어른께 인사를 할 때는 뭐라고 이야기하지? 선생님 알려주세요.
   - 어른께 인사를 할 때는 '안녕'하고 인사하지 않고 어떻게 인사할까요?
   - 맞아요. '안녕하세요' 하고 인사를 하지요.
2. 대상과 상황에 따라 달라지는 인사법에 대해 이야기 나눈다.

- (친구와 인사하는 장면의 그림을 보며) 친구를 만났을 때 어떻게 인사할까요?
- (선생님과 인사하는 장면의 그림을 보며) 선생님이나 어른을 만났을 때 어떻게 인사하고 어떻게 나를 소개할 수 있을까요?
- (헤어질 때 인사하는 그림을 보며) 헤어질 땐 어떤 말로 인사할 수 있을까요?

3. 친구, 선생님과 직접 인사를 나누고 자신을 소개한다.
   - 선생님 친구들과 직접 인사를 나누고 자기를 소개해볼까요?
   - 유치원에서 선생님을 만났어요. 어떻게 인사해야 할까?
   - 집으로 갈 때 친구와 어떻게 인사할까요?
   - 유치원에서 다른 선생님을 만났다고 생각하고 이름, 나이, 반을 소개할 수 있나요?
4. 인사를 나눈 느낌에 대해 이야기 나눈다.
   - 인사를 주고받을 때 어떤 기분이 들었나요?
   - 서로의 기분을 좋게 만드는 또 다른 인사말이 있을까요?
   - 유치원/어린이집에서 친구들과 어른들을 만났을 때 바르게 인사할 수 있겠나요?

유의점

유아들이 자신을 소개할 때 부끄러워하는 유아들은 교사가 옆에서 유아가 자신감을 가질 수 있도록 격려해준다.

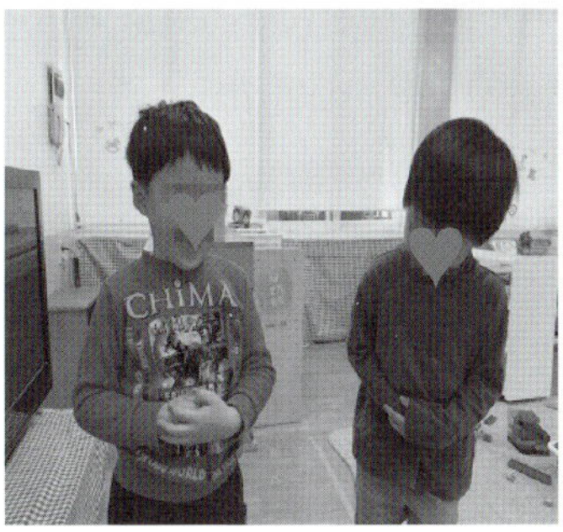

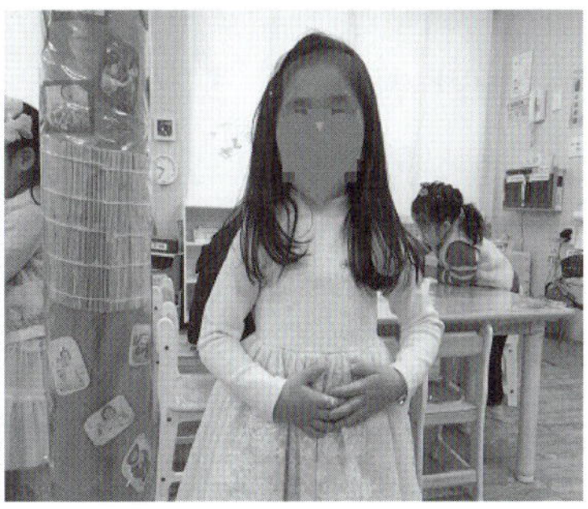

선생님, 친구들과 인사하고 소개해요.

활동목표

1. 음식의 중요성에 대해 안다.
2. 음식을 골고루 먹어야 하는 이유에 대해 관심을 갖는다.

활동자료

여러 가지 음식 그림자료(몸에 좋은 음식 그림, 몸에 좋지 않은 음식 그림)

활동방법

1. 여러 가지 음식 그림 자료를 보며 음식에 대해 이야기를 나눈다.
   - (음식 그림을 보여주며) 어떤 그림이 보이나요?
   - 이런 음식을 먹어본 적이 있나요?
   - 어떤 맛이었나요?
   - 00이는 이 음식 중에서 어떤 음식을 좋아하나요?
   - 선생님이 이 음식 중에서 가장 좋아하는 음식은 시금치 무침이예요. 왜냐면 우리 몸을 건강하게 해주기 때문에 시금치 무침을 좋아해요.
   - 우리 00반 친구들이 좋아하는 음식을 이야기 해볼까요?
   - 왜 그 음식을 좋아하나요?
2. 음식을 골고루 먹어야 하는 이유에 대해 알아본다.
   - 음식은 우리에게 어떤 도움을 줄까요?
   - 만약 음식이 없다면 어떻게 될까요?
   - 음식을 어떻게 먹어야 할까요?
   - 어떤 음식이 좋은 음식일까요?

- 몸에 좋지 않은 음식에는 어떤 것들이 있을까요?
  c: 초콜릿, 사탕, 과자요.
- 만약 몸에 좋지 않은 음식을 많이 먹으면 어떻게 될까요?
  c: 아파요. / 이가 썩어서 병원에 가요.
- 식사 시간에 지켜야 할 식사 예절에는 무엇이 있을까요?
  c: 친구들과 떠들지 않아요. / 골고루 먹어요. / 김치를 먹어요. / 조금이라도 노력해서 먹어보아요.
- 방금 이야기 한 식사 예절을 지키면서 점심 식사를 해보도록 할까요?

3. 활동에 대해 평가를 한다.
   - 음식에 대해 알아보니까 어땠나요?
   - 어떤 점을 새롭게 알게 되었나요?
   - 앞으로 몸에 좋은 음식을 골고루 먹을 수 있겠나요?

유의점

몸에 좋은 음식에 대해 지나친 강조로 유아들이 음식에 대한 부정적인 마음이 들지 않도록 한다.
식사 시간 전 오늘의 급식 메뉴에 대해 알려주면 영양교육을 할 수 있도록 한다.

친구와 나누어서 사용해요.

활동목표

1. 친구들과 함께 나누어 쓰는 태도를 가진다.
2. 일상생활 속에서 나눔을 실천한다.
3. 친구들과 물건을 나누어서 사용할 수 있다.

활동자료

친구와 물건을 나누어서 사용하는 모습의 사진 또는 그림, 동시판 '나누면 좋아요'

활동방법

1. 친구들과 함께 물건을 나누어 사용해 보거나 음식을 나누어 먹어본 경험을 이야기 해본다.
   - 우리 00반 친구들은 친구들과 놀이 할 때나 장난감을 나누어서 사용해 보거나 맛있는 음식을 서로 나누어서 먹어본 적이 있었나요?
   - 어떤 물건을 나누어 사용했나요?
   - 혼자서 하지 않고 친구와 나누어 사용하니 기분이 어땠나요?
2. 친구와 함께 나눌 수 있는 것은 어떤 것이 있는지 이야기 나눈다.
   - 나누어 쓰면 좋은 것은 어떤 것이 있나요?
   - 친구와 함께 나누어 먹으면 좋은것에는 어떤 것이 있을까요?
3. 동시 '나누면 좋아요'를 소개한다.

〈나누면 좋아요〉

맛있는 과자를
나눠먹긴 싫어요.

로봇 장난감도
빌려주긴 힘들죠.

하지만 나누면
함께 재밌죠.

친구도 신나고
나도 나도 좋아요.

4. 동시 전체를 천천히 낭송해 본 후 유아들과 함께 동시를 낭송해 본다.
5. 동시를 재구성해 본다.
   - 친구와 나누어서 사용하면 좋은 것, 나누어 먹으면 좋은 것, 나누어 함께하면 좋은 것 등의 내용으로 동시를 재구성해서 함께 낭송해 본다.
6. 동시를 감상 후 느낌에 대해 이야기 나누며 평가해 본다.
   - 동시를 들어본 느낌이 어땠었나요?
   - 친구와 함께 나누면 왜 즐겁고 행복할까요?
   - 오늘 활동하면서 어떤 점이 가장 기억에 남았나요?

유의점

- 친구와 함께 나누어서 사용하고 친구와 함께하는 것이 즐겁다는 것을 느낄 수 있도록 이야기 나눈다.
- 유아들의 일상경험 속에서 나누어서 무언가를 사용해 본 경험을 회상해 보는 시간을 충분히 가질 수 있도록 한다.

친구야 미안해(친구와 사이좋게 지내요)

활동목표

1. 화해의 의미를 안다.
2. 친구와 다투었을 때 화해하는 방법을 안다.
3. 다른 사람과 더불어 생활하는 태도를 가질 수 있다.
4. 타인의 감정과 느낌을 이해하고, 존중해주는 마음을 갖는다.

활동자료

친구와 다투는 모습 상황 PPT 그림자료, 친구와 화해하는 방법의 그림자료, 친구에게 보내는 사랑의 편지활동자료(편지지, 필기구)

활동방법

1. 친구에게 화가 났거나 다투었던 경험에 대해 이야기 나눈다.
   - 친구에게 화가 나거나 다투었던 적이 있었나요?
   - 친구에게 어떻게 했을 때 화가 났었나요?
   - 친구와 다투었을 때 어떻게 했나요?
2. 친구와 다투었을 때 감정과 기분에 대해 이야기 나눈다.
   - 친구와 다툴 때 기분이 어땠었나요?
   - 친구와 다툴 때 친구에게 어떤 말을 했었나요?
   - 기분 안좋은 말을 들었을 때 친구의 마음은 어땠을까요?
3. 친구가 화가 났을 때 어떻게 해야 할지 알아본다.
   - 친구에게 “미안해” 라고 먼저 사과를 해본 적이 있나요?
   - 친구에게 잘못을 해서 친구가 화가 났을 때 어떻게 해야 할까요?
   - 친구가 잘못해서 나에게 “미안해”라고 먼저 사과할 때는 어떻게 해야할까요?

4. 친구와 화해하는 방법에 대해 알아본다.
   - 친구에게 사과의 편지를 써 본 적이 있나요?
   - 친구에게 미안하다는 편지를 받았을 때 기분이 어땠나요?
   - 화가 났을 때 친구가 싫어하는 행동을 하면 어떨까요?
   - 친구가 힘들 때 도와준다면 기분이 어떨까?
   - 친구와 화해하는 방법에 대해 알아본다.

> 1) 미안한 마음을 담은 사과의 편지를 써요.
> 2) 친구가 좋아하는 놀이를 함께해요.
> 3) 친구가 힘든 일이 있을 때 도와줘요.
> 4) 친구를 안아주면서 "사랑해, 미안해"라고 표현해요.

5. 친구와 화해하는 방법 중 어떻게 화해 할지 알아본다.
   - 친구와 사과 할 때 어떤 방법으로 사과하면 좋을까요?
   - 왜 그 방법이 좋다고 생각했나요
   - 그럼 우리 00반 친구들이 이야기 했던 내용 중 편지로 친구에게 미안한 마음을 표현해 보는 시간을 가져볼까요?
6. 유아들이 화해의 마음을 표현해 보고 싶은 유아들에게 편지를 적어 본 후 편지 내용을 발표해 보는 시간을 가지면 서로의 마음을 전하고 표현해 보는 시간을 갖는다.
7. 오늘의 활동을 평가해 본다.
   - 친구에게 미안했던 마음을 표현해 보니 어땠나요?
   - 오늘 활동 하면서 어떤 점이 가장 기억에 남았나요?
     친구와 다투거나 잘못해서 친구의 마음을 속상하게 했을 때 미안한 마음을 표현해 볼 수 있겠나요?

유의점

- 친구와 다투었거나 잘못해서 속상하게 했던 친구에게 편지를 쓸 때 친구에게 미안한 마음이 진심으로 전달 될 수 있게 표현할 수 있도록 지도한다.
- 여러 가지 상황에 대한 감정에 대해서 자신의 생각을 표현해 볼 수 있도록 한다.

참고문헌

강경아(2011). 반석어린이집 만 3세반 교사들의 기본생활습관 교육에 관한 문화기술적 연구. 이화여자대학교 대학원 박사학위 논문.

강혜원 · 김성원 · 석은조 · 오성숙 · 최효정(2012/2016). 경기: 양서원.

경기도 유아교육진흥원(2013). 3-5세 연령별 누리과정 유아평가예시문.

고양보육교사교육원. **2015년 1급 승급교육**. pp.230-232.

______________(2015). 2015년 보육교사 일반직무교육. p. 83-84.

고양보육교사교육원. **2015년 보육교사 일반직무교육**. pp.83-84.

교육과학기술부 3세 누리과정 지도서.

교육과학기술부 4세 누리과정 지도서.

구슬기(2010). 유아의 성 및 기질과 부모의 훈육방식이 거짓말에 미치는 영향. 이화여자대학교 대학원 석사학위논문.

국립특수교육원(2009). **특수교육학 용어사전**. 서울: 하우.

권영정(2014). 만 2세반 영아의 스마트기기 사용에 대한 어머니들의 인식: 스마트폰과 태블릿 PC를 중심으로. **육아지원연구, 9**(1), 213-242.

권정윤 · 안혜준 · 송승민 · 권희경(2016). **유아생활지도**. 서울: 학지사.

______________________(2017). **유아생활지도**. 서울: 학지사.

기순신 · 김호인(2012/2014). **아동생활지도**. 경기: 양서원.

김란희(2016). 유아의 기본생활습관에 대한 교사의 지도방법과 지도과정에서의 어려움. 성신여자대학교 교육대학원 석사학위논문.

김미라(2007). 유아예절교육을 위한 교육프로그램 개발 및 교수매체 연구. **미래유아교육학회, 14**(4), 475-501.

김미영(2018). 영아의 기질이 사회정서적 유능성 및 문제행동에 미치는 영향. 목포대학교 일반대학원 석사학위논문.

김미옥(2011). 부모코칭 프로그램이 부모의 분노, 양육스트레스 및 부모효능감에 미치는 효과. 경성대학교 교육대학원 석사학위논문.

김미화(2016). 가정통신문을 활용한 부모교육이 아버지의 양육관련 요인에 미치는 영향-양육 행동, 양육 효능감, 양육 스트레스, 양육 지식 중심으로-. 동국대학교 교육대학원 석사학위논문.

김민정(2009). 유아를 위한 컴퓨터 교육 프로그램의 개발 및 효과 검증. **열린유아교육연구, 14**(3), 315-336.

김보경 · 조현춘 · 정대영 · 박영균 공역(1990). **아동기 행동장애**. 서울: 성원사.

김송이 · 박경자(2001). 또래 지위와 친구관계에 따른 아동의 갈등해결방식. **아동학회지, 22**(4), 69–84.

김영봉 · 권순희 · 장성화 · 황인호 · 김옥진 · 유홍휘(2014). **생활지도와 상담**. 경기: 서현사.

김지윤(2012). APN 부모코칭 프로그램이 만 1–2세 영아 어머니의 자아존중감, 부모효능감 및 양육행동에 미치는 효과. 경남대학교 대학원 석사학위논문.

김현자(2005). 가정에서의 유아 기본생활습관 지도. 아주대학교 교육대학원 석사학위 논문

김현자 · 서회니 · 오지영(2018). **영유아 생활지도**. 서울: 어가.

김희진 · 박은혜 · 이지현(2018). **영유아 교육기관에서의 관찰**. 서울: 창지사.

나민영(2016). 유아의 스마트미디어 중독 예방을 위한 부모연계 집단 상담 프로그램 개발. 한국교원대학교 교육대학원 석사학위논문.

네이버 지식백과. 올바른 식습관〉다이어트 가이드〉이승화, 올바른 식습관. HIDOC.

문혁준 · 서소정 · 이주연 · 정지나 · 하지영 · 김민희 · 박경선(2018). **아동생활지도**. 서울: 창지사.

민선옥(2013). 유치원에서의 부모코칭 적용과정탐색. 성신여자대학교 대학원 석사학위논문.

박문성(2006). 유아기 아동의 부적응 실태 및 지도 방안에 관한 연구 – 유아교육기관을 중심으로. 단국대학교 행정법무대학원 석사학위논문.

박성수 외(1996). **상담심리학**. 서울: 한국방송통신대학교 출판부.

박세미(2017). 만 3–5세 유아의 수면의 질과 식습관 및 공격성과의 관계. 덕성여자대학교 교육대학원 석사학위논문.

박은영(2000). 영아의 기질과 적응/부족응 행동과의 관계. 대구효성카톨릭대학교. 교육대학원 석사학위논문.

박은혜 · 김은심 · 김난실 · 곽아청 · 최혜진 · 이혜경(2010). **유치원 교사를 위한 교직실무**. 서울: 창지사.

박정옥 · 김태인(2011/2016). **아동생활지도 개정판**. 경기: 양서원.

박지연(2002). 긍정적 행동지원. 특수교육학과 학술 특강(편). 서울: 이화여자대학교 특수교육학과.

박향아 · 제경숙(2003). 유아교사와 학부모와의 관계에 관한 한일비교연구. **교육이론과 실천, 12**(3), 67–80.

방승희(1997). 활동경험이 유아의 정서인식과 감정에 미치는 영향. 중앙대 교육대학원 석사학위논문.

방효국 · 김낙홍(2013). 만 5세 스마트폰 게임 사용실태 및 게임 과 몰입에 관한 연구. **열린유아교육연구, 18**(6), 43–64.

변형선 · 김송이(2011). 기본생활습관의 중요성에 대한 부모의 인식과 유아의 기본생활 형성과의 관계. **한국생활과학회지, 20**(1), 133–141.

(사)한국보육교사교육연합회편, 기순신 · 김호인(2012/2014). **아동생활지도**. 경기: 양서원.

새세대육영회(1985). **유아의 생활습관과 행동지도**. 서울: 새세대육성회.

생태학적 이론에 기초한 프로젝트 스펙트럼의 과학 활동이 유아의 자연 이해지능에 미치는 영향.
서명원 · 유경량 · 채승희(2010/2014). **영유아 생활지도 – 영유아 부적응 행동지도 중심으로.** 경기: 양서원.
서울특별시 교육청(1997, 1996). **기본생활습관지도 우수사례집.**
서울특별시 성동교육지원청(2012). 3–5세 연령별 누리과정 지원을 위한 연수. 서울특별시 성동교육지원청.
____________________(2013). 3–5세 연령별 누리과정 지원을 위한 연수. 서울특별시 성동교육지원청.
서현아 · 좌승화 · 엄세진 · 안영혜 · 허수윤 · 박소윤(2016). **영유아 생활지도.** 경기: 공동체.
송미선 · 박현주(2002). 유아 미디어 교육방법에 관한 고찰. **어린이 미디어연구, 1**, 137–152.
신유정(2012). 유아의 텔레비전 시청 실태, 유행어 사용, 인기도와의 관계. 영남대학교 교육대학원 석사학위논문.
신혜원(2014/2015). **영유아교사를 위한 부적응 행동지도.** 경기: 양서원.
심성경(2004). **유아음악교육.** 경기도: 양서원.
심성경 · 백영애 · 이희자 · 변길희 · 김은아 · 박유미 · 박주희(2013/2017). **보육학개론. 2판**. 경기: 공동체.
아동의 부모를 위하여. 중앙적성출판사.
안순조(2002). 유아의 격리불안과 공격성에 대한 유치원 교사의 지각 연구. 동아대학교 교육대학원 석사학위논문.
안영진(2006). **21C 교사양성을 위한 아동발달.** 경기: 공동체.
안영진(2007). **세계화와 민주시민 양성을 위한 유아 생활지도.** 서울: 창지사.
안영진(2013). **누리과정에 따른 생활지도 및 상담.** 서울: 창지사.
양승희 · 박낭자(2005). **교사평정용 유아사회지능 평가도구.** 서울: 동문사.
원진영(2016). 만 3세 다문화가정 유아의 유치원 생활 적응을 위한 가정과의 연계 방안 실행연구. 이화여자대학교 대학원 석사학위논문.
유구종 · 조윤영(2004). 컴퓨터를 활용한 통합교육활동이 유아의 창의성과 문제해결력에 미치는 영향. **열린유아교육연구, 9**(1), 273–290.
유혜선(2013). 영아의 기질과 교사–영아 관계가 어린이집 초기적응에 미치는 영향. 동아대학교 일반대학원 석사학위논문.
이경숙 · 정석진 · 박진아 · 전연진(2014). 0–3세 영유아 영상매체 시청 및 부모의 영유아 자녀 영상매체 시청 지도 행동 실태조사. **유아교육연구. 34**(2), 301–321.
이경화 · 조순옥 · 김정원 · 심은희 · 이연규 · 이문정(2009). **영유아를 위한 언어교육.** 서울: 창지사.
이대균 외(1999). **유아생활지도.** 경기: 양서원.
이성복(2011). 유아의 신체적 및 관계적 공격성에 영향을 미치는 변인. 가톨릭대학교 대학원 박사학위논문.

이수기 · 이현경 · 홍혜경(2014). 유아의 스마트기기 사용 현황과 게임 과몰입 경향성. **유아교육연구, 34**(3), 239-262.

이연주(2006). 컴퓨터 교육의 현황과 개선방향: 유아 컴퓨터 교육 중심으로. 용인대학교 대학원 석사학위논문.

이영희 · 박애경(2012). **생활예절.** 서울: 연경문화사.

이은해 역(2008). **가이던스에 기초한 아동생활지도 - 사회정서 기술 가르치기.** 서울: 시그마프레스.

이찬교 · 최정숙 · 조화태(1996). **교육의 이해.** 한국방송통신대학교 출판부.

임경심(2018). 예비유아교사의 부모 상담 역량 강화 프로그램 개발 및 효과: 부모교육 교과를중심으로. 전남대학교 대학원 박사학위논문.

임경심 · 김수향 · 홍혜경(2014). 유아의 스마트폰 중독 정도와 자기조절력 및 자아존중감과의 관계. **미래유아교육학회지, 21**(4), 203-221.

임미정(2009). 유아 미디어교육 프로그램 모형 구안 및 효과 연구. 관동대학교 대학원 박사학위논문.

임선영(2013). 가정에서 유아 스마트폰 사용 실태와 어머니의 허용과 인식: 계양구 유아를 대상으로. 중앙대학교 교육대학원 석사학위논문.

장선철(1995). **유아생활지도.** 서울: 동문사.

장성화 · 이기영 · 이춘옥 · 최성열 · 권정해(2011/2015). **아동생활지도.** 경기: 정민사.

정동화(2003). **유아생활지도와 상담.** 서울: 서현사.

정보인(1992). **행동수정을 통한 어린이 문제행동 지도-일반 어린이와 장애 어린이.** 서울: 중앙성출판사.

정용부 · 교영인 · 신경일(1998). **아동생활지도와 상담.** 서울: 학지사.

정현아(2018). 유아 문제행동관련 아동상담의뢰 권유에 대한 보육교사의 경험. 성신여자대학교 교육대학원 석사학위논문.

(재)한국보육진흥원(2013). 어린이집 원장 사전직무교육.

조봉환 · 임경희(2013). **교사를 위한 생활지도와 학교상담.** 경기: 아카데미프레스.

조운주(2004). **유아교육기관에서의 유아생활지도.** 서울: 창지사.

조운주 · 최일선(2013). **유아교육기관에서의 유아생활지도(제3판).** 서울: 창지사.

조윤경 · 김수진(2014/2019). **유아교사를 위한 특수아동의 이해 2판.** 경기: 공동체

주간한국(2003). 두레우물 육아교실 '아이가 자다가 깨서 걸어 다녀요'.(2003. 1. 9.)

지주영(2005). 협동 모래놀이 중재를 통한 고립 유아의 사회적 상호작용 행동 변화 연구. 부산대학교 교육대학원 석사학위논문.

채경란(2007). 가정통신문을 통한 가정과의 연계가 기본생활습관지도에 미치는 영향. 강남대학

교 교육대학원 석사학위논문.

최애경 · 좌승화 · 최진원 · 송연숙(2018). **영유아 교육기관 운영관리.** 서울: 파란마음.

최영희 · 홍종원 · 배경란(2018). **아동생활지도.** 경기: 공동체.

최지영(2010/2013). **아동생활지도.** 서울: 동문사.

최혜순 · 이미현 · 김계중(2016). **영유아 뇌발달과 인성교육.** 경기: 어가.

통계청(2018). www.kostat.go.kr/ 사회조사 결과. 2018. 11. 6.

하수연 · 정재은 · 김명지 · 김연옥 · 김보경(2017). **유아교사를 위한 생활지도 및 상담.** 경기: 공동체

하정빈(2014). 유아 부모의 성공적인 상담인식에 대한 개념도. 인천대학교 교육대학원 석사학위논문.

한국보육진흥원(2013). 어린이집 원장 사전직무교육.

한양여자대학교부속유치원(2012). 2012학년도 유치원 교육과정.

현소리(2016). 유아의 스마트기기 사용이 공격성에 미치는 영향 -정서지능의 매개효과를 중심으로. 중앙대학교 대학원 석사학위논문.

홍성미(2009). 유치원 기본생활습관지도에 대한 교사와 학부모의 인식 비교. 경남대학교 교육대학원 석사학위논문.

홍숙정(1997). **창의적 학급 활동을 중심으로 한 유아를 위한 사회교육.** 서울: 창지사.

홍연숙 · 김진선 · 손윤경(2006). **영유아생활지도.** 경기: 공동체.

홍은영(2015). 부모의 코칭 역량이 유아의 리더십에 미치는 영향. 남서울대학교 복지경영대학원 석사학위논문.

황선희(2015). **유아교사를 위한 생활지도 및 상담.** 경기: 양서원.

황지영(2018). 감정코칭을 통한 외톨이 유아의 또래관계 형성에 관한 협력적 실행연구. 중앙대학교 대학원 박사학위논문.

Allport, G. W.(1961). *Pattern and Growth in Personality.* NY: Holt, Reinehart & Winston.

American Psychiatyr Association(1994). *DSM-IV: Diagnostic statical manual of mental disorder(4th ed.).* Washington, D. C.: A. P. A.

Azrin, N. H. Sneed, T. J., & Fox, R. M.(1974). "Dry-Bed Training: Rapid Elimination of childhood Enuresis", *Behavior Research and therapy,* 12. 147-156.

Baldwin, A. L.(1948). Socialization and the Parent-Child Relationship, *Child Development,* 19. 127-136.

Bee, H. L.(1978). *The Developing Child.* NY: Happer & Row.

Bee, H. L., & Milchell, S. K.(1980). *The Developing Person.* San Francisco: Happer & Row.

Bettelheim, B.(1974). *The Home for the heart.* NY: Knoff.

Bexton, W. A.(1954). Heron, W., & Scott, T. H., "Effects of decreased variation in the sensory environment", *Canadian J. of Phychology.*

Blanco, R.(1988). *Prescription for children with learning and adjustment problems.* Springfield, IL: Charles C. Thomas.

Bowlby, J.(1958). "The Nature of the child's tie to the Mother" Int. J. Psycho-Anal.

Brammer, L. M. & Shostrom, E. L.(1977). *Therapeutic Psychology-fundamentals of Counseling Phychotherapy.* New jersey: Prentice Hall.

Clements, D. H.(1999). *The effective use of computers with young children.*

Coombs, A., & Snygg, D.(1959). *Individual Behavior.* NY: Happer & Row.

Coopersmith, S.(1968). "Studies in Self-Esteem", Sci. Amer., 218: 96-107, *The Antecedents of Self-Esteem.* San Francisco: W. H. Freeman, 1967.

Curry, N. E., & Johnson, C. N.(1990). *Beyond self-esteem: Developing a genuine sense of human value.* Washington, DC: Research Monograph of the National Association for the Education of Young Children, 4.

Dan Gartrell저, 이은해 · 박소연 · 박진재 · 송영주 · 송혜린 · 신혜영 · 이미리 · 임연진 · 정선진 · 최혜영 옮김(2008). 가이던스에 기초한 아동생활지도 -사회정서 기술 가르치기. 서울: 시그마프레스.

Devoe, M.W.(1977). "Cooperation as a Function of Self-concept, Sex and Race", *Educational Research Quarterly,* 2: 3-8.

Dinmeyer, D. C.(1968). *Guidance and Counseling in the Elementary School:*

Readings in Theory and Practice. NY: Holt, Rinehart & Winstorn.

Erickson, E. H.(1950). *Childhood and society.* NY: Norton.

Eva Essa(2010). **나를 좀 도와주세요**(정갑순 · 김현경 · 김성원 옮김). 서울: 창지사.

Fowler, W.(1980). *Infant and Child Care: A Guide to Education in Group Setting.* Boston: Allyn and Bacon.

Freud, S.(1960). "Jpkes and Their Relation to the Unconscious." *Complete Words, Vol.8.* London: Hogarth.

Fröbel, F.(1912). *Chief Writings on Education.* London: Arnold.

Gaston, E.(1968). *Music in Therapy.* NY: Macmillan.

Gestwicki(2000). *Home, school, and community relations: A guide to working with families*, Delmar. p.175

Ginott, H.(1965). *Between Parent and child.* NY: Macmillan.

Gottman, J. M., & 남은영(2007). **내 아이를 위한 사랑의 기술.** 서울: 한국경제신문.

Gottman, J. M., & 최성애 · 조벽(2011). **내 아이를 위한 감정코칭.** 서울: 한국경제신문.

Gumaer, J.(1984). *Counseling and Therapy for Children.* NY: Free Press.

Hall, C. S., & Lindzey, G.(1957). *Theories of Personality.* NY: John Wiley & Sons, Inc.

Hebb, D. O.(1960). "The American Revolution", *American Psychologist, 15*: 73~75.

Hoffman, M. L.(1984). *Interaction of effect and cognition in empathy.* Inc Izard, J. Kagan & R. Zajone(Eds). Emotion.

http;//innonews.kr/new/view.html?

Kokenes, B.(1974). "Grade level differences in factors of self-esteem", *Developmental Psychology*, 10: 954~958.

Kramer, E.(1958). *Art Therapy in Children's Community.* Springfield, IL: Thomas.

Landau, S., & McAnich, C. A.(1993). Young children with attention deficits. *Young Children, 48*(4), 49-58.

Malloy, H. L., & McMurray. P.(1996). Conflict strategies and resolution: Peer conflict in an intergrated early childhood classroom. *Early Childhood Resarch Quarterly, 11*(2), 185-206.

Marison, M. C.(1991). **유아 생활지도**(조희숙 역). 서울: 창지사(원저 출판 1981).

Meisel, S., Steel, D.(1991). The Early Childhood Portfolio Collection Process. *Center for human growth and development.* Ann Arbor, MI: University of Michigan.

Michael H. Popkin 저, 홍경자 역(1995/2009). **현대의 적극적 부모역할 훈련-만2세부터12세 아동의 부모를 위하여**. 서울: 중앙적성출판사.

Miller, D. F.(2003). **아동생활지도**(조희숙 · 공숙자 · 김선옥 공역). 서울: 창지사(원서출판 2000)

Morrison, G. S.(2001). *Early childhood Education Today.*(8th ed.). New Jersey: Merril Prentice Hall.

National Association for the Education of Young Children, 4.

O'Brien, S. J.(1984). For Parents Particularly. Childhood Stress: A creeping phenomenos. *Childhood Education*, 65(2), 105-106.

Oken-Wright, P.(1992). From tug of war to "Let's make a deal": The teacher's role. *Young Children*, 48(1), 15-20.

Ornum, W. V., & Mordock, J. B.(1983). *Crisis Counseling with Children and Adolescents*. NY: Countinum.

Peck, R. F., & Havighurst, R. J.(1960). *The psychology of character developments.* NY: Jhon Wiley.

Piaget, J.(1970). *Judgment and Reasoning in the Child.* NY: Peter Wydn.

Rogers, C.(1980). *A Way of being.* Boston: Houghton. Mifflin. *Sense of human value*. Washington, DC: Research Monograph of the

Shaefer, E. S.(1959). "A Circumplex Model for Maternal Behavior", J. of abnor. & Soc. *PSYCHOL, 226-226-235.*

Shaklee, A. D. dt al.(1997). *Designing and using Portfolios. Boston.* NY: Allyn and Bacon.

Shertzes, B., & Stone, Shelly, C.(1981). *Fundamentals of Guidance*(4th de.). Boston: Houghton Mifflin.

Snow, C. W.(1998). *Infant Development.* New Jersey: Prentice-Hall, Inc.

Thomas, A., & Chess, S.(1977). *Temperament and development.* N.Y.: Brunner/Mazel.

Wiedey, L. B., & Lichtenstein, J. N.(1987). *Academic Stress in Kingergarten Children.* ED 310685.

찾아보기

『영유아 생활지도 및 상담』

저자소개

안영진(安榮珍) 한양여자대학교 유아교육과 교수 역임

- 교육학 박사(유아교육 전공)
- 한양여자대학교 유아교육과 초대 학과장
- 한양여자대학교 아동심리 교육센터 초대 교육 센터장
- 교육부 연구(프로젝트 스펙트럼–유아의 사회적 능력 발달 교육활동 자료)
- 건국대학교 박사 우수 논문상 수상
- 한양여자대학교 우수 저술상
- 전문대학협의회 "교수 – 학습 프로그램" 연구 – 개발: 한국 직업능력 원장상 수상
- 교육부장관상 수상
- (AP)부모교육 전문가
- 한국 영유아보육행정학회 부회장 역임
  서울대학교, 숙명여자대학교, 경희대학교 등 대학원 강의
- 한국몬테소리연구학회 이사
  한국 영유아보육행정학회 이사, 여성심리학회 이사, 한국심리학회 회원
  서울 · 경기 스펙트럼 연구회 수십 기관 교육 자문위원
- 한국 프로젝트 스펙트럼 연구회 회장
- 몬테소리 · 미술 치료사 전문가
- 북부 유치원 장학지도 역임
- 광진구 보육정보센터 자문위원, 성동구 보육정보센터 자문위원
- 아동심리전문가 · 청소년 상담 연구원(교육부 산하 한국교육연수원)
- 우리들은 1학년 교과부 심의위원 및 정책자문
- 한국 프로젝트 스펙트럼 제2저작권 소유(다중지능에 의한 아동 연구교육 프로그램 Ⅰ, Ⅱ, Ⅲ)
  : 〈하버드 대학연구〉
- Building on Children's Strengths: Project Spectrum(1)
  (다중지능에 의한 아동의 다양한 능력 개발 프로젝트, 창지사)
- Project Spectrum: Early Learning Activities(Project Spectrum2)
  (다중지능에 의한 아동의 다양한 능력 개발을 위한 프로그램, 창지사)
- Project Spectrum: Preschool Assessment Handbook(Project Spectrum 3)
  (다중지능에 의한 아동의 다양한 능력 개발을 위한 평가, 창지사)

〈저서〉

유아사회교육. 동문사. 2020
영유아발달. 동문사. 2019
영유아생활지도 및 상담. 동문사. 2019
교육심리학. 동문사. 2018
교육학개론. 동문사. 2018
유아발달. 정민사. 2015

부모교육. 나경. 2014
아동발달. 나경. 2014
누리과정에 따른 새 유아 사회교육. 교육과학사. 2013
누리과정에 따른 생활 지도 및 상담. 창지사. 2013
교육학개론. 창지사. 2012
다중지능에 의한 유아교육프로그램 평가: 한국적 스펙트럼 프로젝트의 활동과 평가 2. 창지사. 2011
다중지능에 의한 유아교육프로그램 평가: 한국적 스펙트럼 프로젝트의 이론과 활동편. 창지사. 2010
인성교육. 창지사. 2010
신 교육심리학. 정민사. 2010
가치로운 삶을 위한 리더십. 정민사. 2009
교육심리. 정민사. 2009
21세기 적응하는 부모교육. 양서원. 2008
새로운 유아교육과정에 따른 유아사회교육. 2008
세계화와 민주시민 양성을 위한 유아생활지도. 창지사. 2007
현대인의 정신건강. 창지사. 2007
아동발달. 공동체. 2006
아동상담. 동문사. 2006
다중지능에 의한 아동의 다양한 능력 개발을 위한 평가. 창지사. 2005
다중지능에 의한 아동의 다양한 능력개발 프로젝트. 창지사 2004
아동심리와 부모교육. 꾸벅. 2002
새 아동발달 연구. 꾸벅. 2002
다중지능에 의한 아동의 다양한 능력 개발을 위한 프로그램. 창지사. 2001
교육심리학. 창지사. 2001
아동상담. 동문사. 2001
유아의 사회적 능력 발달 교육활동자료. 교육인적자원부. 2000
유아생활지도. 삼광출판사. 1998
아동 심리의 발달과 이해. 정일. 1997
특수 아동 교육. 정일. 1997
新 영유아 발달 총서. 정일. 1997
부모교육 총론. 정일. 1996
특수아동지도. 길안사. 1996
新 아동발달 심리. 길안사. 1996

〈논문〉

행복의 통합 교육 프로그램 수강과 실행을 통한 영유아교사의 인식 질적 연구. 한국영유아보육학회. 2017
누리과정에 기초한 인성교육활동을 통한 유아 인성 행동변화와 친사회성 행동변화와의 관계. 2015
유보통합에 대비한 사립유치원의 바람직한 운영 모델안 연구. 2015
유보통합에 대비한 사립유치원의 정보공시 방법론적 제안. 2015
사례분석활동이 유아교사의 지식변화에 미치는 영향: '유아생활지도' 개념도를 중심으로. 한국영유아교원교육학회. 2011
다중지능 강점영역과 유아의 정서지능과의 상관관계분석. PECERA. 2010
프로젝트 스펙트럼 사회적 이해활동이 유아의 자아효능감과 친사회성에 미치는 영향. 2009전문대학 혁신

프로그램: 교수-학습 개선지원 사업 자료집. 2008
다중지능에 기초한 프로젝트 스펙트럼에 따른 유아의 강점 확인과 과정 고찰. 2007
다중지능에 기초한 프로젝트 스펙트럼에 따른 유아의 강점 구체화와 부모인식 변화과정 고찰. 한국유아교육보육정보학회. 2007
A Study on the day care prog ram to emhance the social and emotional development of Children. PECERA. 2006
종일제 유아교육 프로그램 모형개발- 프로젝트 스펙트럼 프로그램을 중심으로. 한국유아교육보육행정학회. 2006
다중지능에 의한 프로젝트 스펙트럼 바람 활동을 통한 유아의 자연탐구과정 조망. 한양여대 논문집. 2006
다중지능에 의한 스펙트럼 연구-'그림자'프로젝트 & '거북선'프로젝트. 서울초등다중지능교육연구회. 2005
Multiple Intelligence by Project Spectrum Activities: Prospect of assembly activities process. PECERA. 2005
다중지능 적용수업의 이론과 실제. 한국영유아보육행정학회. 2004
유아교육의 새로운 방향제시 및 평가 방법 모색. 한국영유아보육행정학회. 2004
한일 예비교사의 다중지능과 친사회적 행동의 관계연구. 한국영유아보육행정학회. 2004
프로젝트 스펙트럼에 의한 영역별 교육 연구 프로그램. 한국 영유아보육행정학회. 2003
프로젝트스펙트럼에 의한 사회성 능력발달 프로그램이 유아의 정서지능에 미치는 효과 한양여대 논문집 2002
프로젝트 스펙트럼에 의한 유아의 사회적 능력 발달 프로그램. 교육인적자원부. 2001
다중지능이론에 의한 프로젝트 스펙트럼 활동 유아의 사회적 능력발달 교육활동자료, 교육인적자원부 2000
유아의 사회적 능력발달 프로그램 연구. 교육부. 2000
다중지능 이론에 의한 프로젝트 스펙트럼 활동 유아의 사회적 능력발달 교육활동자료. 교육인적자원부. 2000
갈등상황 토론학습이 아동의 추론 능력과 조망수용능력에 미치는 효과. 건국대학교 대학원 박사학위논문. 1998

고 연 경

건국대학교 일반대학원 교육학 석사(유아교육전공)
건국대학교 대학원 박사수료(유아교육전공)
현) 영유아 교육문제연구소 연구원
숭의여자대학 아동보육과 겸임교수

장 석 경

건국대학교 교육학 석사(유아교육전공)
건국대학교 교육학 박사(유아교육전공)
현) 국제대학교 유아교육과 교수

영유아 생활지도 및 상담

초판 1쇄 발행 / 2019년 3월 10일
초판 2쇄 발행 / 2020년 8월 30일

•

공저자 / 안영진 · 고연경 · 장석경
발행인 / 이 중 수
발행처 / 동 문 사

•

서울특별시 서대문구 홍제원 1길 12
(홍제동 137-8)
Tel : 02)736-3718(대), 736-3710, 3720
Fax : 02)736-3719
등록번호 : 1974.04.27. 제9-17호
가격 : 18,000원

•

ISBN : 979-11-6328-072-9(93370)
E-mail : dong736@naver.com
www.dongmunsa.com